Heinz Rühmann · Das war's

Heinz Rühmann
Das war's
Erinnerungen

Ullstein

Ex Libris Ausgabe
Erste Auflage   Januar 1985
Zweite Auflage Januar 1986
Dritte Auflage Februar 1987
Vierte Auflage Oktober 1987

© 1982 Verlag Ullstein GmbH, Frankfurt/Main · Berlin
Alle Rechte vorbehalten
Gesamtherstellung: Ebner Ulm
Printed in Germany

ISBN 3 550 08500 1

MEINEM PUBLIKUM in DANKBARKEIT

»*Ich glaube an die Unsterblichkeit
des Theaters. Es ist der letzte Schlupf-
winkel für diejenigen, die ihre Kindheit
heimlich in die Tasche gesteckt und sich damit
auf und davon gemacht haben, um bis an
ihr Lebensende weiterzuspielen.*«

Max Reinhardt

Inhalt

1. Flug in die Vergangenheit 11
   Über die Schwierigkeit, Memoiren zu schreiben

2. Auch ich war ein Jüngling mit lockigem Haar 25
   Meine ersten Jahre in München

3. Privates Zwischenspiel 30
   Gegen Lachen gibt es keine Medizin

4. Der entfesselte Künstler 36
   Meine ersten Schritte auf zwei Bühnen

5. Da ging mir der erste Knopf auf 43
   Irrwege eines jungen Schauspielers

6. Mal Schüler, mal Shakespeare 57
   Meine Zeit an Münchner Bühnen

7. Ein Kapitel für sich: Fritz Kortner 76
   Randbemerkungen über einen großen Regisseur

8. Von der Isar an die Spree 86
   Menschen, Kollegen und ein Freund

9. Kapriolen am Himmel und auf Erden 95
   Erinnerungen an Ernst Udet

10. Heimweh nach etwas Schwarzem, das bellt 104
    Mein hochwohlgeborener Ungar

11. Vor und hinter den Kulissen 108
    Meine ersten Rollen auf Berliner Bühnen

12. Lockende Leinwand 117
»Die Drei von der Tankstelle« und ihre
Folgen

13. Glattes Parkett 129
G. G. inszeniert

14. Ein Drehbuch – vom Leben geschrieben 134
Meine Arbeit vor und hinter der Kamera

15. Kamera läuft – Ton ab 141
Meine Art, Filme zu drehen

16. Der verbotene Spaß 148
Pfeiffer mit drei F auf Reisen

17. Ein Salto auf der Landstraße 160
Verdächtigungen, Verhöre, Verständnis

18. Tea for two 170
Was einem Fliegernarren alles passieren
kann

19. Schuster bleib bei deinen Leisten 175
Meine Abenteuer als Produzent

20. Der Schuster, der seinen Leisten fand 183
Der Hauptmann und sein Regisseur

21. Mein Käfig 188
»Fröhlich kehrt ein Wandersmann zurück...«

22. Ein Blick zurück 192
Von A(lbers) bis Z(arah)

23. Nachdenkliches – federleicht 202
Verbeugung vor einem großen Autor und
Kollegen

24. »Der kleine Mensch im Lehnstuhl durt...« 208
Von der Kunst, ein gescheiter Dummer zu
sein

25. Seitensprung nach Hollywood 213
    Meine Filmarbeit in der Traumfabrik

26. Ein Abschied, der ein Anfang war 226
    Der Sohn seines Vaters

27. Da ging mir der zweite Knopf auf 232
    Von der Leinwand zum Bildschirm

28. Ein Rabbi in New York 239
    Zwischen Hudson und East River

29. Unterwegs nach allen Himmelsrichtungen 244
    Ost, West, Süd und Nord – mit meinen Augen

30. Als »Gastarbeiter« in Wien 254
    Meine Gastspiele an der Oper

31. Clowns unter sich 260
    Ein Versuch, Unsagbares auszudrücken

    Maskenzug eines Schauspielers 265
    Heinz Rühmann auf der Bühne, im Film und im Fernsehen

    Register 307

1. FLUG IN DIE VERGANGENHEIT

Über die Schwierigkeit, Memoiren zu schreiben

An der Algarve, im Oktober

Alle gingen im Schatten. Nur ich stand in der grellen Sonne auf dem Rollfeld. Hielt meine Hand schützend vor die Augen und genoß die Stille. Alles um mich war ungewohnt, aber mir sehr angenehm.

Ein verschlossener, eifriger Portugiese lud das Gepäck in seinen Kastenwagen; leise murmelte er die Zahl der Taschen und Koffer vor sich hin. Alles, was er tat, verriet seine Eile. Warum er es wohl so eilig hatte? Seit ich in dieser Sonne stand, war alle Geschäftigkeit von mir abgefallen. Auf einmal hatte ich unendlich viel Zeit. Der Satz ging mir noch einmal durch den Kopf, den ich in 5000 Metern Höhe dem Captain im Cockpit des Privatjets gesagt hatte:

»Es kann so schön sein, alt zu werden, das Gefühl zu haben, das fast schon ein Glück ist, mehr von jenen Dingen zu wissen, an die man früher nicht mal gedacht hat. Weil man angeblich keine Zeit hatte...«

Unsere Unterhaltung stand in merkwürdigem Gegensatz zum Land, über das wir flogen. Die Pyrenäen erschienen mir diesmal gewaltiger und abweisender als früher. Ich hatte den Captain nie vorher gesehen, aber er war mir auf Anhieb sympathisch. So etwas gibt es, jedenfalls bei mir. Ausgerechnet bei mir, der ich doch sonst nicht über Gefühle und Anschauungen spreche, die nur mir gehören. Ich hatte es diesmal gern getan. Einmal, weil ich die ganze Zeit seine fragenden Blicke gespürt hatte, und andererseits, weil ich mit den Jahren offener geworden bin.

Als der Captain wieder zu sprechen begann, merkte ich, daß unsere Gedanken in die gleiche Richtung gelaufen waren, beide hatten wir an die Familien gedacht, die vor einigen Tagen ebenfalls geflogen waren. Unter einem Heißluftballon, aneinandergeklammert mit ihren Kindern, auf einer zwei Quadratmeter großen Stahlplatte, hoffend, daß der Wind sie in die ersehnte Richtung trieb. Wie stark der Drang nach Freiheit werden kann! Der Captain und ich schwiegen, wie nur zwei schweigen können, die sich ohne viel Worte verstehen.

Rechts zieht Madrid vorbei.

Wie schön könnte es sein in dieser Welt. Es brauchte keinen Hunger zu geben, keine Flüchtlinge, das Lachen könnte allen Kindern gehören, nicht nur jenen in den reichen Ländern...

Sevilla liegt unter uns.

Nur Minuten später überfliegen wir die portugiesische Grenze und nach den routinemäßigen, in der ganzen Welt gleichen Anweisungen, die uns der Controller vom Turm gibt – neu ist nur, daß er am Nachmittag »good morning« sagt – setzen wir auf der Piste des Flughafens Faro auf.

Und nun stehe ich in der Sonne, will mich vom Piloten verabschieden; er gibt mir die Hand, sieht mich nachdenklich an, meint, er bliebe noch gerne. Will erst morgen zurück, was mich freut. Ich habe das Gefühl, er möchte noch den Tag mit mir zusammen sein; soviel Unausgesprochenes ist angeklungen und nicht zu Ende geredet.

Es gibt noch andere Dinge, als ein Flugzeug zu steuern und ans Ziel zu bringen. »Routine« hatte er unterwegs gesagt, »es ist immer dasselbe, ob der oder jener Typ Maschine; hochentwickelt sind sie alle, und es ist eigentlich immer dasselbe.«

Der Mensch tritt zurück.

Die Technik hat das Wort.

Vor fünfzig Jahren, als ich zu fliegen begann, war es umgekehrt. Am Armaturenbrett gab es nur wenige Instrumente, und der Fluglehrer verlangte vor allem eines immer wieder: »Gefühl, Gefühl.« Er saß hinter dem Schüler, erst später, wenn man etwas weiter in der »Fliegekunst« war, durfte man selbst auf den hinteren Sitz. Mein Lehrer war Ritter von Schleich, Träger des »Max Joseph Ordens«, der mit dem persönlichen Adelstitel verbunden ist. Im Ersten Weltkrieg wurde er der »schwarze Ritter« genannt.

Wie ich zu ihm kam, weiß ich noch genau, weil es mit einer Eigenart von mir zu tun hat, die ich bis heute beibehalten habe: Wie Frauen beim Bummel durch die Stadt vor Modegeschäften stehenbleiben, so suche ich – gleich in welcher Stadt – Autosalons, die ich in meiner manischen Technikbesessenheit auch sofort finde...

1929, an einem schönen Herbsttag, machte ich einen solchen Bummel durch München und landete vor dem Motorrad-Geschäft von Eugen Bussinger in der Brienner Straße und sah mir die schönen englischen Maschinen an, die AIS, Norton, Sunbeam. Da fiel mein Blick auf ein Schild, das im Schaufenster hing:

Münchner Leichtflugzeug-Club
Hier können Sie fliegen lernen!

Darunter baumelte ein Flugzeugmodell.

Ich in den Laden und in den Club eintreten war eins. Im Nu waren die Formalitäten erledigt, nachmittags zum Fliegerarzt und am nächsten Tag zum Flugplatz Oberwiesenfeld, dem heutigen Olympia-Gelände.

Damals landeten in OW, wie wir Oberwiesenfeld nannten, auch Verkehrsmaschinen. Der Flughafen Riem existierte noch nicht. Bei grimmiger Kälte wurde »geschult«. In einer offenen Klemm. Ich war achtundzwanzig Jahre und glücklich. Um pünktlich zu den Proben ins Theater zu kommen, mußten meine Flugstunden immer früh am Morgen sein. Abends stand ich dann als »Mustergatte« oder »Charleys Tante« auf der Bühne der Kammerspiele. Heute kann ich nachfühlen, welche Ängste Otto Falckenberg ausgestanden haben mag, wenn Kollegen ihm berichteten: »Der Mustergatte ist schon wieder in der Luft.«

Ich hatte einige Monate meine Runden am Himmel gedreht, schon auf dem hinteren Sitz, vor mir der Rücken meines Lehrers, dessen Arme links und rechts am Rumpf des Flugzeugs heraushingen. An »Peter und Paul«, damals noch ein Feiertag, flogen wir mit der Klemm nach Schleißheim. Dort stieg mein Lehrer aus, was mich schon verwunderte, und als er dann noch fragte, wie ich mich fühlte, wurde die Verwunderung noch größer. Ich sagte: »Wie immer!«

»Na fein, dann fliegen Sie doch mal allein.«

Ich war überhaupt nicht überrascht, bejahte begeistert. Er hievte einen Sandsack als Ausgleich für sein fehlendes Gewicht auf den vorderen Sitz, erinnerte mich noch einmal an alles, was wir durchgenommen hatten, und ermahnte mich: »Nur eine Platzrunde, ganz schulmäßig, nicht weiter wegfliegen!«, lächelte mir zu und war offensichtlich nervöser als ich.

Schnell hob die Maschine ab und ein fröhlicher Mensch umkreiste den Flugplatz.

Ich dachte immerzu dasselbe: jetzt bist du allein, der Kopf vom Lehrer, der dich immer gestört hat, ist endlich weg! Du hast freie Sicht!

Der Herr, zu dem der Kopf gehörte, stand unten, ganz klein, und winkte mir zu, ich winkte zurück.

Alles war klein von oben, aber wohlgeordnet. Die Felder und Wiesen, wie abgesteckt, in ihrem verschiedenen Grün, Wälder in ihrer typischen Form, wie auf der Karte, und dazwischen die Seen und Flüsse. Eisenbahnen, oft schnurgerade und dann wieder einem Hindernis ausweichend und im Berg in einem Tunnel verschwindend. Dann begann die Sucherei, wo kommt sie wieder raus, die Eisenbahn? Wie oft hab' ich mich bei schlechtem Wetter in dreißig Metern Höhe an die Bahn geklemmt, »linkes Rad an rechte Schiene«, und am Bahnhof versucht, den Namen der Station zu lesen.

Tiefer als ich mit Schorschi Bauer vor Jahren einmal flog, ging's nicht mehr. Er heißt seit fünfundzwanzig Jahren der »Co« und ich der »Captain«, aber nur weil ich links sitze. Eigentlich wären die Bezeichnungen umgekehrt richtiger, schon wegen seiner langjährigen Erfahrungen als Pilot und Fluglehrer. Einmal, auf dem Wege zu einer Premiere, überflogen wir die Schwäbische Alb. Es wurde dunkler und dunkler. Wir wollten unten durchschlüpfen, leider keine Möglichkeit. Also umkehren, dorthin, wo wir hergekommen waren. Doch auch da: alles dicht. Ich schaute Schorschi ziemlich ratlos an, aber der Mensch lächelte und stellte in liebenswürdigstem Ton fest: »Auch hier werden keine Fahrkarten ausgegeben!«

Darüber, daß wir einmal mit der Maschine im Wald, östlich von Lenggries, hängengeblieben waren, wollen wir lieber nicht viel reden! Tannenzweige zogen wir in Innsbruck heimlich aus dem Fahrgestell. Wenn wir auf späteren Flügen die Stelle passierten, wo es damals fast geschehen wäre, zogen wir beide symbolisch den Hut und grüßten; wir hatten auch allen Grund dazu!

Ich beendete meinen ersten Alleinflug am 29. Juni 1930 mit einer meiner besten Landungen.

Manchmal träume ich, ich fliege! Nicht mit dem Flugzeug oder Ballon, nein, selbst, ohne alles. Erst stoße ich mich vom Boden ab und mache lange elegante Sprünge; sie werden immer größer und höher, es geht über Passanten hinweg, die sich wundern oder nicht wundern. Letzteres habe ich nicht so gern. Jetzt geht es schon über Bäume und Häuser, und ich benutze zum ersten Mal die Arme. Es ist ein herrliches Gefühl zu spüren, wie ich die Luft zerteile und wie sie mich trägt. Ich werde schneller, und es rauscht leise zu einer entfernten Musik, mit der ich im Rhythmus schwinge. In mir ist Glück.

Einmal habe ich unten einen Einsamen entdeckt, der zu mir heraufstarrte. Nach einer eleganten Wende landete ich neben ihm und forderte ihn auf mitzukommen. Ich zeigte ihm, wie man abspringt und Höhe gewinnt, aber er konnte es nicht; traurig winkte er mir zu, wie ich im Rückenflug an ihm vorbeizog und nach einigen Kapriolen am Horizont verschwand. Als ich aufwachte, klang der Walzer noch in meinen Ohren, den ich so gern habe, der Walzer aus der »Möwe Jonathan«. Ich möchte weiterträumen.

Das Taxi fährt vom Flughafen am Meer entlang. Der Fahrer erklärt – halb portugiesisch, halb englisch (wie er meint) – meiner Frau und mir die Gegend. So vermuten wir jedenfalls, denn wir verstehen kein Wort. Aber die Landschaft gefällt uns. Die weißen Häuser, die bunten Eselskarren am Straßenrand.

Eine Stunde später stehen wir vor einem Häuschen, das mit anderen gleich aussehenden – schneeweiß und rote Ziegeldächer – ein Dörfchen bildet. Mit kleinen Gärten, Springbrunnen und engen, winkeligen Gassen.

Ein Freund hat uns das Haus zur Verfügung gestellt, damit wir ganz privat sein können und ich Ruhe zum Schreiben habe. »Nie mehr ins Hotel im Urlaub«, hatten wir uns geschworen. Ein Spießrutenlaufen von früh bis abends! Würde es einem fehlen, wenn es das nicht mehr gäbe?

Ich muß an Peter Ustinov denken. Er erzählte mir einmal, daß er aus einem großen Hotel ausgezogen sei, weil es dort zu viele Autogrammjäger gegeben habe. Nach wenigen Tagen jedoch wechselte er von dem kleinen Hotel, in das er geflohen war, doch wieder in das große zurück. Auf meine Frage »Warum?« antwortete er nur: »Zu wenig Autogrammjäger.«

Meine Frau hat aufgeschlossen. Gespannt wie Kinder betreten wir das Haus. Ein Treppchen rauf ins Wohnzimmer und zur Terrasse, ein Treppchen herunter; zwei Schlafzimmer mit Bad, kleines Gärtchen. Im Eßzimmer steht ein großer Strauß dunkelroter Rosen, malerisch gegen die weiße Wand.

Immer, wenn wir uns anschauten, lächelten wir. Einer versuchte dem anderen vorzuspielen, als störe ihn die Nüchternheit und Zweckmäßigkeit nicht. Das Haus war so eingerichtet, wie eben Häuser eingerichtet sind, die an Fremde vermietet werden. Ich war unglücklich. Hier sollte ich arbeiten und schreiben! Ob ich das könnte? Für einen Moment dachte ich daran, morgen früh mit dem Captain wieder zurückzufliegen.

Zwecklos, meiner Frau etwas vorzumachen. Sie fühlte genau, was in mir vorging. Doch sie war optimistisch und meinte, mit einigen persönlichen Dingen würde alles ganz anders aussehen, und wenn die Sonne wieder schiene – inzwischen war es bedeckt und grau geworden –, spiele sich unser Leben sowieso auf der Terrasse ab. Ein Tisch wäre zwar nicht da, aber den würde sie gleich morgen kaufen und einen Sonnenschirm auch.

Ich nickte nur zu allem, legte mich aufs Bett. Meine Gedanken waren noch in Hamburg, wo erst vor einigen Tagen meine Dreharbeit an einem Fernseh-»Special« zu Ende gegangen war. Ich dachte an die drei Rollen, die ich darin gespielt hatte:

Einen Rentner, der unter seiner Cello spielenden Frau zu leiden hatte.

Einen sehr gepflegten Herrn, der seinen ebenso gepflegten Laden liebt, ein Herz für Kinder hat, die das fühlen und gern zu ihm kommen.

Drittens einen Kleinstadt-Organisten, den hatte ich am liebsten. Er hatte es mir am schwersten gemacht, da man ihn auf vielerlei Art spielen konnte.

Ich kam der Figur näher, als ich mir seine Biographie vorstellte: Der Mann, sagte ich mir, war einst ein glänzender Organist, in geordneten Verhältnissen. Schicksalsschläge warfen ihn zurück; er verließ seine Familie, und aus einem normalen, geselligen Menschen wurde ein Einzelgänger und Trinker. Heute lebt er allein und ist scheu und mißtrauisch, hämmert nur noch bei Gottesdiensten auf einem uralten Harmonium herum und träumt von seiner früheren prachtvollen Orgel. So spielte ich ihn.

Hatte ich es richtig gemacht? Hatte sich die monatelange Vorarbeit gelohnt? Für mich schon, ich war glücklich dabei; aber ich habe mir angewöhnt, vor allem an mein Publikum zu denken, an die Menschen, die auf etwas Neues von mir warten oder in ihren so liebevollen Briefen mich fragen:

Wollen Sie denn noch weiterarbeiten?

Denken Sie an Ihre Gesundheit, wir wünschen Ihnen einen geruhsamen Lebensabend!

Aber selber Auto fahren tun Sie doch nicht mehr? Nein, ich fliege nur noch!

Sie sind bald achtzig, wann gehen Sie in Pension?

Ich lachte in mich hinein, die trüben Gedanken waren vorbei; ich war dankbar für alles in meinem Leben, wie es gekommen war...

Am Abend verabschiedeten wir uns bei gutem Wein und anregenden Gesprächen in einer alten, gemütlichen Taverne bei Kerzenlicht von dem Piloten. Wir lachten viel und tranken auf das Wohl des Maître d'hôtel, der uns höchst vornehm aus seinem Restaurant gewiesen hatte, weil wir keine Krawatten trugen. Draußen regnete es. Es störte uns nicht, wir waren guter Dinge.

Am nächsten Tag kam der kleine Wagen, den wir gemietet hatten, ein »Brasilia«, sprich Volkswagen aus der

São-Paulo-Produktion, und wir brausten mit kaputtem Auspuff in die nächste Bezirksstadt zum Markt. Hübsch und bunt mit Decken und Teppichen ausgelegt, umlagert von Männern mit gutgeschnittenen Köpfen, die am Boden mit Würfeln spielten. Große stattliche Frauen in schwarzen Gewändern trugen seltsamerweise Herrenhüte. Meine Frau erkundete, wieso. Es waren Witwen; sie tragen den Hut ihres verstorbenen Mannes. So sind sie – schöner symbolischer Brauch – immer noch von ihm behütet.

Wie selbstverständlich gingen wir durch einen Torbogen und standen plötzlich in einer großen Halle voll kleiner Stände mit Brot, Gemüse, Fleisch und Obst. Nachdem wir uns an die vielen frei herumlaufenden Hunde gewöhnt hatten, kauften wir, was wir für unseren kleinen Haushalt brauchten. In einem Korb, den wir gleich mit erstanden, wurde alles verstaut. In einem Weinkeller nebenan packte man uns schöne, alte Flaschen ein und stellte eine als Geschenk dazu.

Wir hatten das Gefühl, unter Freunden zu sein, nichts wurde uns aufgedrängt, mit Lachen und guten Wünschen begleitete man uns zum Wagen.

Am Abend stellte meine Frau eine Schale mit großen Trauben auf den Tisch, der schon nach Landessitte gedeckt war.

Eine Kerze brannte.

Das Haus hatte sich verändert.

Mittags dann der erste Spaziergang am Meer! Immer entlang der Brandung, ganz allein; wir gingen mit nackten Füßen und patschten durch die Wellen, waren fröhlich und streiften nur die Jacken über, als der erste Schauer kam. Ein warmer Wind blies und verhieß nichts Gutes. Nachts kam dann der Sturm. Nun regnete es nicht mehr, sondern es goß wie aus Kannen. So ausgedörrt das Land auch war, es konnte den Segen in diesem Übermaß nicht aufnehmen. Am nächsten Mittag teilten sich plötzlich die Wolken, und gegen Abend standen wir am Fenster, die Sonne ging unter, das Meer schimmerte lila. Wie Blei unter dem rosa Himmel. Dunkel ragten die Felsen »Tres Hermanos«, die »Drei Brüder«, aus dem aufgepeitschten Wasser.

Ich mußte daran denken, wie ich als kleiner Junge zum ersten Mal die See gesehen hatte. Meine Mutter war mit uns Kindern – meinem älteren Bruder Hermann und meiner jüngeren Schwester Ilse – mit dem Zug an die Nordsee gefahren. Während alle mit Auspacken beschäftigt waren, hielt ich es nicht mehr aus, schlich mich davon, rannte zu den Dünen – ich sehe noch die kleine Holzleiter vor mir, die ich hinaufkraxeln mußte –, und dann sah ich es zum ersten Mal, das Meer.

Lange, sehr lange muß ich fassungslos und regungslos dagestanden haben, bis es dunkel wurde. In meiner Phantasie hatte ich mir Wochen vor der Reise manches vorgestellt, aber nun war ich überwältigt von der ungeheuren Weite und Großartigkeit. Irgend etwas in mir wurde angesprochen.

Später lernte ich das gleiche Gefühl wieder kennen: dann nämlich, wenn ich auf der Bühne stand und ganz eins mit dem Menschen sein konnte, den ich darzustellen hatte. In diesen Augenblicken geht mir das Herz auf. Ein Gefühl des Glücks. Der Harmonie mit mir und meiner Umwelt.

Warum bin ich zum Theater gegangen? Es gibt niemanden, weder väterlicherseits noch in der Familie meiner Mutter, der diesen Weg gewählt hatte. Landwirte, Bierbrauer, Hoteliers wie mein Vater.

Weder meine jüngere Schwester, noch mein älterer Bruder hatten ähnliche »unbürgerliche« Anwandlungen. Bereits mit zwei bis drei Jahren soll ich versucht haben, Bilder aus Illustrierten oder Zeitungen nachzuspielen, deren Unterschriften man mir vorlesen mußte.

Eines Nachts hatte mich mein Vater, dessen Lieblingssohn ich war, aus festem Kinderschlaf ins Wohnzimmer geholt, wo er mit seinen trinkfesten Freunden tagte, und stemmte mich mit einer Hand in die Höhe. Statt zu weinen, legte ich, so schlaftrunken wie ich war, die rechten Finger an die Schläfe und rief: »Ich begrüße Tante Karoline!« Wörtlich. Dabei gab es gar keine Tante Karoline in unserer Familie. Alles lachte, nur meine Mutter nicht. Sie brachte mich ins Bett. Das war wohl der Anfang!

An der Algarve, drei Tage später

Gestern haben wir etwas gegessen, von dem ich nie geglaubt hätte, daß es mein Magen verträgt, geschweige denn, daß es mir schmeckt: eine »Cataplana«. Muscheln mit angeschmorten Schweinefleischwürfeln, viel Knoblauch und Öl. Der Koch erzählte uns, wie dieses Gericht – angeblich – entstanden ist: Zur Zeit der Christenverfolgung flohen viele jüdische Christen nach Portugal. Den Neuankömmlingen erging es damals nicht anders wie den Flüchtlingen zu allen Zeiten: man begegnete ihnen mit Mißtrauen. Um zu zeigen, daß sie gute Christen waren, kochten sie alles und jedes mit Schweinefleisch, das gläubige Juden nicht essen dürfen. Sogar in das landesübliche Muschelgericht würfelten sie Schweinefleischstücke. So entstand die Spezialität »Cataplana«.

Ich wäre froh, wenn ich Ihnen für meinen Entschluß, Schauspieler zu werden, auch eine so hübsche Geschichte erzählen könnte. Ich kann es nicht. Es gibt keine. Auch mit genauen Angaben, wann das Theater mich gefangennahm, kann ich nicht dienen. Denn daß ausgerechnet der Schüler Rühmann an nationalen Festtagen, angetan mit Uniform, Helm und Säbel, vor der ganzen Schule ein Gedicht auf den Kaiser aufsagen mußte, kann doch nicht als Beginn meiner Karriere gelten! Das haben so viele getan, die dann später etwas ganz anderes wurden.

Bei der Fliegerei ist es anders. Da weiß ich genau, wie es anfing. Schon sehr früh habe ich Flugmodelle gebaut und eifrig an Firmen geschrieben, die Zubehör wie Peddigrohr, Propeller, Gummibänder und Räder fürs Fahrgestell lieferten.

Mein Lieblingsmodell war eine Rumplertaube, die ich immer wieder baute, da sie oft zu Bruch ging, aber vorher flog sie so schön. Ich habe sie aus manchem Baumwipfel heruntergeholt. Ich weiß noch, daß ich in Bad Salzuflen den Gästen auf der Promenade unangenehm auffiel, weil das Maschinchen zur Kurmusik um ihre Köpfe kurvte.

Bei Wanne, nahe an einem Waldrand, war eine große

Wiese, die an Flugtagen als Flugplatz diente, und ich kann mich erinnern, daß ich als Junge tagelang dort herumlungerte, in die Zelte hineinwitschte, in denen die Flugzeuge schon Tage vorher standen. Ich war glücklich, wenn ich bei Piloten und Mechanikern sein konnte, die immer an etwas herumbastelten. Es roch so schön nach Öl und Benzin!

Doch bald genügte es mir nicht mehr, Modelle fliegen zu lassen, ich wollte selbst fliegen und zwar vom fünften Stock unseres Hotels. Mein Bruder band mir einen Strick um, drückte mir einen aufgespannten Regenschirm in die Hand, ich kletterte zum Absprung auf die Balkonbrüstung, Gott sei Dank erschien in diesem Moment meine Mutter. Theater und Film hätten sonst ohne mich auskommen müssen.

Viele Jahre vergingen, bis ich zum ersten Mal in einer Sportmaschine mitfliegen durfte. Ich spielte bereits in Berlin Theater, als mich Freunde, die mein Interesse für die Fliegerei kannten, darauf aufmerksam machten, daß der bekannte Motor- und Segelflieger Wolf Hirth nach Berlin kommen würde. Ich lernte ihn kennen, und er lud mich zu einem Flug über Berlin ein. Hirth flog eine Klemm 25, eine offene Maschine. Als er über einer Fabrik im Süden der Stadt, wo er gut bekannt war, einige Steilkurven drehte – die Belegschaft lief im Hof zusammen –, verging mir der Atem. Das war mein erster Flug. Als wir wieder gelandet waren, konnte ich mich nur immer wieder bei ihm bedanken, so benommen und beeindruckt war ich. Durch diesen Rundflug über Berlin war alles, was jahrelang in mir geschlummert hatte, geweckt. Nun war ich endgültig und für immer ein Fliegernarr.

Mein Vater – wir sagten »Papa« – hatte in Wanne die Bahnhofswirtschaft gepachtet. Sie war eine Goldgrube, wie mein Vater immer wieder erklärte. »Allein von den Automaten«, die er als einer der ersten zwischen dem Wartesaal der Ersten und Zweiten Klasse und dem für die Dritte und Vierte Klasse aufgestellt hatte, »könnten wir leben.« Auch muß die Küche meiner Mutter hervorragend gewesen sein, denn es gehörte »zum guten Ton«, Samstag abend oder Sonntag mittag zum Essen zu Rühmanns in die Bahnhofsgaststätte zu gehen.

Mein Vater hatte Papiertüten erfunden, in denen belegte Brötchen eingepackt waren und außen der Aufdruck:

Gute Reise wünscht Hermann Rühmann,
Bahnhofsrestaurant Wanne.

Diese Tüten wurden zusammen mit Getränken von Kellnern auf Tabletts den Zug entlang getragen, die dabei riefen:»Belegte Brötchen, Limonade gefällig?« Ein Riesengeschäft. Eines Tages großes Gelächter auf dem Bahnsteig! Was war los? Wie immer gingen die Ober mit ihrem Tablett den Zug entlang, doch diesmal liefen ihnen mein Bruder und ich mit kleinen Tabletts hinterher, auf denen nichts drauf war, und wir riefen ganz ernsthaft: »Scheiße gefällig!« Das hatten uns wohl die Kellner beigebracht, und wir wußten nicht, was es bedeutete.

Heute ist es mir noch ein Rätsel, wie gut und fest wir schliefen. Mitten zwischen den Gleisen, umgeben von Dampf und Qualm, Lokomotivpfiffen und fahrenden Zügen, von Rangiergeräuschen und quietschenden Bremsen.

Auf dem Bahnhof Wanne ging es ziemlich lebhaft zu, denn er war – wie immer stolz verkündet wurde – der Knotenpunkt von sieben verschiedenen Linien. Zu den Zügen mußte man über die Schienen zum entsprechenden Gleis laufen, Unterführungen gab es noch nicht.

Am Ende des Bahnsteigs – wir sagten noch: Perron – war ein kleiner Garten, vollkommen verrußt vom Qualm der Kohlelokomotiven. Aber uns störte das nicht, in diesem winzigen Stückchen Grün waren wir glücklich, hier konnten wir spielen und herumtollen. Ich kann mich noch entsinnen, wie einmal unser Schleuderball auf ein Gleis flog, auf dem eine Lokomotive stand. Der Ball blieb mit seiner Schlaufe an einem Haken der Lok hängen und verschwand mit ihr. Großes Wehgeschrei. Mit dem nächsten Zug kam der Ball aus Gelsenkirchen zurück.

Ich war damals mit Zehn das, was die meisten in diesem Alter waren, sind und hoffentlich immer sein werden: ein Lausejunge.

Als ich mir einmal den Fuß verstaucht hatte – ich war

von einem fahrenden Lastwagen-Anhänger gesprungen -, ließ meine Mutter einen Schäfer namens Ast holen, der damals berühmt war wegen seiner Heilungen und für seine moderne Einstellung zum menschlichen Knochengerüst. Aber nicht deswegen erzähle ich die Geschichte, sondern wegen der Antwort, die ich meiner Mutter auf die Frage gab, wie denn das passiert sei.

Ich verschwieg den Sprung vom Anhänger, und log: »Ein katholischer Junge hat mich getreten.«

Große Pause. Alle Anwesenden im Zimmer schauten sich und dann mich an. Meine Mutter, meine kluge Mutter, fragte mit feinem Lächeln: »Woher wußtest du denn, daß der Junge katholisch war?« Ich mußte die Wahrheit sagen.

Heute frage ich mich, ich bin protestantisch, warum habe ich das behauptet? War damals die Zeit *so*? Waren wir *so* erzogen? Wurde diese Rivalität gezüchtet? Warum mußte der Junge, der mich angeblich getreten hatte, katholisch sein? Ist das die Erklärung für die Straßenschlachten, die wir einige Jahre später auf dem Weg ins Gymnasium auskämpften, uns dabei mit Steinen bewarfen, von denen mich einer im Mundwinkel traf? Noch heute habe ich eine Narbe dort. Ich habe noch im Ohr, wie mir ein Freund stolz die Verwundung schilderte: »Alles ist aufgeplatzt, man kann deine Zähne sehen!« Diesmal konnte auch Schäfer Ast nicht helfen. Nun wurde genäht.

Mein Vater steckte immer voller Pläne, liebte die Veränderung. Als man ihm in Essen den neuen »Handelshof« anbot, übernahm er dieses große Hotel mit Restaurant, Weinstube, Bierkeller und Café direkt neben dem Bahnhof. Mit Bahnhöfen hatten es die Rühmanns nun mal.

Unsere Privatwohnung war im Hotel, wir Kinder sausten überall herum, vor allem in der Konditorei. Meiner Mutter wurde das zuviel, und sie steckte meinen Bruder Hermann und mich in ein Alumnat im Bergischen Land in Lennep. Dort war ich unglücklich, hatte Heimweh, weinte viel, bekam in der Schule meine erste Ohrfeige und baute mir ein Terra-Aquarium, um meine eigene, kleine Welt zu haben.

Nach einem Jahr, es war 1914 und der Krieg begann, durften wir zurück. Ich bekam mein erstes Fahrrad mit einer Glocke, die vom Vorderrad angetrieben mit einer Schnur betätigt wurde. Mein ganzer Stolz!

Zwei Jahre später war mein Vater samt Hotel am Ende. Meine Mutter trennte sich von ihm, er beendete sein Leben in Berlin. Mutter aber zog mit uns Kindern, ermuntert von einer Jugendfreundin, nach München. Warum ausgerechnet nach München? Dies sei die billigste Stadt Deutschlands, erklärte Tilly Korn, die Jugendfreundin, die wußte, wie genau Mutter mit dem Geld rechnen mußte.

DAS HÄTT' ICH FAST VERGESSEN...

In meinem Paß steht: Heinrich Wilhelm Rühmann. Und geboren wurde ich am Freitag, den 7. März 1902 im Hotel Stemme in der Kettwigerstraße 1 in Essen. Für Genauigkeitsfanatiker: im ersten Stock, in einem Zimmer an dessen Tür »Privat« stand. Das Hotel gehörte dem Vater meiner Mutter. Meine Schwester Ilse wurde zwei Jahre nach mir geboren, mein Bruder Hermann war zwei Jahre älter als ich.

Für die Rolle des Kleinstadt-Organisten habe ich übrigens beim Organisten der Hamburger Sankt-Michaelis-Kirche Unterricht genommen, um zu lernen, wie man richtig an der Orgel sitzt, wie man die Züge zieht. Sogar einige Fingerläufe hat er mir beigebracht. Im Fernseh-Special spiele ich die ersten Takte der Toccata von Bach selbst. Hoffentlich ist es nicht zu unangenehm aufgefallen!

Die Rumplertaube, die ich als Modell nachbaute, war das leistungsfähigste Flugzeug seiner Zeit. Der Österreicher Edmund Rumpler baute es seit 1908 in seiner Berliner Flugzeugfabrik. Übrigens der ersten in Deutschland.

Alumnat, das Wort ist aus der Mode gekommen, es ist vom lateinischen »alumnus« (Pflegesohn) abgeleitet und bezeichnete ein Schülerwohnheim.

2. Auch ich war ein Jüngling mit lockigem Haar

Meine ersten Jahre in München

An der Algarve, fünf Tage später

Die Luft scheint zu stehen. Das Meer ist über Nacht warm geworden. Die Menschen stöhnen über »muito calor«, viel Hitze. Ein sanfter Wind brachte sie aus Afrika, das so nah ist. Sie lähmt die Bewegungen bei Mensch und Tier. Für Norddeutsche ein neues Erlebnis, für alle, die am Alpenrand leben, nur zu vertraut: ein Föhngefühl. Einerseits ist man träge, andererseits überdreht, hitzköpfig.

Einen Unterschied allerdings gibt es zwischen Levant und Föhn. Levant spürt man sofort, auch wenn man gerade erst seine Koffer ausgepackt hat, bevor der Föhn einen plagt, können glatt zwei Jahre vergehen. So lange dauerte es jedenfalls bei mir, als wir 1916 nach München zogen. In die Schlotthauerstraße 5. Wenige Straßen entfernt war die Realschule am Regerplatz, die ich und Jahrzehnte später auch mein Sohn Peter besuchte.

Als ich zum ersten Mal in diese Schule ging, trug ich einen Bleyle-Matrosenanzug, den ich sonst nur sonntags anziehen durfte. Meine Mutter wollte es so. Sie konnte nicht ahnen, was sie damit anrichtete: solche Anzüge waren in Bayern unbekannt. Alles stand im Schulhof um mich herum, zeigte mit Fingern auf mich und schüttelte sich aus vor Lachen. Es wurde noch schlimmer, als ich dem Lehrer in der Klasse meinen Namen nannte. »Rührei« war von nun an mein Spitzname. Trotzdem brachte ich es zum Klassen- und dann zum Schulsprecher und saß mit im Elternbeirat.

Ein Preiß in Bayern!

Außerdem gab ich jüngeren Schülern Nachhilfeunterricht. Fünfzig Pfennig die Stunde. Von diesem ersten selbstverdienten Geld kaufte ich mir ein gebrauchtes

Fahrrad für siebzig Mark. Ich glaube, da hat mich jemand übers Ohr gehauen.

Das Gebirge zog mich an. Doch ich blieb auch bei meinen Bergtouren ein Einzelgänger. Um Geld zu sparen, fuhr ich mit dem Rad nach Bad Tölz oder Schliersee, hatte in meinem Rucksack Brot, Marmelade und eine Dose Kartoffelbrei. Geschlafen wurde in einer Berghütte unterm Dach, Matratze fünfzig Pfennig. Einmal nahm ich meine Mutter mit, um ihr eine Freude zu machen. Das letzte Stück des Weges mußte ich sie tragen, es war zuviel für sie.

Ich landete an der Luitpold-Schule, um das Abitur zu machen. Da passierte es! Ich ließ im Laufe der Zeit mehr und mehr in meinen Leistungen nach. Daran war keine Primanerliebe schuld, sondern in mir rumorte das Theater. Mit einem Mal!

Wodurch? Wieso? Warum? – Ich weiß es nicht. Außer Märchenvorstellungen hatte ich kein Theatererlebnis. Aber ich konnte an nichts anderes mehr denken. Es war wie ein Zwang.

Möglich, daß ich es von meiner Mutter hatte, die musisch veranlagt war, eine hübsche Gesangsstimme besaß und sich selbst am Klavier begleitete. Ich höre noch ihr Lieblingslied: »Der liebe Gott geht durch den Wald ...« Als sie erkannte, daß ich von meinem Entschluß nicht abzubringen war, hat sie mir in jeder Weise geholfen.

Ich kaufte Reclamhefte, las Stücke, trat einem Theaterverein bei, trug den »Taucher« von Schiller vor, spielte »Der Müller und sein Kind« in irgendeinem Saal in der Augustenstraße, ein rührseliges Stück vom alten Raupach. Im letzten Akt, auf dem Friedhof, trat ich als Geist auf – in meinem eigenen Nachthemd. Geschminkt fuhr ich mit der Trambahn nach Hause, um mich meiner Mutter als Komödiant vorzustellen.

Von Abitur war keine Rede mehr, ich verließ die Schule mitten im Schuljahr, ging zu einem Schauspieler, den ich mir ausgesucht hatte: dem Hofschauspieler Friedrich Basil. Im großen Ballettsaal des Hoftheaters sprach ich ihm den »Leon« aus »Weh dem, der lügt« von Grillparzer vor, außerdem – woher nahm ich den Mut? – den Anfangsmonolog vom »Faust« und Mortimers große Liebeserklärung an Maria Stuart. Die Schönheit dieser Worte hatte mich gepackt:

> »Ich zählte zwanzig Jahre, Königin,
> In strengen Pflichten war ich aufgewachsen,
> Im finstern Haß des Papsttums aufgesäugt,
> Als mich die unbezwingliche Begierde
> Hinaustrieb auf das feste Land.«

Basil hörte sich alles geduldig an, doch dann schickte er mich heim: er habe schon fünf Schüler und mehr zu unterrichten erlaube seine Zeit nicht. Adieu, junger Mann.

Die nächsten Tage waren schlimm. Sicher auch für meine Mutter und meine Geschwister. Ich war mit mir und der Welt zerstritten. Schließlich vertraute ich mich einer jungen Frau aus der Nachbarschaft an, von der ich wußte, daß sie beim Ballett war und Basil kannte. Sie erreichte, daß ich ihm ein zweites Mal vorsprechen durfte. Diesmal auf der Probebühne.

Nach einer Stunde begleitete ich ihn zur Trambahn, die vor dem Theater hielt. Noch hatte er sich nicht geäußert! Doch bevor die Bahn anfuhr, beugte er sich von der Plattform herunter: »Kommen Sie nächsten Dienstag ins Hoftheater, fragen Sie nach mir, um fünf Uhr, aber pünktlich!«

Am liebsten hätte ich die ganze Welt umarmt. Ein doppeltes Wunder war geschehen: Ich hatte – höchst ungewöhnlich! – ein zweites Mal vorsprechen dürfen, und es war erfolgreich gewesen. Noch einmal – zehn Jahre später – hatte ich ein ähnliches unverschämtes Glück: Erich Pommer wiederholte meine Probeaufnahme, weil die erste ihn nicht befriedigte. Die zweite überzeugte ihn. Er engagierte mich für »Die Drei von der Tankstelle«. Meine Filmkarriere begann.

Vorläufig jedoch konnte ich noch nicht einmal an Theaterauftritte denken. Basil brachte mir zweimal die Woche die Grundlagen der Schauspielkunst bei: Ich lernte Arme und Beine zu bewegen oder still zu halten, was schwieriger ist, und die Hände nicht in die Taschen zu stecken. Vor allem richtiges Gehen, der jeweiligen Rolle angepaßt. Und Sprechen! Deutlich, aber nicht übertrieben. Ich neigte dazu, viel zu schnell zu sprechen, weil ich so aufgeregt war.

Mit einem Korken im Mund marschierte ich zur Isar und versuchte, mit meiner Stimme das Rauschen des Wehres zu übertönen. Ich hatte gelesen, daß es Josef Kainz, mein großes Vorbild, so gemacht hatte. Er hing als Hamlet über meinem Bett.

Endlich begann Basil mit mir Rollen zu studieren. Den »Leon« und den »Bleichenwang« aus »Was ihr wollt«. Eine dieser Proben – ich glaube, es war jene, in der ich den Bleichenwang spielte – wurde gestört. Von Direktor Richard Gorter aus Breslau, der immer auf der Suche nach neuen Talenten war.

Gorter wollte mich engagieren, doch Basil lehnte ab. »Meine Schüler sind eine Stunde oder zwei Jahre bei mir, Herr Rühmann aber probt erst sechs Monate unter meiner Leitung. Außerdem ist er zu jung!«

Doch Gorter ließ nicht locker. Basil gab nach, als der Direktor mit Striese-Geste erklärte: »Ich werde wie ein Vater zu ihm sein!«

Das blieb zwar ein leeres Versprechen, aber ich fuhr trotzdem bald zu ihm nach Breslau.

Das hätt' ich fast vergessen...

Friedrich Basil, mein Schauspiellehrer, war eine imposante Erscheinung im Münchner Kulturleben. Er verkörperte noch den Hoftheaterstil mit rollendem Zungen-R. Bei ihm nahm auch der Schriftsteller Frank Wedekind Schauspielunterricht, und später hörte ich, er habe Adolf Hitler in Gestik unterwiesen. Zuzutrauen wäre es beiden.

Sprechübungen mit einem Korken zwischen den Zähnen gehören heute nicht mehr zum Pensum einer Schauspielschule. Damals versprach man sich eine Kräftigung der Muskeln in der Mundpartie davon. Versuchen Sie doch mal mit Korken zu sprechen: »Schneebedeckte weiße Erde...«

Breslau und seine Theater waren in den zwanziger Jahren das Sprungbrett für junge Schauspieler zur Großstadt-Karriere. Käthe Gold, Walter Franck, Berta Drews und viele andere wurden dort entdeckt. Nur bei mir ging es schief.

3. Privates Zwischenspiel

Gegen Lachen gibt es keine Medizin

An der Algarve, 8. Oktober

Als ich heute morgen das Kalenderblatt umschlug, kam der 8. Oktober hervor. Irgendeine Bewandtnis hatte es mit diesem Tag doch, da läutete das Telefon, aus Lissabon meldete sich das Goethe-Institut und fragte an, ob ich nicht Lust hätte, ein zweites Mal an einer Woche mit meinen Filmen teilzunehmen. Ich hatte das vor Jahren bereits einmal gemacht, und es war offenbar ein Erfolg. Damals wurden vor der deutschen Kolonie und den siebenhundert Kindern der deutschen Schule Filme mit mir gezeigt, und ich hatte Gelegenheit, zu den Buben und Mädchen zu sprechen.

Den Anfang machte natürlich »Die Feuerzangenbowle«, dieser Klassiker unter meinen Filmen. Er lief statt Unterricht am Vormittag. Heute kann ich es selbst nicht fassen, daß wir den Film im letzten Kriegsjahr 1944 gedreht haben. Mit Primanern einer Berliner Schule, die alle hofften, daß sie noch recht lange mitarbeiten durften, um den Termin ihrer Einberufung so weit wie möglich hinauszuschieben.

Wir Schauspieler trennten uns schweren Herzens von diesen Primanern. Ich habe nie wieder etwas von ihnen gehört. Vielleicht meldet sich mal einer dieser netten Jungen, die mit uns wirklich eine verschworene Gemeinschaft geworden waren, von der »Professor Schnauz« mit Recht sagen konnte: »Meine schöne Oberpräma!«

Damals waren alle nervlich überdreht. Es war ja auch eine absurde Situation, nach Bombennächten, unausgeschlafen und übermüdet, heitere Szenen zu drehen, den ganzen Tag lustig zu sein. Aber es ging. Unerklärlich zwar, aber es ging. Wir kamen uns vor wie ein Häuflein Überlebender auf einer Insel der Ruhe. Draußen war

Krieg, längst ging es nur noch ums Überleben, und weil unsere Nerven seit Wochen und Monaten strapaziert wurden, wirkte alles, was wir taten, nicht mehr so normal wie früher.

Wir lachten über die geringste Kleinigkeit, und ich erinnere mich, daß wir bei der großen Alkoholszene im Physiksaal nie über das Wörtchen »Baldrian« hinauskamen. Kaum hatte ich dieses Wort ausgesprochen, überkam die ganze Klasse ein derartiger Lachreiz, der sich bis zur Hysterie steigerte, und wir lagen uns am Ende erschöpft und mit Tränen in den Augen in den Armen. Ich weiß nicht mehr, wie viele Anläufe wir brauchten, um die Szene endlich »in den Kasten« zu bekommen.

Wenn dieses bestimmte Lachen, auch nur bei einem privat und unkontrollierbar, einreißt, kann es ganze Vorstellungen gefährden. Es ist durch nichts zu erklären, plötzlich ist es da.

Abend für Abend kann ein Stück ohne jeden Zwischenfall ablaufen, doch dann geschieht es: schweißgebadet steht man auf der Bühne, mit dem Rücken zum Publikum, und lacht oder geht ab, wenn man es gar nicht mehr aushält. Dann steht der arme Partner allein in der Dekoration, brabbelt etwas vor sich hin, meint vielleicht »der andere müßte eigentlich langsam wiederkommen« oder ruft wie Kurt Horwitz einmal bei einer Premiere, als ich gerade von Lachen geschüttelt abgehen wollte: »Heinzl, bleib da!«

Als wir beide Mitte der zwanziger Jahre an den Münchner Kammerspielen engagiert waren, wurde es so schlimm – und es wurde uns auch zu teuer, weil wir pro Vorstellung eine bis drei Tagesgagen Strafe zahlen mußten –, daß wir die Direktion baten, nicht mehr zusammen beschäftigt zu werden.

Die Herren, einschließlich unseres verehrten Otto Falckenberg, redeten ernsthaft auf uns ein, meinten, das sei eine unmögliche Situation und wir sollten uns heute abend zusammennehmen, sie würden geschlossen in der Direktionsloge sitzen, dann würde uns schon das Lachen vergehen.

Wir versprachen Besserung, und Horwitz hatte vor der Vorstellung den grandiosen Einfall, daß derjenige von uns, der bemerkt, der andere würde gleich losprusten, in seinen Text den Satz einflechten sollte: »Du, das ist nicht zum Lachen, ich meine es ernst«, und dann wieder mit dem Originaltext fortzufahren.

Im Zuschauerraum wurde es dunkel, der Vorhang ging auf, wir nickten uns noch einmal Mut zu. In der Proszeniumsloge schimmerten die Brillengläser der Vorgesetzten im Rampenlicht. Zuerst ging alles gut, aber dann kam eine der berüchtigten Stellen; ich konnte nicht anders, ich mußte lachen, und Kurt sagte: »Du, das ist nicht zum Lachen« – aber dabei lachte er auch! Ich bekam gerade noch heraus: »Nein, das ist ernst!« – und dann prusteten wir beide los und waren nicht mehr zu halten. Das Publikum auch nicht, es lachte mit. Bevor der Vorhang fiel, sah ich mit lachfeuchten Augen, wie die Loge sich leerte; die Brillengläser gingen.

Wieder einmal mußten wir mehrere Tagesgagen Strafe zahlen, aber Otto Falckenberg hatte ein Einsehen mit uns: wir brauchten nicht mehr zusammen zu spielen. Erst waren wir froh darüber, doch bald fehlte jedem von uns der andere. Aber wir probierten es lieber nicht noch einmal aus.

Das Publikum lacht ja gerne mit, wenn es weiß, warum auf der Bühne gelacht wird. Ist es mit einbezogen, gibt es oft spontanen Szenenapplaus, und der wiederum schafft uns Schauspielern die Atempause, um den Lachreiz zu unterdrücken.

In Berlin war Ende der zwanziger Jahre eine Aufführungsreihe Tagesgespräch, weil Werner Krauss sich Abend für Abend etwas anderes ausdachte, um seine Partner zum Lachen zu bringen. Er spielte den Colenso in Shaws »Arzt am Scheideweg«, und als er es an einem Abend wieder einmal geschafft hatte, daß seine Partner sich von der Rampe wegdrehen mußten und den Zuschauern nur die vor Lachen zuckenden Schultern zeigten, rief ein Herr aus dem Parkett mit der mahnenden Stimme eines Studienrats: »Na, na. Na!« Sofort verstummte das Gelächter. In keiner der folgenden Aufführungen wurde mehr gelacht.

Eine Szene aus der »Feuerzangenbowle« ist einmal in Wirklichkeit nachgespielt worden. In einem Brief aus

Meersburg am Bodensee wurde mir mitgeteilt, daß ein Schüler – genau wie im Film – ein Schild an das Schulgitter gehängt hatte »Wegen Bauarbeiten bleibt die Schule heute geschlossen«. Nicht nur die Schüler, auch die Lehrer kehrten morgens um, und der Direktor saß, wie in der »Feuerzangenbowle«, allein in der Schule. Er ließ dann durchs Radio und durch Lautsprecher in der Stadt verbreiten, daß doch Schulunterricht sei, und am Nachmittag hatte er alle glücklich in der Aula zusammen, um ihnen zu verkünden: »Man kann es euch gar nicht übelnehmen, schuld ist nur der Rühmann, der hat euch mit seinem dummen Film auf diese Idee gebracht!«

Diese meisterhaft von Heinrich Spoerl geschriebene Geschichte mit dem »Pfeiffer mit drei F« hat unendlich viel Frohsinn, Heiterkeit und Erinnerungen an die unvergessene Schulzeit in vielen geweckt. Getreu dem Motto:

Dieses Buch ist ein Loblied auf die Schule;
aber es ist möglich, daß die Schule es nicht merkt!

Mit Heinrich Spoerl habe ich mich glänzend verstanden. Seine Gestalten beflügelten meine Phantasie. Aber das erzähle ich Ihnen lieber später, denn ich habe schon eine ganze Weile geflissentlich die mahnenden Blicke meiner Frau übersehen und ihr etwas zu betontes Räuspern überhört, aber länger geht das nicht, denn jetzt kommt sie mir mit zwei Weingläsern entgegen. Da weiß ich mit einem Schlag, was heute für ein Tag ist: der 8. Oktober, Vorabend unseres Hochzeitstages!

Heute vor fünf Jahren war die 19. Vorstellung von »Sonny Boys« im Thalia-Theater in Hamburg, und am nächsten Morgen machten wir uns auf den Weg nach Sylt, einfach und sportlich angezogen, weil wir es anders machen wollten, als andere Brautleute. Auch keine Blumen, sagten wir, so ein Unsinn! In Niebüll ging meine jetzige Frau aber doch in ein Blumengeschäft. Für alle Fälle, meinte sie.

Eine kleine Wohnung stand in Kampen für uns bereit. Gegen Abend wurde uns dann doch etwas feierlich zumute, und jeder ging still in ein anderes Zimmer, kramte in seinem Köfferchen, und einige Minuten später standen wir uns ernst und dunkel angezogen gegenüber; so wie die anderen Brautleute auch.

Ich reichte der Dame, die ich zu heiraten beabsichtigte, den Arm. Mit Blumen aus Niebüll in der Hand holten wir den Herrn Standesbeamten ab. Auch er ernst und dunkel. Er führte uns in ein fremdes Haus. Das war eine Überraschung für mich, und aus Verlegenheit murmelte ich so etwas wie »Weihnachten«.

Die Halle war mit Blumen geschmückt, Kerzen brannten, und ein langer Tisch war von der Mitte an die Wand gerückt, mit einem kleinen Pult darauf, hinter dem der wichtigste Mann des Abends stand und in väterlichen Worten zu uns sprach. Es wurde ganz still im Raum, auch die Glückwünsche wurden geflüstert.

Wir waren so froh, daß wir uns zu unserer Hochzeit Sylt gewählt hatten, diese Insel, die wir so gern hatten. Hier konnten wir auch sicher sein, an diesem Tag, der nur uns beiden gehören sollte, allein zu bleiben. Nach acht Tagen war es jedoch durchgesickert, daß es eine neue Frau Rühmann gab, und wir konnten uns der herumschleichenden Fotoreporter nicht erwehren. Die Hartnäckigkeit mit der sie jeden unserer Schritte überwachten, war so entwaffnend, daß wir gar nicht abweisend oder böse reagieren konnten, sondern herzlich lachten, als es dem ersten, der wie ein Affe in einem Baum hing, gelang, ein Foto von uns zu schießen. Er hatte uns erwischt, als wir gerade eine Konditorei verließen. So schritt meine Frau auf dem ersten Bild, das von uns beiden erschien, als kuchentablett-tragende Dame durch den deutschen Blätterwald.

Da ich damals gerade »Max und Moritz« vorbereitete, sagte meine frisch Angetraute zu mir:

> *»Siehste nun, jetzt ist's vorbei*
> *mit der Heimlichtuerei!«*

DAS HÄTT' ICH FAST VERGESSEN ...

Von Kurt Horwitz, meinem Münchner »Lachpartner«, hat Bert Brecht einmal gesagt, für ihn sei er der beste Mackie Messer gewesen. 1934 ging er zusammen mit Therese Giehse ans Zürcher Schauspielhaus.

Auf »Sonny Boys« von Neil Simon, diesem Stück um zwei alte Schauspieler, die eine Haßliebe verbindet, wurde ich durch Theaterkritiken in New Yorker Zeitungen aufmerksam. Mit meinem Freund Paul Verhoeven spielte ich es bis zu dessen plötzlichem Tod, der der Aufführungsserie ein Ende setzte.

Herthi, meine jetzige Frau, ist ein »Fisch«. Genau wie ich. Aber viel netter.

4. Der entfesselte Künstler

Meine ersten Schritte auf zwei Bühnen

An der Algarve, drei Tage später

Mein sechster Tag am Schreibtisch. Ich stöbere in der Vergangenheit herum, schreibe und schreibe, und draußen regnet es und regnet.

Meine Frau hatte recht gehabt (wieder einmal!): das Haus war durch ein paar Kleinigkeiten persönlicher geworden und, wenn der Kamin brannte, sogar gemütlich. Mein Gott, wenn ich da an meine erste möblierte Bude in Breslau dachte ...

Doch damals – ich war gerade neunzehn Jahre – war das unwichtig, da zählte nur das Theater.

In Breslau gehörte ich dem festen Ensemble im Lobe- und Thalia-Theater an. Stolz erzählte ich allen, ich sei gleich an zwei Theatern engagiert! Die Wahrheit war, sie gehörten beide zusammen, und ich mußte mit der Straßenbahn oder, wenn es eilig war, mit einem Kraftwagen hin- und herfahren, um in dem einen Haus am Anfang des Stückes und im anderen im letzten Akt aufzutreten. Ein Jüngelchen saß da in Maske und Ritterkostüm in der Elektrischen und blickte stolz um sich.

In den ersten Jahren bekommt man mehr oder minder kleine Rollen, und immer wenn ein neues Stück herauskommt, ist die Spannung groß, was einem zugeteilt wird. Am traurigsten ist man, wenn man gar kein Textbuch erhält, sondern die Rolle so klein ist, daß sie nur auf ein oder zwei Seiten »herausgeschrieben« worden ist.

Vormittags sind Proben, abends spielt man, und dazu können auch noch Nachmittags-Vorstellungen kommen, so daß ich als junger Schauspieler buchstäblich von morgens bis abends im Theater war.

Vor allem riß man sich darum, in Märchenvorstellungen beschäftigt zu sein, denn da konnte man sich richtig austoben und durfte große Rollen spielen. Und natürlich auch, weil es dafür Sonderhonorar gab. Das Geld reichte nie. Es war praktisch schon alle, wenn am Ersten jeden Monats die Außenstände vom vorigen Monat zurückgezahlt werden mußten.

Später in München hatte ich mit Otto Framer, dem Ersten Helden des Schauspielhauses, ein Sonderabkommen; er gab mir stillschweigend an jedem Ersten fünfhundert Mark, und die bekam er ebenso stillschweigend, aber dankbaren Blickes am 15. zurück, wenn die zweite Monatsrate vom Theater fällig war.

Aber noch sind wir in Breslau, und da dachte ich nicht mal im Traum an so viel Geld. Ich erhielt achtzig Mark im Monat und bekam von einer Jugendfreundin meiner Mutter, die ein Hotel in Düsseldorf hatte, noch vierzig Mark dazu. Ohne diese Hilfe wäre ich vielleicht nie Schauspieler geworden.

Ich war noch ein halbes Kind und wurde immer aus dem Konversationszimmer geschickt, wenn unanständige Witze erzählt wurden. Ich war sehr oft auf dem Gang. Das Konversationszimmer ist ein Aufenthaltsraum gleich neben der Bühne für Schauspieler, die eine Pause während der Arbeit haben. Es verdient diesen vornehmen Namen in keiner Weise.

Bei vielen Kollegen galt ich als arrogant und war nicht beliebt. Dabei war ich einfach nur schüchtern. So schüchtern, daß ich mich nicht vorzustellen getraute.

Schuld an dieser Unsicherheit war ein Nervenleiden, das ich mir in München, als ich noch bei meiner Mutter wohnte, durch Erkältung zugezogen hatte. Es war... Doch lassen Sie mich das der Reihe nach erzählen: Wir wohnten in der Schlotthauerstraße 5, und ich schlief mit meinem Bruder in einem Zimmer. Jeden Tag begrüßte er mich beim Aufstehen mit »Guten Morgen, großer Schauspieler«. Doch eines Morgens rief er aus seinem Bett: »Laß doch das ewige Grimassenschneiden! Was spielst du heute, den Mephisto?« Ich spielte aber gar nichts, sondern las in einem meiner Reclamhefte. Erst als ich dann in den Spiegel blickte, wußte ich, was er meinte: ich hatte ein schiefes Gesicht. Die linke Gesichtshälfte war wie gefroren. Ich versuchte zu pfeifen –

es ging nicht. Unser Hausarzt wußte, was es war – eine Lähmung des Fazialisnervs, aber ein Gegenmittel wußte er nicht. Er meinte nur, so was könne Monate dauern.

Trotz schiefen Gesichts war ich entschlossen, meinen Vertrag zu erfüllen. Meine Mutter schneiderte mir aus der Garderobe meines verstorbenen Vaters Anzüge zusammen, die ich laut Vertrag mitbringen mußte. Da mein Vater viel größer und stärker als ich gewesen war, hat sie sicher viele Nächte gesessen. Außerdem erwartete man, daß ein junger Schauspieler Hemden, Socken, Sommerschuhe, Winterschuhe, Mantel und Hut besaß. Mit dem Zylinder, der ebenfalls verlangt wurde, konnte ich nicht dienen. Der meines Vaters war mir viel zu groß.

So stand ich eines Tages nach langer Bahnfahrt in Breslau vor meinem Direktor, der mir zu verstehen gab: So können Sie nicht auftreten, gehen Sie zum Arzt!

Nach einigen Wochen war das Übel behoben. Ich konnte wieder pfeifen, meine tägliche, von Ängsten begleitete Übung nach dem Aufstehen. Welche Freude!

Aber ich kam nun als Neuling in ein bestehendes Ensemble, in dem sich alle kannten. Außerdem war ich ein bißchen weltfremd in meinem kleinen Zimmerchen bei der Witwe Barow geworden, das wenig Miete kostete, weil es Wanzen hatte.

Fleißig lernte ich weiter, betrieb Sprechübungen, bis mir schwindlig wurde, und erweiterte mein Rollen-Repertoire. Natürlich mit jugendlichen Helden wie Mortimer, Max Piccolomini, Laertes, Melchthal.

Ich hatte zwar viel bei Basil gelernt, aber – wie das oft zwischen Lehrer und Schüler geschieht – auch Eigenarten von ihm übernommen, die überhaupt nicht zu mir paßten. Wie heißt's doch so schön im »Wallenstein«:

> *»Wie er sich räusperte und wie er spuckt,*
> *Das habt ihr ihm glücklich abgeguckt.«*

So ging es mir auch mit dem Hofschauspieler Basil. Weil er alles mit verschnupfter Nase sprach, tat ich es ihm nach. Rasch hatte ich bei den Kollegen meinen Spitznamen weg: »Der kleine Basil.«

Was immer ich spielte – Erfolg hatte ich wenig. Eigentlich gar keinen. Wie sollte ich aber auch mit meinen zwanzig Jährchen den Dr. Hilti in Wedekinds »Büchse der Pandora« überzeugend darstellen? Das muß ein Vierziger spielen, der sich der Mädchenfrau Lulu in eindeutiger Absicht nähert. Ich aber wußte ja noch gar nicht, was ich eigentlich von diesem Weibsstück wollte! Ich soll ihn »mit rollenden Augen, triefenden Lippen und bebendem Körper« gespielt haben. So jedenfalls hat es mir ein Breslauer Theaterfreund Jahrzehnte später erzählt.

Doch lieber eine falsche Rolle, als gar keine! In Gerhart Hauptmanns »Rose Bernd« hatte ich als namenloser Arbeiter lediglich zwei Sätze zu sagen, und in einem Shakespeare-Lustspiel war ich sogar nur als Komparse eingesetzt.

Schlechte Kritiken bekam ich auch. Für junge Schauspieler sind Kritiken ungeheuer wichtig. Eine weiß ich noch wörtlich: »Herr Rühmann unterhielt wieder einmal die Galerie; Herr Spielleiter, legen Sie dem jungen Mann mehr Fesseln an!«

Heute wundere ich mich, woher ich damals die Begeisterung und das Selbstvertrauen nahm, Schauspieler zu bleiben. Ich muß schamlos übertrieben haben, weil ich nur ein Ziel kannte: ich wollte das Publikum auf mich aufmerksam machen, ganz gleich, was ich spielte, und ich wollte zeigen, was ich alles konnte. Sprachlich und körperlich. Ich probierte vor dem Spiegel. Stundenlang.

SPIEGELBILDER

Spiegelszenen waren Rühmanns ganzes Schauspielerleben lang Höhepunkt seiner Darstellungskunst. Drei für viele:

1940: In dem Film »Kleider machen Leute« steht er als Schneidergeselle Wenzel Strapinski im eleganten Anzug vor dem Spiegel. Immer wieder betrachtet er mißtrauisch sein Spiegelbild und murmelt: »Bin kein Graf.« Wie er diesen Satz zuerst bedauernd, dann resignierend und schließlich mit einer knappen Geste, die einen Schlußstrich zu ziehen scheint, beinahe als Genugtuung und Erlösung vom Spuk des Spiegelbildes sprach, das verriet den Charakterdarsteller.

1955: In dem Film »Wenn der Vater mit dem Sohne« kommen ihm beim Blick in den Spiegel Bilder aus seiner Glanzzeit als Clown entgegen. Im stummen Wechselspiel zwischen dem Mann vor dem Spiegel und seinem Spiegelbild im Clownskostüm erleben wir, wie in ihm der Entschluß reift, wieder als Clown aufzutreten.

1956: In dem Film »Schneider Wibbel« verwandelt Rühmann sich vom braven Schneidermeister in einen Luftikus. Nicht nur durch Zwirbelbärtchen und Kleidung. Beim Spiel mit seinem Spiegelbild bekommen auch seine Gesten, sein Blick ein anderes Temperament.

1956: Höhepunkt der Spiegelszenen im Film »Hauptmann von Köpenick«. Die tragikomische Konfrontation, wenn der Schuster Voigt sich zum ersten Mal selbst in Hauptmannsuniform sieht und gesteht: »Also, Herr Präsident, wenn uff'm königlich-preußischen Abort 'nen Spiegel jewesen wär, wär det Janze nie passiert.« Da ist die nachträgliche Angst, was alles hätte geschehen können, in seinem Ausdruck.

Das stumme Spiel vorm Spiegel, der Alleingang des Schauspielers, meist ohne die Stütze des Dialogs, das gehört zur hohen Schule der Darstellungskunst.
Aus: Manfred Barthel »Heinz Rühmann«, Rembrandt-Verlag, Berlin, 1958.

Auffallen wollte ich. Um jeden Preis. Nicht nur auf der Bühne. Deshalb kleidete ich mich auch privat höchst exzentrisch. Kariert, mit lila Socken, lila Band am Strohhut und kleinem Spazierstock. Ich fand mich chic. Die Leute lachten und drehten sich nach mir um. Meine gute Mutter, die mich in Breslau besuchte, sah das mit den Augen der Liebe, bezog es nicht auf mein Aussehen, sondern meinte stolz: »Man kennt dich schon, mein Junge!«

Es waren wundervolle Tage mit ihr. Sie sah mich auf der Bühne und fand alles gut, was ich machte, nur über mein Zimmer war sie entsetzt. Eines Tages fragte sie, warum denn immer ein Eimer Wasser auf der Fensterbank stünde? Ich erklärte ihr, daß ich ihn in die Sonne gestellt hätte, um später warmes Wasser zum Strümpfewaschen zu haben. Da weinte sie.

Ein Jahr war ich in Breslau, da wechselte die Direktion. Richard Gorter ging, Paul Barnay wurde Direktor. Er übernahm nicht nur das Theater, sondern auch das gesamte Ensemble. Mit einer Ausnahme. Und die war ich. Als einziger wurde ich nicht wieder engagiert. Wegen mangelnder Begabung. Ich war nicht etwa verzweifelt. Ich wunderte mich nur.

Da geschah etwas, was man in einem Film als dummen Zufall abtun würde: In der sprichwörtlich letzten Minute kam ein Telegramm aus Hannover, vom Residenztheater, das mir einen Jahresvertrag als jugendlicher Liebhaber und Naturbursche anbot. Mit hundertzwanzig Mark Monatsgage. Vierzig Mark mehr als in Breslau! Ich weiß bis heute nicht, wie es zu diesem Angebot gekommen ist, auf alle Fälle telegrafierte ich: »Bin frei.« Zu mehr Worten reichte mein Geld nicht.

An dem Abend war ich besonders früh im Theater, um meinen Kollegen diese sensationelle Nachricht brühwarm zu servieren. Doch bevor ich dazu kam, machte ich eine wichtige Entdeckung: nirgendwo verbreiten sich Gerüchte und Nachrichten so schnell wie am Theater! Das gilt für damals, für heute und bestimmt auch in Zukunft. Die Nachricht von meinem hannoveranischen Angebot war bereits bekannt. Das wurde mir klar, als ich zwei »liebe« Kollegen, die nichts von meiner Anwesenheit wußten, sich darüber unterhalten hörte. Tenor ihres Gesprächs: Na, der Direktor in Hannover wird staunen, was er sich da eingehandelt hat! Der Rühmann geht nur telegrafisch weg!

Ich war mehr erstaunt als gekränkt.

Als ich mit gepacktem Koffer wieder auf dem Bahnsteig in Breslau stand, mußte ich an den Satz denken, den mir Friedrich Basil auf den Weg mitgegeben hatte, als ich vor einem Jahr abgereist war: »Sie müssen sich eine Frist setzen, eine Frist von fünf Jahren! Wenn Sie bis dahin keinen echten künstlerischen Erfolg hatten, wenn sie nach dieser Zeit nicht zu den arrivierten Schauspielern zählen, dann müssen Sie von der Bühne Ab-

schied nehmen. Sie dürfen sich nicht selber täuschen, indem Sie sich immer wieder nach diesen fünf Jahren sagen, ich werde es noch ein weiteres Jahr versuchen.«
Ein Jahr von diesen fünf war vergangen.

DAS HÄTT' ICH FAST VERGESSEN ...

Die beiden Theater, an denen ich spielte, waren das Thalia-Theater (1350 Plätze) und das Lobe-Theater (1100 Plätze). Beides Privatbühnen ohne irgendwelche Zuschüsse. Das Geld war entsprechend knapp, dafür aber die Freiheit in der Stückewahl groß. Was städtische Bühnen und ehemalige Hoftheater nicht aufzuführen wagten, stand auf dem Spielplan dieser Bühnen, wie z.B. Frank Wedekinds »Lulu«-Stücke.

Der neue Direktor, der mich als einzigen des Ensembles nicht für die neue Spielzeit übernahm, hieß *Paul* Barnay. Nicht zu verwechseln mit dem berühmten Gastspiel-Schauspieler *Ludwig* Barnay, den einige meiner »Biographen« zum Theaterdirektor in Breslau gemacht haben. Für einen solchen Posten war er ein viel zu unruhiger Geist, das Muster eines »Mauernweilers«, wie wir damals diese Gastspielvirtuosen nannten, weil nach deren einmaligem Auftreten immer in den Zeitungen zu lesen war: »Gestern weilte in unseren Mauern ...«

5. Da ging mir der erste Knopf auf

Irrwege eines jungen Schauspielers

An der Algarve, zwei Tage später

Den ganzen Tag hat es gestürmt und geregnet. Vormittags, bei unserem üblichen Marktbesuch, sind wir lange nach einem Korkenzieher herumgelaufen. Der alte war in einer Flasche steckengeblieben und abgebrochen. Den ganzen Abend saßen wir vor einer verschlossenen Flasche! Das sind Stunden, in denen einem so richtig klar wird, wie wichtig etwas so Selbstverständliches wie ein Korkenzieher sein kann.

Haben Sie schon einmal versucht, in einem fremden Land etwas zu kaufen, für das Sie das Wort nicht kennen? Meine Frau und ich jedenfalls boten in jedem Geschäft eine Zirkusnummer. Mimisch und mit körperlichen Verrenkungen versuchten wir den Leuten klarzumachen, was wir wollten. Ohne Erfolg. Schließlich lag einer schlicht, einfach und zufällig vor uns, und wir nahmen ihn genauso schlicht und einfach mit. Das werden wir auch in Zukunft so halten. Aber von zu Hause!

Zu Hause, ein Wort, das für junge Schauspieler fast soviel wie Paradies bedeutet. Jahrelang lebt man in meist häßlichen, möblierten Zimmern, in die man erst spät in der Nacht nach der Vorstellung kommt, in denen man meist nicht ausschlafen kann, weil der Lärm von der Straße hereindringt. Das eigentliche Zuhause ist das Theater. In Hannover allerdings fühlte ich mich gleich wohl; ich hatte ein nettes, freundliches Zimmer gefunden, von dem aus ich zu Fuß zum Theater gehen konnte, in dem eine kameradschaftliche Atmosphäre herrschte.

Mit mir waren Theo Lingen, der sich damals noch Theodor nannte, und Rudolf Platte engagiert; beide ebenfalls Anfänger, mit denen mich bald ein freundschaftliches Verhältnis verband; bei Theo lernte ich steppen, und Rudi hatte einen Hang zum Russischen und zur Boheme. Wenn wir bei ihm eingeladen waren, kreiste die Wasserpfeife. Ein phantastischer Paravent, den er für viel Geld erworben hatte, stand im Winter vor dem kalten Ofen, da er nicht bereit war, für Kohlen Geld auszugeben. Der Paravent war ihm wichtiger.

Wir spielten alles. Wirklich alles. Rudolf Platte den fast tauben Beethoven, Theo Lingen den Ferdinand in »Kabale und Liebe«, und ich war seltsamerweise auf Grillparzer spezialisiert.

Alle drei Wochen war eine neue Premiere. Täglich also Proben am Vormittag und abends Vorstellung. Auch in Hannover verbrachte ich den ganzen Tag im Theater. Meine Mutter hatte mich vor der Abreise gewarnt: Sei vorsichtig, mein Junge, Hannover heißt Klein-Paris, paß auf dich auf!

Direktor Ewald Schindler war sehr nett zu mir, und wenn auch Willi Maertens mir alle ersten Rollen wegspielte, kam auch ich – und das schon in meinem zweiten Jahr – zu schönen Aufgaben.

Ich spielte den Puck im »Sommernachtstraum«, der damals fast nur von Naiven und jugendlichen Charakterdarstellerinnen gespielt wurde. Ich soll einer der ersten männlichen Pucks gewesen sein, und ich turnte so ausgelassen im Märchenwald in den Bäumen herum, daß ich mir den Fuß verknackste und die Rolle von diesem Moment an etwas ruhiger auffaßte. Jahre später, 1925, erlebte ich Maria Bard als Puck in den Münchner Kammerspielen in einer Aufführung, in der ich den Bälgflicker Flaut (Thisbe) spielte. Sie war unvergleichlich. Gut, daß sie mich damals in Hannover nicht gesehen hat!

Als Kellner Viktor in »Femme X«, einer französischen Salonkomödie, hatte ich bei der Premiere meinen ersten Szenenapplaus. Ich grübelte lange darüber nach, wieso und warum mein Spiel eine solche Wirkung erzielt hatte, ohne eine Lösung zu finden. Erst längere Zeit später wußte ich, warum.

Meine Rolle bestand zwar nur aus einem einzigen, kurzen Auftritt – einer Gerichtsaussage im dritten Akt –, aber diese Aussage war für den weiteren Verlauf der Handlung äußerst wichtig. Damals erkannte ich das nicht, sondern fand es unter meiner Würde, daß man mir, der ich doch schon größere Aufgaben bewältigt hatte, diese »Wurzen« von Rolle anbot. Nur weil ein prominenter Gast aus Berlin die Hauptrolle spielte.

Ich war beleidigt, strengte mich nicht an und klebte mir außerdem noch einen fürchterlichen Schnurrbart ins Jungengesicht, damit man mich nicht erkennen sollte – so ein Unsinn, mein Name stand doch im Programm! – und meine Antworten an den Richter waren lust- und teilnahmslos heruntergebrabbelt.

Das muß aber von starker Wirkung gewesen sein, und ich kam dahinter, daß man am Theater nicht immer etwas »wollen« muß, um aufzufallen, sondern daß das Stille, Unabsichtliche auch zum Erfolg führen kann.

Wie wichtig diese Erkenntnis in meinem Theaterleben für mich werden sollte, ahnte ich damals nicht. Im »Hannoverschen Kurier« stand jedenfalls: »Heinz Rühmann scheint gestern seine Richtung gefunden zu haben.« Ich war glücklich, verstand den Satz nicht ganz und versuchte, mich darüber zu unterhalten. So als Bestätigung!

Mein großer Kummer war meine Kleinheit; ich wollte doch jugendlicher Held werden und kleine Helden gibt es eben nicht. Jedenfalls nicht am Theater.

Darum trug ich auch privat Einlagen in den Halbschuhen, die damals modern waren, und mehr als einmal verlor ich einen auf der Straße, weil die Ferse hinten viel zu hoch aus dem Schuh ragte und keinen Halt mehr hatte.

Streckübungen mit Stahlfedern, die ich mir auf eine Annonce hin gekauft hatte, versuchte ich auch, aber die versprochenen 3–5 Zentimeter mehr Größe stellten sich nicht ein.

In hohen Stiefeln auf der Bühne fühlte ich mich am wohlsten. Als Leander in »Des Meeres und der Liebe Wellen« stolzierte ich mit Helm und Schwert herum und schmetterte meinen Monolog ins Premierenhaus, bevor ich quer durch den Hellespont zur geliebten Hero hinüberschwamm.

Abgangsapplaus! An einer Stelle, an der ergriffenes Schweigen herrschen sollte! Was war passiert? Das Publikum amüsierte sich; das Gelächter im ersten Teil meines Monologs hatte ich gar nicht bemerkt, so war ich von meiner Rolle und dem schönen Text gepackt. Es fiel mir erst auf, als immer stärker gelacht wurde.

Blitzschnell erinnerte ich mich an den Rat meines Lehrers Basil: Wenn mal was Unvorhergesehenes eintritt oder das Publikum unruhig wird, soll man sich diskret kontrollieren, ob am Anzug etwas nicht in Ordnung ist, ein Knopf am Hosenschlitz aufsteht oder Ähnliches. Schlicht »Toilett-Fehler« genannt. So wird es ausgesprochen.

Manchmal bekommt man dieses Wort auch mitten in einer klassischen Suada von einem Mitspieler zugeraunt, wenn etwas »passiert« ist.

Doch in dieser Szene stand ich allein auf der Bühne. Also kontrollierte ich, tastete an mir herum, während ich Grillparzers Verse in den Zuschauerraum schmetterte:

»Tor, der du bist, und denkst du den zu halten,
den alle Götter schützen, leitet ihre Macht?«

Was war bloß los? Am Trikot gibt es doch keine Knöpfe!

»Was mir bestimmt, ich will's, ich werd's erfüllen:
Kein Sterblicher hält Götterwalten auf.«

Es wurde weitergelacht. Vielleicht war etwas aufgeplatzt? Ich schaute nach hinten, beugte mich nach vorn. Und da geschah es: der Pferdeschwanz, der wie eine haarige Fontäne von der Helmspitze aufsteigen sollte, fiel mir ins Gesicht. Er mußte die ganze Zeit bereits gewackelt haben. Darauf kam ich natürlich nicht, sondern wischte ihn einfach nach links weg, weil er mich beim Sprechen störte. Natürlich blieb er nicht auf dieser Seite, sondern pendelte nach rechts, während ich rief:

»Drum keine Waffen! Euer Schutz genügt.
Mit ihm geharnischt wie mit ehrner Wehr,
stürz ich mich kühn in Mitte der Gefahren.«

Der Pferdeschwanz dachte gar nicht daran, auf einer Seite zu bleiben, und ich – im Eifer meines Spiels –

schickte ihn immer wieder auf die Reise. Links – rechts, rechts – links. Es war ein einsamer Kampf, den Leander mit der Tücke des Objekts ausfocht. Schließlich löste sich der ganze Kladderadatsch und der mächtige Haaraufbau fiel zu Boden. Kurz entschlossen klemmte ich ihn unter dem Arm, vergaß aber nicht – genau nach der Regieanweisung –, das Schleiertuch zu schwenken, das ich Hero im Akt vorher entwendet hatte, und mit:

»Amor und Hymen, ziehet voran,
ich komm, ich folg und wäre Tod der Dritte!«

ab in die Kulisse.

Die Menschen im Theater, Zuschauer wie Kollegen, wischten sich die Tränen aus den Augen. An diesem Abend wurde nicht der »jgdl. Held« geboren, sondern der »jgdl. Komiker«.

Ein anderer hätte sich vielleicht verkrochen oder um seine Entlassung gebeten, aber ich überwand tückische Nackenschläge wie diese in meiner unbeschreiblichen Liebe zum Theater.

Außerdem kam noch ein anderes Verliebtsein dazu. Ich schwamm auf einem rosa Wölkchen, denn ich hatte entdeckt, daß es *Mädchen* gibt. Reichlich spät, mit zwanzig Jahren!

Mädchen in großer Zahl am Theatereingang, die uns Schauspieler sehen wollten. Nur tagsüber selbstverständlich. Das kannte ich von Breslau. Dort war ich doch auch schon im Theater ständig von Weiblichkeit umgeben gewesen, aber nie hatte ich mich zu jemandem besonders hingezogen gefühlt oder war gar verliebt gewesen.

Jetzt aber... Eine Blonde, sehr Hübsche, gefiel mir besonders gut; ich ihr, glaube ich, auch. Sie ging noch in die Schule. Im Stadtpark radelten wir zusammen, sprachen dummes, verliebtes Zeug, und ab und zu wurde ich von der Mutter zum Kaffee eingeladen, wenn der Vater nicht da war. Ich glaube, wir haben uns nicht einmal geküßt, aber wir waren glücklich, wenn wir zusammen waren, und dachten nicht einmal an Dinge, die heute selbstverständlich geworden sind.

Primanerliebe, meine erste!

Liebe Mutter, Klein-Paris habe ich nicht kennengelernt; ich hab's auch nicht vermißt!

Im Laufe des Sommers schloß das Theater seine Pforten. Für immer! Aus dem Residenz-Theater wurde die Residenz-Garage. Schade, es war so gemütlich! Böse Zungen behaupteten, wir hätten es in Grund und Boden gespielt! Wir, das waren Theo Lingen, Rudi Platte und ich. Später waren wir drei in Berlin, jeder ging seinen Weg, machte seinen Weg.

Rudolf Platte wurde nach dem Erfolg mit »Bezauberndes Fräulein« sogar sein eigener Theaterdirektor in Berlin.

Theo und ich spielten 1930 am Schiffbauerdamm-Theater »Die Quadratur des Kreises« mit Peter Lorre und Lotte Lenya. Das Stück hatte noch einen zweiten Titel: »Ein Strich geht durchs Zimmer«. In München, wo ich es später an den Kammerspielen spielte, hieß es so.

Peter Lorre war ein ausgefallener Typ. Schwer einzuordnen. Nicht nur wegen seines Aussehens, seiner Fischaugen, auch wegen der nur ihm eigenen Art zu sprechen und nicht zuletzt wegen seiner skurrilen Ansichten. Wir wußten nie genau, ob er es ernst meinte oder sich lustig machte. Unser Regisseur hatte seine liebe Not mit ihm. Auf dem Premierenplakat hätte Lorre gern an erster Stelle gestanden, der Direktor wollte aber meinen Namen nach vorn nehmen. Er klagte mir sein Leid. Ich sagte, daß es mir egal sei – entscheiden würde schließlich die Leistung am Abend. Ich schlug ihm eine salomonische Lösung vor: Nennung in alphabetischer Reihenfolge: Lingen, Lorre, Rühmann. Ich glaube, so wurde es dann auch gemacht.

In diesem Zusammenhang ein Wort über freundschaftliche Kontakte unter Schauspielern. Das Publikum vermutet, daß zwei Schauspieler, die besonders herzliche Freundesszenen miteinander zu sprechen haben, auch privat befreundet sind. Das ist nett gedacht, aber dem ist nicht so! Am Theater genau wie in anderen Berufen sind jene befreundet, die sich privat etwas zu sagen haben – auch wenn sie sich am Abend als böse Feinde gegenüberstehen.

Otto Wallburg und ich – wir waren Freunde. Wir trafen uns jeden Abend. Auch wenn wir auf zwei verschiedenen Bühnen spielten. Zu Lotte Lenya hingegen hatte ich – so sympathisch sie mir war – wenig Kontakt. Sie hatte ihren, ich meinen Kreis, und so sahen wir uns nur auf der Bühne. Eigentlich hieß sie Karoline Blamauer. Ein Name, der mir sehr gefiel.

Doch noch war ich nicht in Berlin. Von Hannover ging es erst einmal ans Schauspielhaus Bremen. Ich war nur einige Monate dort. Schuld war vor allem die Inflation. Sie eilte ihrem Höhepunkt zu.

Das Geld, das wir am Abend bekamen, war bereits am nächsten Morgen nichts mehr wert. Kartoffeln und Kohlen bot man uns als Gage an, aber damit konnte ich nichts anfangen. Ich bat um Auflösung meines Vertrages. Ganz schön frech, wo ich doch nichts anderes hatte. Aber es war wohl die Reaktion auf die Stimmung im Hause, die eben keine Stimmung war.

Die Herren Wiegandt und Ichon, der eine klein und dick, der andere lang und dünn, genannt die »Stettiner Sänger«, standen dem Theater mehr vor als daß sie es leiteten. Ich kam mir in dem steifen Milieu wie ein Darstellungsbeamter vor. Keine Fröhlichkeit, kein Lachen, dafür reichlich Strafzettel und Gagenkürzungen wegen meiner Extempores.

Vielleicht war diese kalte Atmosphäre auch mit ein Grund, daß »Der Mustergatte«, den ich dort zum ersten Mal spielte, recht provinziell geriet. Das Publikum amüsierte sich nicht, wir erkannten die Situationskomik und was alles an Möglichkeiten im Stück steckte noch nicht. Eine Wald- und Wiesenaufführung, die nur ein paarmal auf dem Spielplan stand und dann zu den Akten gelegt wurde.

Niemand hätte damals geglaubt, daß dieses Stück und ich in der Rolle des Billy Bartlett eine so sensationelle Auferstehung erleben würde. Ein einmaliger Fall!

Über Höhen und Tiefen meines Lebens hat mich dieses Lustspiel begleitet. Wie oft ich es gespielt habe? Ich weiß es nicht. Um mit meinem Freund Cacci Günther zu sprechen: »Bei zweitausend haben wir aufgehört zu zählen.« Zu zählen, aber nicht zu *er*zählen! Vom »Mustergatten« wird in diesem Buch noch oft die Rede sein.

1945, kurz nach dem Zusammenbruch, schickte mir Helmut Rudolph, ein Kollege, mit dem ich 1923 am Bremer Schauspielhaus engagiert war, mein abgegriffenes Textbuch von der damaligen Aufführung.

Wehmütig blätterte ich Seite für Seite um und las meine Anmerkungen zu meiner Rolle. Dann und wann konnte ich ein Lächeln nicht unterdrücken.

In der Mitte des alten Textbuches lag ein Brief meiner Mutter, den sie mir damals nach Bremen geschickt hatte:

»Ich wünsche dir viel Glück für deine neue Stellung in Bremen. Leider liegt diese Stadt weit weg von München, sonst würde ich dich besuchen. Hast du genug Wäsche? Wer sorgt für dich? Achte auf dein Äußeres, das so wichtig ist, wenn man Schauspieler ist. Viele tun es nicht. Geh auch regelmäßig zum Haarschneider und denk an deine Gesundheit. Wenn du etwas brauchst, dann mußt du es mir schreiben. Uns geht es gut, was wir auch von dir annehmen. Deine Mutter.«

An den Rand hatte sie noch geschrieben: *»Es ist jetzt eine schlimme Zeit, es ist Inflation, kommst du zurecht? Sei sparsam, hier in München ist es sehr unruhig. Mach's gut.«*

Mütter. So schlimm kann es nicht kommen, daß sie nicht zuerst an die Gesundheit ihrer Kinder denken.

Das Beste an Bremen war mein möbliertes Zimmer in einer Villa, die zwei ledigen Schwestern gehörte; beide um die Sechzig herum.

Jeden Sonntag vormittag durfte ich den beiden Damen meine Aufwartung machen. Punkt elf betrat ich den Salon, in dem sie mich zigarrenrauchend empfingen. Es war eine Szene wie aus einem absurden Stück. Nach einer Stunde gepflegter Konversation über Tagesfragen und Theaterneuigkeiten fiel dann endlich das Stichwort, auf das ich seit einer Stunde wartete: »Wir dürfen Sie doch bitten, mit uns das Mittagessen einzunehmen.« Natürlich durften sie.

Sicher lag es auch an mir, daß ich mich an diesem Theater nicht wohl fühlte. Ich hab mir Dinge geleistet, deren Tragweite mir damals nicht bewußt war: Bei einer »Wilhelm Tell«-Aufführung für Schüler, in der ich den jugendlichen Helden Ulrich von Rudenz spielte, ließ ich ganze Textstellen aus, verkürzte so die Aufführung und brachte die Kollegen, deren Stichworte durcheinandergerieten, fürchterlich ins Schwimmen. Nicht zu reden von den Gymnasiasten, die eine höchst seltsame Vorstellung von »Wilhelm Tell« bekommen haben dürften. Das war das Ende meines Engagements in Bremen.

Wo fährt der Sohn hin, wenn er nichts mehr hat und nicht weiß, wohin? Nach Hause zu seiner Mutter.

Ich zog wieder in mein altes Jungenzimmer ein. Meine Mutter hörte sich meine Theatererlebnisse an, fragte aber nie, wie es weitergehen sollte. Nur Bruder Hermann titulierte mich zartfühlend mit »Herr Hofschauspieler a. D.« Ältere Brüder sind nun mal so.

Es war Hoch-Inflation, und meine Schwester Ilse, die in einer Bank arbeitete, spekulierte höchst geschickt für uns alle. Mit *einem* Dollar. Von Tag zu Tag tauschte sie ihn in andere Währungen, bis Lebensmittel daraus wurden und diese wieder zu Geld, und schließlich hatten wir wieder einen Dollar.

Es war schwer, in dieser Zeit ein Engagement zu bekommen. Auf den Arbeitsämtern standen mehr stellungslose Schauspieler Schlange, als bei den Bühnen unter Vertrag waren. Ich versuchte natürlich, ein Engagement zu bekommen, und hörte, daß Braunschweig einen jugendlichen Komiker suchte.

Ich gastierte dort als »Mittelbach« in dem Stück »Der Herr Senator« a. G. a. A. Als Gast auf Anstellung. Standen die vier Buchstaben im Programm hinter einem Namen, wußten die Zuschauer, daß dieser Schauspieler engagiert werden würde, wenn er gefiel. Wenn nicht: Rückfahrkarte. Es war praktisch eine Probevorstellung.

Auf der Verständigungsprobe gab ich furchtbar an, erklärte meine Stellungen und Gänge, obgleich ich die Rolle noch nie gespielt, sondern nur den Text gelernt hatte, um ihn in mein Rollen-Repertoire aufnehmen zu können. Eine unverschämte Frechheit, die ich mir nur bei meinem guten Gedächtnis leisten konnte.

Mit mir gastierte noch ein Kollege aus Berlin in der Bonvivant-Rolle. Wir fanden natürlich alles um uns herum tiefste Provinz und betranken uns nachmittags in einer Bar.

Abends sehr angeheitert ins Theater, ebenso auf die Bühne, und als das Publikum anfing, über mich zu lachen, lachte ich mit. Das steigerte sich so, daß ich nur noch für die Menschen im Parkett da war und mehr an der Rampe stand und ins Publikum lachte, als mit meinen Kollegen zu spielen.

Nach Verteilung fürstlicher Trinkgelder verschwand ich im Hotel und erschien am nächsten Morgen mit einem dicken Schädel im Theater, um meine Abendgage zu holen und zu erfahren, wie ich gefallen hätte.

So kurz bin ich noch in keinem Direktionsbüro gewesen: »Sie sind wohl nicht das Richtige für uns, guten Tag!«

Also: Rückfahrkarte nach München.

Bevor sich mein Braunschweiger Abenteuer bei den anderen Theaterdirektoren herumsprach, machte ich einen Abstecher an das berühmte Schauspielhaus in Düsseldorf, um dem ebenso berühmten Direktionspaar Dumont-Lindemann vorzusprechen.

Das fand auf der Probebühne statt, und ich merkte bald, daß ich nicht gefiel, und nur der Höflichkeit halber baten sie mich hinterher in ihr Büro, um mich dort zu verabschieden.

Auf beiden Seiten war nicht viel zu sagen, und in einer Verlegenheitspause fragte Herr Lindemann: »Warum tragen Sie eigentlich Gummischuhe?« Ich antwortete: »Weil es regnet.« Darauf er: »Aber Sie entziehen sich ja den belebenden Säften der Erde!«

Nun reichte es mir, ich verbeugte mich, öffnete schnell die nächste Tür und befand mich im Kleiderschrank. Dumont-Lindemann verzogen keine Miene, blieben ernst und engagierten mich trotzdem nicht. Dabei hätten sie doch spätestens jetzt gemerkt haben müssen, daß ich Komiker bin.

Zurück nach München zur Mutter. Der Leiter der »Bayerischen Landesbühne«, Otto Kustermann, bestellte mich und vertraute mir zwei Rollen an. Den »Schwarzkünstler« von Emil Gött, ein Stück in Kostüm und Versen, und den »Bleichenwang« in »Was Ihr wollt«. Das war eine der ersten Rollen, die ich mit meinem Lehrer einstudiert hatte.

Die »Bayerische Landesbühne« war eine Wanderbühne, die jeden Abend woanders gastierte. Wir zogen mit unserem Thespiskarren durch das bayerische Land von Stadt zu Städtchen und zeigten unsere Kunst in den jeweiligen Theatern, wenn eines da war, sonst in Wirtshaussälen, in denen nicht selten kräftiger Misthaufengeruch zu schnuppern war.

Eine schöne Zeit. Wir waren frei und ungebunden, jeden Tag woanders. Schlugen wir mal über die Stränge, denn wir waren ja ohne Aufsicht, wurde darüber nicht viel gesprochen; echte Kameradschaft unter reizenden Kollegen, die das Theater liebten. Oft saßen wir noch lange nach der Vorstellung zusammen, eingeladen von der Stadt oder dem Publikum.

Geliebter Grüner Wagen! Wer hat nicht alles seine ersten großen Rollen bei einer Wanderbühne gespielt: Werner Krauss, Emil Jannings, Albert Steinrück, Paul Wegener, Albert Bassermann, Käthe Dorsch, Erich Ponto, Ernst Legal und sicher noch viele, viele mehr. Die junge Therese Giehse zum Beispiel war auch an »unserer« Landesbühne engagiert.

Intendant Kustermann hatte sein Unternehmen in zwei Schauspieler-Gruppen aufgeteilt, die sich nie sahen, weil jede Truppe ein anderes Gebiet bespielte.

So hörte ich zwar öfter von einer attraktiven Schauspielerin namens Maria Herbot, bekam sie aber nie zu sehen, weil sie immer in der anderen Schauspieler-Gruppe eingesetzt war.

Ich begann mich für die unbekannte Schöne zu interessieren, erfuhr, daß Herbot ihr Künstlername war, sie eigentlich Maria Bernheim hieß und die Tochter eines angesehenen Münchner Justizrats war. Sie hatte bei Albert Steinrück Schauspielunterricht gehabt.

Ich war natürlich nicht der einzige, der sich für die Dame interessierte. Es kam sogar zu einer Wette mit meinem Freund Dolly, der mit mir in derselben Gruppe spielte, wer von uns als erster bei der Unbekannten Erfolg haben würde.

Um wieviel wir gewettet haben, weiß ich nicht mehr, auf alle Fälle gewann ich die Wette. Und auch die Frau.

Am Abend des Hochzeitstages hatte ich Premiere. Im

Schauspielhaus. Sinnigerweise hieß das Stück »Die Erwachsenen«. Ich – zweiundzwanzig Jahre alt – spielte eine der Hauptrollen, und der frischgebackene Ehemann fand seine Leistung in den »Münchner Neuesten Nachrichten« auf Seite 2, links unten, so gewürdigt: »Die jungen Hauptdarsteller wurden lebendig gespielt vom netten, sympathischen ›Jung‹-Heinz Rühmann und der sehr begabten Charlotte Schulz.«

Maria hat mir in den folgenden Jahren schauspielerisch viel geholfen. Sie selbst gab das Theaterspielen bald auf und wurde mein »Privatregisseur« beim Rollenstudium. Adolf Wohlbrück hatte wahrscheinlich recht mit seiner Vermutung: »Sie war zu gescheit für eine Schauspielerin; ihr Geist stand ihr im Wege.«

Wir zogen in eine kleine Wohnung in der Ismaninger Straße 102, die wir uns nur durch einen kräftigen Vorschuß des Münchner Schauspielhauses leisten konnten. Den wiederum... aber das möchte ich der Reihe nach erzählen, denn ich bin mit diesen privaten Ereignissen meiner Theaterentwicklung vorausgeeilt. Bereits ein Jahr vor meiner Heirat hatte ich ein Angebot vom Schauspielhaus in München erhalten und freudig angenommen. Schöne und aufregende Anfängerjahre waren das am Schauspielhaus in München...

DAS HÄTT' ICH FAST VERGESSEN...

Theo Lingen hat über unser Engagement als Anfänger am Residenztheater in Hannover in einer Festschrift zum siebzigsten Geburtstag von Willi Maertens, dem Intendanten des Hamburger Thalia-Theaters, amüsant aus dem Souffleurkasten geplaudert. Theo schildert, was sich bei der Aufführung eines Beethoven-Stückes zwischen uns abgespielt hat:

»Im 4. Akt kam Beethoven in die Hütte eines armen Bauern, um sich von den Strapazen des Komponierens zu erholen. Hatte er doch gerade im notenträchtigen Wienerwald eine Sonate verfertigt. In dieser Bauernhütte traf Beethoven (dargestellt von Rudolf Platte) auf einen Sohn des Bauern (das war ich). Beethoven hatte zu

fragen, ob er sich am Ofen etwas wärmen könne. Ich hatte zu sagen, ich müsse dieserhalb erst meinen Bruder fragen (dargestellt von Heinz Rühmann). Dieser Bursche kam und meinte, er müsse erst den Vater fragen. Dieser Vater kam dann auch ... Es war Willi Maertens. Und wie nun Willi Maertens uns drei Anfänger ansah, als wir versuchten, ihm klarzumachen, daß Beethoven sich ausruhen wolle, das werde ich nie vergessen, das verriet bereits den späteren Intendanten.«
Ich schwör's, genauso war es.

Von meinem Rollen-Repertoire war die Rede. Das ist für einen jungen Schauspieler etwas sehr Wichtiges! Er muß nämlich bei Bewerbungen angeben, welche Rollen er studiert hat, damit das Theater weiß, was man textlich beherrscht, so daß man kurzfristig nach wenigen Proben einspringen kann, wenn einmal Not am Mann ist.

»Die Quadratur des Kreises« oder »Ein Strich geht durchs Zimmer« war ein satirisches Stück von Valentin Katajew über Wohnungsprobleme in der Sowjetunion. Nur vier Rollen, aber alle gut!

Dem Intendanten-Ehepaar Louise Dumont und Gustav Lindemann in Düsseldorf habe ich mit meinem Gummischuh-Auftritt und Schrank-Abgang wahrscheinlich Unrecht getan. Ihre Privatbühne hatte einen glänzenden Ruf. An ihrem Schauspielhaus wurden das Ensemble-Spiel und die klassische Sprache gepflegt und gefördert. Gustaf Gründgens ist aus diesem Theater hervorgegangen, das voller Ehrgeiz, aber auch sehr akademisch war, wie schon die Bezeichnung für die angeschlossene Schauspielschule zeigt: »Hochschule für Bühnenkunst«.

Die Bayerische Landesbühne war ein gehobenes Wandertheater, das 1921 vom Bayerischen Kultusministerium gegründet worden war. Als Hilfsdramaturg wirkte zu meiner Zeit der spätere Generalintendant von Köln und Hamburg, Oscar Fritz Schuh, an dieser Bühne.

Albert Steinrück, der Schauspiellehrer meiner Frau Maria, geb. Bernheim, ist heute fast vergessen. Leider. Er war einer der ganz Großen der deutschen Bühne. Nach 1918 gab es eine »Ära Steinrück« an den Münchner Bühnen, durch die der Hoftheaterstil überwunden wurde, dem zum Beispiel mein Lehrer Fritz Basil noch anhing. Unvergessen: die erste überzeugende Darstellung des »Woyzeck« durch Steinrück.

Falls es jemand ganz genau wissen will: Maria Bernheim und ich heirateten am 9. August 1924 auf dem damaligen Standesamt München I. am Petersbergerl mit der Heiratsurkundenbescheinigungsnummer 931. (Das heißt wirklich so!)

6. Mal Schüler, mal Shakespeare

Meine Zeit an Münchner Bühnen

An der Algarve, vier Tage später

Gestern sind wir mit unserem brasilianischen Käfer zum Cap São Vincente gefahren, dem südwestlichsten Punkt Europas. Schiffe, die aus Mittelamerika kommen, sehen seinen Leuchtturm als erstes Licht unseres Kontinents. Neben dem Leuchtturm steht eine Telefonzelle, von der aus man für ein paar Münzen quer durch Europa telefonieren kann. Fabelhaft. Natürlich riefen wir zu Haus in Grünwald an. Schon um zu hören, wie es Arpad, unserem Hund, geht. So einfach ist das heute über Tausende von Kilometern.

Damals, Anfang der zwanziger Jahre, hatten Telefone in Privatwohnungen Seltenheitswert. Nicht nur in München. Wir besaßen keines. Deshalb schickte das Schauspielhaus ein Telegramm an mich. Ich solle mich vorstellen. Im Direktionsbüro eröffnete man mir, daß »Traumulus« vorbereitet würde, es fehle nur unter den Schülern noch eine Besetzung des »Spartacus«, und ich möge doch gleich an den Proben teilnehmen, dann sähe man schon...

Ich nahm teil und behielt die Rolle. Bei der Probenarbeit lernte ich Adolf Wohlbrück kennen, der – von mir sehr beneidet – den v. Zedlitz spielte. Als wir uns Jahrzehnte später im Nachkriegs-Berlin wiedersahen, begrüßte er mich mit einem Spitznamen, den Kollegen mir in unserer gemeinsamen Schauspielhaus-Zeit angehängt hatten, der mir aber entfallen war. Wohlbrück rief: »Wie geht's, Blumenkohl?« Der alberne Name entstand, weil ich einmal, als Kollegen Aktfotos betrachteten, zur Abbildung einer Dame mit besonders prallem Popo bemerkt haben soll: »Sieht ja aus wie Blumenkohl!«

Nach der Premiere von »Traumulus« las ich in der

»Münchner Neuesten«, mit besonderer Anspielung auf mich, die Direktion solle doch in Zukunft bemüht sein, *Schauspieler* für die Rollen zu engagieren und nicht Schüler irgendeiner Realschule, die um diese Zeit ins Bett gehörten.

Ich war gerade Einundzwanzig.

Unter Lachen und Schmunzeln von allen Seiten bot man mir einen festen Vertrag an. Einen Vertrag am Schauspielhaus! Ich glaubte, alles erreicht zu haben, was das Leben einem Schauspieler bieten kann!

Wenn ich früher durch die Maximilianstraße gegangen war, hatte ich zwar schon manchmal zu diesem Haus geschielt, aber nicht im entferntesten daran gedacht, daß ich dort einmal spielen würde.

Nun war es soweit. Der Anfang von vielen Jahren an dieser von mir so geliebten Bühne.

Glück oder Zufall? Heute würde ich sagen: Schicksal.

Meine Direktorin war Hermine Körner. Später durfte ich mit ihr zusammen im »Nebbich« von Sternheim spielen. Ich war unerhört stolz, in der Titelrolle neben ihr auf der Bühne zu stehen; sie war eine wahrhaft königliche Erscheinung, und wir schauten voll Ehrerbietung und Verehrung zu ihr auf.

HEINZ RÜHMANN ZUM 25JÄHRIGEN JUBILÄUM DER MÜNCHNER KAMMERSPIELE:

Es war so um das Jahr 1924, da kam ein kleiner Schauspieler, der schon einige deutsche Städte und die Bayerische Landesbühne unsicher gemacht hatte, ins Münchner Schauspielhaus und sprach aus einigen seiner Rollen Hermine Körner vor. Diese damals schon hochangesehene und verehrte Schauspielerin führte das Theater zusammen mit Direktor Stollberg. Der junge Mann wurde engagiert, und ein Schüler in »Traumulus« war seine erste Rolle. Danach kamen viele andere, und nach einem kurzen Ausflug in die Kammerspiele in der Augustenstraße kehrte er mit Falckenberg in das Schauspielhaus zurück, das man »Kammerspiele im Schauspielhaus« nannte und das seine Heimat wurde.

Nun kam eine Zeit, die er nicht mehr missen möchte und die zu den schönsten Jahren zählt, die zum »richtigen Theater« gehören! Alle drei Wochen eine Premiere, bei aller Arbeit eine Fröhlichkeit, Unbekümmertheit, Zusammengehörigkeit unter allen, die keine »Kollegen«, sondern Freunde waren! Es war ein Theater im wahrsten Sinne, das nicht wiederkommt und deswegen einmalig war!

München, Mai 1951   *Heinz Rühmann*

Es war die Zeit der großen Hüte, und ich glaube, sie trug besonders große. Ihren Gang durch den kleinen Garten auf die Bühne, vorbei an der Bank, auf der wir alle vor der Probe warteten, werde ich nie vergessen. Majestätisch!

In dieser Zeit bekam ich auch das Angebot, in einem Stummfilm mitzuwirken. Regie führte Geza von Bolvary. Ein Angebot vom Film! Ich war begeistert. Vor allem wegen der Gage: Zehn Tage à fünfzig Mark! Ich hatte gerade keine Proben, mußte aber trotzdem das Theater um Urlaub ersuchen. Den konnte nur die Direktion erteilen, und das war Hermine Körner.

Ich, klopfenden Herzens, hinauf in ihr Büro; da saß sie, die Elegante und bei allem Charme Unnahbare! Ich brachte meine Bitte vor, und es trat Stille ein, eine schreckliche Stille, in der sie mich ansah, mit einem Blick, als hätte sie nicht richtig verstanden, und dann fragte sie, wie nur sie fragen konnte, verwundert und ungläubig: »*Filmen* wollen Sie?!« Ich bejahte und stotterte etwas von schlechter finanzieller Situation und fünfhundert Mark würden viel für mich bedeuten.

In diesem Augenblick wurden ihr einige Briefe zur Unterschrift vorgelegt, und sie sagte nach einer nochmaligen Pause so nebenbei: »Na, ja, dieses Mal noch und ausnahmsweise.« Nickte huldvoll, ich war entlassen.

Eine glänzende Szene von ihr. Schweißgebadet ging ich durchs Vorzimmer.

Zehn Tage lang fuhr ich jeden Morgen mit meinem ersten Auto, einem dreirädrigen »Diavolo«, ins Glas-Atelier in der Ungererstraße.

Das Vehikel – mehr ein Vorläufer der Messerschmidt-Roller als ein Auto – hatte seine Mucken. Trotz Teufelskopf auf dem Kühler streikte es oft. Doch ich war sportlich und der Wagen leicht, so schob ich ihn eben die Strecke von der Wohnung ins Atelier, wo »Das deutsche Mutterherz« mit Margarete Kupfer gedreht wurde. Laut Drehbuch mußte sie oft über mich, ihren ungeratenen Sohn, weinen.

Damit sie auch richtig gerührt war und ihre Tränen heftig flossen, bestellte sie bei dem Klavierspieler Weihnachtslieder. Und das im März! Ein Klavierspieler war bei jedem Film im Atelier. Sein Spiel untermalte die einzelnen Szenen, um uns Darsteller in die richtige Stimmung zu versetzen. Das war schon wichtig, denn es lenkte von dem Knarren der Kamera ab, die noch mit der Hand gekurbelt wurde.

Auch verlangte die Filmerei damals eine Umstellung im Spiel. Wir mußten viel deutlicher gestikulieren als auf der Bühne, weil wir ja die Sprache nicht zu Hilfe nehmen konnten.

Gedreht wurde nur bei Sonne. Bei schlechtem Wetter war drehfrei, weil das elektrische Licht nicht ausreichte. Alles freute sich, wenn endlich wieder die Sonne in das verglaste Studio schien.

Das war meine erste Begegnung mit dem Film, dieser Welt des Zelluloids, in die damals viele meiner prominenten Kollegen drängten, weil ihr Name dadurch in ganz Deutschland bekannt wurde. Paul Wegener, Conrad Veidt, Emil Jannings hatten bereits Erfolge auf der Leinwand, und man sprach von ihnen.

Ich wollte, daß wenigstens meine Mutter den ersten Film ihres Sohnes sehen sollte, und ich ging mit ihr in ein drittklassiges Kino in der Vorstadt von München, nicht weit von ihrer Wohnung.

Hätte ich es lieber nicht getan! Denn auf meine Mutter, die nicht gewöhnt war, Filme zu sehen, wirkten die gespielten Szenen, in denen ich mich abscheulich gegen meine Film-Mutter Margarete Kupfer benahm, wie Wirklichkeit, und sie erlitt nach einer fast überstandenen Krankheit einen sehr ernsten Rückfall. Traurig endete dieser Tag, auf den ich mich so gefreut hatte.

Am Schauspielhaus folgte Premiere auf Premiere, alle drei Wochen etwas Neues! Mir machte es nichts, ich lernte leicht und spielte gern.

Immer wieder werde ich gefragt, wie machen Sie das eigentlich mit dem »Lernen«. Das interessiert offenbar mehr als die Fähigkeit, eine Rolle zu gestalten. Fasziniert sind die meisten Menschen von der Tatsache, daß es möglich ist, eine Rolle textlich zu behalten; sie sagen, sie hätten schon mit einem Gedicht Schwierigkeiten.

Also heute mache ich das so: Wenn ich eine neue Aufgabe bekomme, sei es am Theater oder für den Film, lerne ich die Rolle, bevor die eigentliche Arbeit losgeht, das heißt, ich beherrsche meinen Text, ehe die Proben beginnen. Mit dem Buch in der Hand kann ich nicht arbeiten.

So lerne ich: Ich gehe in mein Arbeitszimmer, nehme mir täglich ein bestimmtes Pensum vor, und dann geht es wieder auf die Schulbank. Ich büffle wie früher einige Stunden jeden Tag. Durchschnittlich drei bis vier Stunden, Sonn- und Feiertage werden abgeschafft. Das Telefon wird abgestellt; ich bin nicht da.

Aber wohlgemerkt, ich lerne nur stur den Text, ich spiele nicht; in Gedanken freue ich mich aber schon auf diese oder jene Stelle oder Szene während der späteren Probenarbeit.

Bei diesem Lernen werden die Dialoge, wenn nötig, bearbeitet, und bei Übersetzungen liegen Manuskripte in der Originalsprache zum Vergleich griffbereit. Das ist langwierig und ermüdend, aber ich bin überzeugt, es zahlt sich aus.

Wann aber haben wir jungen Schauspieler damals eigentlich gelernt? Ich weiß es nicht. Unser Gedächtnis muß fabelhaft funktioniert haben; es genügten wahrscheinlich schon die Wiederholungen auf den Proben, um den Text zu behalten. Aber so viele Proben hatten wir nun auch wieder nicht, und die Rollen wurden immer größer. Gute Stücke, hervorragende Regisseure und ein eingeschworenes Ensemble – was konnte sich ein junger Schauspieler Besseres wünschen!

Nur einmal hielt ich es unter meiner Würde, eine

Rolle zu übernehmen. Es war in Strindbergs »Traumspiel«; viel zuviel Rollen für ein Privattheater. Also mußten wir jungen Schauspieler mehrere Rollen übernehmen und auch als Komparsen mitwirken.

Ich sollte einen Soldaten in Rüstung darstellen, der nur einen Satz zu sagen hat, als er einen Rittersmann gefesselt vor ein Tribunal führt. Die Rolle paßte zu mir wie die Faust aufs Auge.

Hauptprobe, die letzte Probe vor der Generalprobe: Die Kostüme wurden angezogen. Meine Sachen lagen auch schon bereit, nur zog ich sie nicht an, sondern besorgte mir schnell aus dem Fundus das gleiche Kostüm, allerdings viel zu groß. Ich stolperte aufs Stichwort mit dem Delinquenten auf die Bühne, fiel über das große Schwert, der zu große Helm rutschte auch, und ehe ich überhaupt zu meinem Satz kam, rief Hermine Körner, die die Hauptprobe abzunehmen hatte: »Wer ist denn das?!« Man flüsterte ihr zu: »Der Rühmann.« Darauf sie: »Weg, weg, das ist ja unmöglich!«

Ich hatte erreicht, was ich wollte.

Aber auch wenn ich große Rollen spielen sollte, war ich durchaus nicht immer zufrieden. So probte ich eine Hauptrolle unter der Regie von Richard Révy, mit dem ich mich gar nicht verstand. Ich wußte natürlich alles besser, da ich die Figur schon gespielt hatte, und gab das Buch zurück.

Die Direktion suchte nach einem Ersatz, es probten auch einige Kollegen, doch offenbar nicht zur Zufriedenheit, so daß man mich bat, es doch noch einmal zu versuchen. Es hing wieder einmal an dem berühmten seidenen Fädchen, und fast wäre ich an meinem vielleicht größten Erfolg vorbeigegangen. Das Stück hieß nämlich »Der Mustergatte«.

Die Münchner »Mustergatten«-Inszenierung war das genaue Gegenteil der Bremer Aufführung: ein Mordserfolg von der Premiere an, das Publikum aus dem Häuschen. Auch später, als ich zwischen Berlin und Falckenbergs Kammerspielen in München pendelte, blieb das Stück auf dem Spielplan. Horwitz sagte: »Falckenberg macht in Kunst, der Kleene verdient's Geld!«

Die Partnerinnen wechselten, weil deren Verträge ausliefen, sie krank wurden oder ein Kind kriegten. Ganz egal, der »Mustergatte« kam nicht vom Spielplan. Ich spielte ihn sogar abwechselnd mal im Schauspielhaus, mal im Volkstheater. Interessant zu sehen, wie unterschiedlich die beiden Zuschauergruppen reagierten. Im Volkstheater kamen die deftigen Pointen besser an. Schauspieler registrieren dies fast unterbewußt und legen dann von sich aus »einen Zahn zu«.

Einmal beim Verbeugen nach der Vorstellung sah ich in der Proszeniumsloge eine Dame mit total verrutschtem Hut. Sie bemerkte das überhaupt nicht. Sie klatschte, aber sie klatschte ganz apathisch. Öfter saß ich auch nach der Vorstellung mit Besuchern zusammen, die müde und abgespannt wirkten. Seltsam, während der Vorstellung war doch ständig gelacht worden!

Ein befreundeter Arzt erklärte mir das Phänomen: Bei jedem Lacher wird das Zwerchfell gegen den Magen gedrückt; wenn dies nun den ganzen Abend geschieht, ist dies eine ganz schöne (im doppelten Sinne des Wortes!) Anstrengung, die ermüdet. Nach dieser medizinischen Aufklärung bat ich einen jungen Kollegen, die Lacher während der Vorstellung zu zählen. Nur die großen, die durchs ganze Haus gingen.

Er kam auf 350.

Einmal war während des Spiels Unruhe im Parkett, ein Zuschauer mußte aus seiner Sitzreihe herausgeführt werden. Er hatte sich beim Lachen die Kinnlade verrenkt. »Der Mustergatte« war das beste Reklamestück für Gaststätten. Es regte zum Trinken an. Wirte haben sich bei mir bedankt, und an einigen Bühnen wurde ernstlich erörtert, ob man nicht nach der großen Schwipsszene eine zusätzliche Pause einschieben sollte, damit auch das Publikum Gelegenheit hätte, etwas zu trinken.

In Casinos der Luftwaffe soll die gleiche Mischung, die wir im zweiten Akt am Barwagen mit gefärbtem Wasser zusammenbrauten, als »Mustergatten-Cocktail« gemixt worden sein. Natürlich mit richtigem Alkohohl, Cognac, Cherry Brandy, Gin, Wermut und Sekt.

Ich hab' von verheerenden Folgen gehört.

Eines Tages wurde ich in die »Kammerspiele« in der Augustenstraße gebeten und stand dem geschäftsführenden Direktor Julius Gellner gegenüber, der mir eröffnete, Kurt Horwitz habe sich an einem spielfreien Abend eine Vorstellung bei der »Konkurrenz« im Schauspielhaus angesehen. Dabei sei ich ihm aufgefallen, und nun möchte man mich engagieren. Darauf ich: »Na, dann tun Sie's doch!«

Nachdem mich Otto Falckenberg kennengelernt hatte, wurde der Vertrag unterzeichnet. Es begann das vielleicht schönste Jahr, das ich am Theater erlebt habe!

Es waren noch die alten Kammerspiele, äußerlich und innerlich eine Bruchbude, aber es wurde hervorragend Theater gespielt.

Nichts gegen das Schauspielhaus, das wäre undankbar; aber man kann die beiden Häuser nicht vergleichen. Es wehte eben in der Augustenstraße eine andere Luft, es war eine Etage höher. Maria Koppenhöfer, Sybille Binder, Maria Bard, Käthe Gold, Oskar Homolka, Robert Forster-Larrinaga, Felix Gluth, Rudi Hoch, Hans Schweikart, später Adolf Wohlbrück, gehörten zum Ensemble.

Falckenberg nahm einen von Anfang an durch seine leise Art gefangen. Gut aussehend, immer von dezenter Eleganz und bei der Arbeit äußerst sensibel. Er konnte Worte wie Musik inszenieren. Er führte so Regie, wie er aussah. Gelegentlich mit kleinem spöttischen Unterton, wenn man schon in Spiel umgesetzt hatte, was er erst erklären wollte.

Unter Falckenbergs Regie habe ich an Klassischem vor allem Shakespeare gespielt, von dem Falckenberg einige Lustspiele, wie z. B. »Wie es euch gefällt«, überhaupt erst für die deutsche Bühne entdeckt hat. Wir mochten uns, aber es bestand eine merkwürdige Distanz; er ließ mich mehr oder weniger laufen. Erst Jahre später erfuhr ich, welche Meinung er von mir hatte.

1 Jugendbild – vor Antritt der Theaterlaufbahn.

2   Familienfoto: Mutter Margarethe.

3   Als Jugendlicher Liebhaber ans Thalia- u. Lobe-Theater in Breslau verpflichtet. 1919/20.

4   Familienfoto: Mit Bruder Hermann und Schwester Ilse.

5   Mit seiner Frau Maria, geb. Bernheim auf dem Tempelhofer Flugfeld, Berlin.

6 Mit Ernst Udet auf dem Tempelhofer Flugfeld, Berlin, 1935.

7 Mit Carl Günther, genannt Cacci, in einer Theaterszene.

8 Diese beiden waren immer dabei: Josef Coesfeld, der Maskenbildner, u. Walter Schreiber, der Garderobier. ◀

9 Mit seinem Hirtenhund »Arpad«.

10   Mit seiner Frau Hertha Feiler und Sohn Peter in München-Grünwald, 1963.

11   Mit seiner Frau Herthi in New York für den Fernsehfilm »Ein Zug nach Manhattan«, 1980.

12   Rückkehr aus New York: hier mit dem Produzenten Prof. Gyula Trebitsch und dessen Tochter Katharina, 1980

13 Ganz privat: der begeisterte Flieger, Motorsportler und Golfer.

FALCKENBERG ÜBER RÜHMANN

Ich habe Sie, Heinz Rühmann, zuerst gar nicht als Komiker gesehen. Sie gefielen mir nur, weil Sie so natürlich waren. Es war in einer ganz kleinen Rolle in »Liebes Leid und Lust«, wo es sich mir zeigte, daß Sie ein Komiker von höchsten Graden sind. Sie spielten einen armseligen, ein wenig dümmlichen Bauern auf eine Art, die im Gegensatz zu der aller anderen stand. Es war Ihr erstes Auftreten im neuen Fach, und ich war ungeheuer überrascht, wie Sie diesen Tölpel sprechen ließen, so natürlich, so einfach, so komisch, daß ich mir gesagt habe, dem Manne darfst du überhaupt nicht dreinreden.

Regie muß da aufhören, wo die Natur richtig funktioniert. Komik kann man nur als Ganzes einsetzen. Vor allem aber muß beim Komiker das Tragische als Gegengewicht vorhanden sein.

Ein Komiker ohne die Umschattung des Tragischen wird nie ein Menschendarsteller sein können, bestenfalls ein Spaßmacher.

Mit Robert – genannt »Robby« – Forster-Larrinaga, der ebenfalls zu unserem Ensemble gehörte, verband mich bald eine herzliche Freundschaft. Von ihm hab' ich viel gelernt, sowohl unter seiner Regie wie als Partner: außerdem war er noch Komponist und Dirigent.

Ein kleiner, drahtiger Mann, elegant von spanisch-aristokratischem Aussehen, der mittags zur halben Flasche Rotwein kleine belegte Häppchen an seinen Regietisch serviert bekam. Wenn ältere Kollegen zum Essen an den häuslichen Herd wollten, überhörte er das geflissentlich, legte erst richtig los und hatte die besten Einfälle.

Wir haben viele Boulevardstücke, meist mit Maria Bard, zusammen gespielt; es war die Zeit der französischen Dreiecks-Komödien.

Er war auch Gott sei Dank der Spielleiter des Lustspiels »Lockvögel« an den Kammerspielen in Berlin, in dem ich meine Antrittsrolle an den Reinhardtbühnen hatte und wo ein junger, schon arrivierter Berliner Schauspieler versuchte, mich nicht zur Geltung kommen zu lassen.

Der blonde Junge war der Liebling der Berliner und wollte verständlicherweise keinen Konkurrenten neben sich hochkommen lassen. So spielte er sich an die Rampe, wenn ich eine Text-Pointe zu servieren hatte, oder stellte sich in das Spot-Licht, das für mich gesetzt war.

Der junge Mann, der seinen Thron verteidigte, war Hans Brausewetter. Später waren wir befreundet und oft zusammen. Er war mit Josef Sieber mein Partner in »Paradies der Junggesellen«. Auch in meinem letzten Film, den ich Frühjahr 1945 in Tempelhof drehte – er hieß sinnigerweise »Sag die Wahrheit« –, hatte er zu tun. Um ihn vom Volkssturm freizubekommen, mußte ich mit seinem Vorgesetzten telefonieren, der meinte am Telefon: »Sie drehen doch jetzt keinen Film mehr?! Wozu denn...?!« Ich: »Ja, glauben Sie denn, das deutsche Volk will nach dem Endsieg keine Filme mehr sehen?«

Hans Brausewetter wurde freigestellt.

Aber »Brausi«, wie wir ihn nannten, war verändert. Er freute sich nicht darüber, dankte für die Bemühung, lehnte ab. Merkwürdig. Einige Tage später war er tot. Als er nur für Minuten aus dem Keller seines Hauses in Westend herausgetreten war, um zu sehen, ob das Haus brannte, traf ihn ein Bomben- oder Granatsplitter. Warum ist er nicht nach Tempelhof ins Atelier gekommen...

Lassen Sie mich noch einiges aus der Münchner Zeit erzählen! Ende der zwanziger Jahre stand der »Reigen« von Arthur Schnitzler auf dem Spielplan der Kammerspiele. Das Stück war damals eine skandalumwitterte Sensation. Ich spielte mit Begeisterung den »jungen Mann«, und wir alle freuten uns vor jeder Vorstellung auf die Mischung aus Beifall und Buh-Rufen im Parkett.

Es gab Krawalle und mitunter sogar Handgemenge. Das Für und Wider machte sich schließlich im Werfen von Eiern und Tomaten Luft. Das wurde nun doch etwas unangenehm für uns Schauspieler, aber Falckenberg dachte nicht daran, das Stück abzusetzen, sondern ließ ein Netz vor die Bühne spannen, in dem die landwirtschaftlichen Wurfgeschosse hängenblieben. Es hatte seinen eigenen Reiz, hinter diesem Netz zu agieren.

Im Parkett wurde es erst ruhiger, als jeder Besucher an der Kasse einen Revers unterschreiben mußte, in dem er sich verpflichtete, »sich jeder Beifalls- und Mißfallenskundgebung zu enthalten«. Polizei stand vor dem Haus und patrouillierte im Vorraum des Theaters, böse und streng um sich blickend. Manchmal wurden Zuschauer am Kragen gepackt und abgeführt, weil sie »Schweinerei« gerufen hatten.

Die Zensur mischte sich damals oft in den Spielplan ein. Sie war auch daran schuld, daß von den vielen Premieren, die ich an den Kammerspielen miterlebte, jene von Ferdinand Bruckners »Verbrecher« die ungewöhnlichste wurde.

Für dieses Stück hatte Falckenberg eine aufwendige Konstruktion errichten lassen, die die Bühne in vier Zimmer aufteilte. Zwei unten, zwei oben. In diesen Kästen probten Therese Giehse, Will Dohm und ich in der Rolle, die Gründgens in der Berliner Aufführung spielte. Im November sollte Premiere sein. Da wurde völlig unerwartet das Stück – es hatte einen Justizirrtum zum Inhalt – verboten.

Um die Aufführung und die investierten Kosten doch noch zu retten, setzte Falckenberg eine besondere Premiere an: wir führten das Stück auf, aber im Parkett saßen nur die Herren Zensoren. Doch alle Mühe war vergeblich. Sie blieben bei ihrem Verbot.

Wir trösteten uns schnell. Wir waren eine junge und ausgelassene Gesellschaft, verstanden uns prima, immer zu Jux und Streichen aufgelegt. So erinnere ich mich an eine Aufführung des »Fröhlichen Weinbergs«. Es war eine der wenigen Inszenierungen, in der meine Frau und ich gemeinsam auftraten.

Maria spielte die Annemarie Most, Tochter des Rheinschiffers, die in einer nächtlichen Gartenszene vom Weingutsbesitzer Gunderloch stürmisch bedrängt wird. Ihre Bedenken, es könne jemand zuschauen, weist er zurück: »Keiner guckt zu«, und versucht, sie in den Garten zu ziehen.

In diesem Augenblick stach mich der Hafer. Obwohl ich als Weinreisender Hahnesand in dieser Szene auf der Bühne nichts zu suchen hatte, stürzte ich aus der Kulisse nach vorn, zog den Hut und sagte: »Doch, entschuldigen Sie, ich guck' ein bißchen zu!« Sprach's und verschwand wieder. Noch bevor das Publikum diese Einlage registrieren konnte, spielten die beiden den Zuckmayer-Text mühsam weiter.

»Der fröhliche Weinberg« schien überhaupt zu Alleingängen zu verführen. Unser Hans, der Hausdiener der Kammerspiele, machte da keine Ausnahme. Er lebte mit der Souffleuse, unserer guten Gusti Helminger – eine bessere hat es nie gegeben –, zusammen, und auf unser Bitten, sie doch zu heiraten, antwortete er nur: »Des Mensch heirat' i net, mit der leb' i nur in Konkubinat.«

Hans war früher in einer Gaststätte »im Tal« Ringer gewesen, und auch bei uns am Theater schulterte er ab und an Betrunkene oder ihren Rausch ausschlafende Zuschauer und setzte sie nach Schluß der Vorstellung auf die Straße. Nichts Besonderes, wir waren ja in Schwabing. Gelegentlich wirkte er als Komparse mit, so auch im »Fröhlichen Weinberg«.

In diesem Stück gibt es am Ende des ersten Akts eine Wirtshausrauferei, in deren Verlauf der Weingutsbesitzer Gunderloch, gespielt von Otto Framer, alle Gäste, zu denen auch unser Hans gehörte, hinauswirft und am Schluß allein als Sieger auf der Bühne steht. Ein ganzer Mann. Ein großer Moment für den Schauspieler.

Was tut mein Hans? Bis zur Generalprobe war alles gutgegangen, aber bei der Premiere muß bei ihm der alte Ringerehrgeiz durchgebrochen sein, und *er* schmiß alle raus, mitsamt Herrn Framer, und Hans stand am Schluß schwer atmend, aber strahlend, mit ausgebreiteten Armen allein auf der Bühne, während der Vorhang fiel.

Otto Falckenberg stürzte herauf: »Sie Unglücksmensch, was haben Sie gemacht?!«

Darauf mein Hans: »Herr Direktor, i ko net feig sein!«

Bei der Uraufführung von Brechts »Das Leben Eduards II. von England«, das er selbst inszenierte, ging es weniger lustig zu. Zwei Monate dauerten die Proben, und Brecht hörte sich jeden Rat an, auch den von Karl Valentin, der vorschlug, man möge doch die Gesichter der Soldaten vor der Schlacht weiß schminken, um damit zu zeigen, daß sie Angst haben.

Die Rolle des Mortimer spielte Oskar Homolka. Bei der Premiere am 18. März 1924 setzten Kollegen, die es gut meinten, meinen Freund Oskar unter Alkohol, um ihm über sein Lampenfieber hinwegzuhelfen. Der Erfolg war, daß er vor der großen Pause an der Rampe kniete und denselben Satz ungefähr dreißigmal wiederholte.

Die Vorstellung wurde abgebrochen, und ein damals sehr berühmter und einflußreicher Berliner Kritiker schrieb in seiner Zeitung, daß damit leider eine so groß und hoffnungsvoll begonnene Karriere zu Ende sei. Hier irrte er Gott sei Dank, sie sollte erst beginnen.

Die alten Kammerspiele in der Augustenstraße hatten einen kleinen gemütlichen Hof mit alten Bänken und verstaubten Sofas, und hier fand jeden Tag ein unerhörtes Erzählen und Geratsche statt, eine Fülle von schlagfertigen Bemerkungen, Bonmots und komischen Einlagen, von denen mir einige unvergeßlich sind:

Otto Falckenberg hatte geheiratet, seine Frau hieß mit Mädchennamen Mädler. Falckenbergs rechte Hand, Julius Gellner, war noch ledig. Und da das Theater, als Privattheater ohne Zuschuß, in nicht sehr üppigen finanziellen Verhältnissen steckte, meinte unser glänzender Charakterkomiker Felix Gluth, in Anspielung auf die gleichnamige Koffer-Firma: »Kinder, nu hat der Falckenberg die ›Mädler‹ geheiratet, wenn sich jetzt noch der Gellner die ›Vulkanfiber‹ schnappt, sind wir saniert!«

Falckenberg hatte ein anderes Mittel, die Einnahmen an der Theaterkasse zu steigern: Er setzte »Charleys Tante« auf den Spielplan. Dabei hatte ich so gehofft, durch den »Mustergatten«-Erfolg nun auch endlich an große klassische Rollen zu kommen, statt dessen eröffnete mir Falckenberg eines Morgens so bedeutungsvoll, als würde er mir den Mephisto anbieten: »Sie spielen Charleys Tante.«

Natürlich verführt ein solcher Schwank zu verwegenen Extempores. Und eines zieht unweigerlich das andere nach sich. Ein Beispiel:

Ich zünde mir in Frauenkleidern eine Zigarre an – erster Lacher.

Die echte Tante kommt, ich verstecke die Zigarre, die Tante schnuppert: »Hier riecht's aber komisch?« – Zweiter Lacher.

Ich schnuppere auch, bestätige: »Stimmt, waren Sie das?« – Dritter Lacher.

Eines Abends ließ ich Lumpi, meinen Dackel, bei der großen Jagd im zweiten Akt, wenn die drei verliebten Herren hinter mir als Tante herjagen, mitlaufen. Es machte ihm einen Riesenspaß, mit uns durch alle Türen und Fenster zu springen, begleitet von entsprechendem Gebell.

Da wir seinetwegen einige Extratouren eingelegt hatten, verschnauften wir etwas hinter der Bühne, als plötzlich starker Szenenapplaus einsetzte; wir schauten uns verdutzt an, es konnte doch niemand auf der Bühne sein. Später hörten wir, daß es Lumpi mit der albernen Rennerei zu dumm geworden war, er blieb auf der Bühne allein zurück, trottete an die Rampe und schaute ins Publikum. Dieses lachte zu ihm herauf, und das scheint ihn animiert zu haben, denn er stolzierte zur Mitte und pinkelte an den Souffleurkasten. Brausender Applaus! Der richtige Hund für einen Komiker. Ich war sehr stolz auf ihn!

Nach der Vorstellung ging man natürlich nicht nach Hause, sondern in die Kneipe. Sehr beliebt war das »Kosttor«, gleich hinter dem Schauspielhaus, wo wir »anschreiben« lassen konnten, und das Weinhaus »Knecht« in der Dienerstraße. Aus dem selben Grund.

Lumpi war mein ständiger Begleiter. Er nahm an jeder Brotzeit teil, und nachts saß er unter einem Bier- oder Weinfaß und wartete auf das, was danebenlief. Auf dem Heimweg stand er unter Alkohol. Genauso wie wir. Er kannte alle »Beiseln« so gut, daß ich ihn Freunden, die in München fremd waren, getrost als Führer mitgeben konnte; er hat sie von Ausschank zu Ausschank gelotst und sich stets bewährt.

Bei allen Späßen und trotz aller Albernheiten: Es wurde hervorragendes Theater gespielt. Wenn ich heute zurückschaue, finde ich, daß München damals zu Unrecht im Schatten der Berliner Theaterereignisse stand.

So war das Schauspielhaus bereits 1925 mit seinen erfolgreichsten Inszenierungen zu einem Gesamtgastspiel an das Zürcher Schauspielhaus eingeladen. Die Tournee stand allerdings unter einem Unstern.

Die erste Panne: Zu einem Stück war das Soufflierbuch vergessen worden. Weil es eilte, machte sich Hans Schweikart von München aus – damals noch ein Novum! – mit dem Flugzeug auf den Weg, kam aber nur mit dem Deckel des Textbuches in Zürich an, weil er die Seiten unterwegs wegen »Luftkrankheit« gebraucht hatte.

Außerdem geschah während des Gastspiels etwas, das mir in meiner langen Bühnenzeit nie wieder passiert ist. In dem Stück »Südsee« stehe ich als Marineoffizier neben Rudi Hoch als Gouverneur, der etwas erhöht auf einer Art Thronsessel sitzt und eine feierliche Ansprache an eine Schar von Häuptlingen hält, die vor uns an der Rampe im Halbkreis sitzen. Diese Häuptlinge waren in München Komparsen, in Zürich aber spielten sie jene Kollegen, die nicht in dem Stück beschäftigt waren. Sie saßen mit dem Rücken zum Publikum und erlaubten sich verwegene und zum Teil unanständige Späße, um uns beide zum Lachen zu bringen.

Ich tat ihnen nicht den Gefallen, was einfach war, da ich in der Szene keinen Dialog hatte, aber Rudi Hoch war mitten in seiner großen Rede und konnte vor Lachreiz nicht mehr weiter. Lachen wollte er aber auch nicht, sein Kopf schwoll an, er wurde immer röter im Gesicht, wollte sich mit aller Kraft beherrschen, und in dieser Verkrampfung brauchte er einfach ein Ventil, und das war ein kleines Bächlein, das ihm in der weißen Uniformhose herunterrann und an den Schuhen einen See bildete, der sich ständig vergrößerte.

Die Häuptlinge erstarrten, blickten fassungslos. Das Publikum aber auch. Heute wäre diese Einlage ganz unmöglich. Sie zeigt nur, was man sich damals alles in der Jugend und Unbekümmertheit sogar bei einem so exponierten Gastspiel erlaubt hat.

Zurückgekehrt, gab es von der Direktion ein furchtbares Donnerwetter, das sehr teuer wurde. Außerdem herrschte gedrückte Stimmung am Theater, der Abschied von der Augustenstraße war unvermeidlich geworden. Die letzte Premiere: das Antikriegs-Stück »Grabmal des unbekannten Soldaten«.

Hermine Körner, die 350000 Mark eigenes Geld in dieses Theater gesteckt und verloren hatte, ging wieder nach Dresden zurück. Doch außer einem Defizit hinterließ sie eines der besten Ensembles den Konkursverwaltern, die eine Fusion mit den Kammerspielen in der Augustenstraße anstrebten.

Unser gemütliches Stammlokal »Der Malkasten« sah uns nicht mehr, die Nikolaschkas wurden nun von anderen getrunken.

Am 19. September 1926 eröffnete Falckenberg mit »Dantons Tod« die »Kammerspiele im Schauspielhaus« in der Maximilianstraße.

Denke ich heute an die Theater zurück, an denen ich gespielt habe, sehe ich jedes noch vor mir. Mehr oder weniger deutlich, je nachdem, wie wohl ich mich in den einzelnen Musentempeln gefühlt habe.

Das Residenztheater in Hannover stand ganz eingeschachtelt zwischen anderen Häusern und wirkte sehr bescheiden; das Bremer Schauspielhaus: ein alleinstehender großer Bau mit stolzer Fassade.

Das Schauspielhaus in der Münchner Maximilianstraße fiel als Theater gar nicht auf, aber hinten an der Hildegardstraße hatte es einen ganz entzückenden Garten, in dem man sich die Wartezeiten während der Proben vertreiben konnte. Das Publikum weiß gar nicht, wie geduldig ein Schauspieler sein muß, bis er zum nächsten Auftritt gerufen wird.

Der Garten entschädigte auch für die weniger schöne Hinterfront. In jedem Stockwerk war auf der Garderobenseite ein häßlicher Anbau, weil die Toiletten vergessen worden waren. Der damalige Architekt hatte wohl eine zu hohe Meinung von den »Künstlern«, die seiner Ansicht nach solch profaner Beschäftigung nicht nachgingen. Oder wie Kortner sagte, wenn man sich deswegen auf der Probe entschuldigte: »Das erledigt man Anfang der Woche!«

Das Stichwort ist gefallen: Fritz Kortner. Ein Kapitel für sich. Er soll es haben, er hat es verdient.

Das hätt' ich fast vergessen ...

Hermine Körner, die von mir hochverehrte Theaterprinzipalin, bewies sicheren Theaterinstinkt. Sowohl bei der Gestaltung des Spielplans – sie sicherte sich die Rechte an Wedekinds »Büchse der Pandora« und Schnitzlers »Reigen« – als auch beim Engagement ihrer Mitarbeiter – sie holte Carl Zuckmayer als Dramaturgen – und bei der Zusammenstellung ihres Ensembles. Mich engagierte sie zuerst für ein Jahr an ihr 727 Platz-Theater, und zwar nicht als jugendlichen Helden und Liebhaber, sondern als Naturburschen und Bonvivant. 1960 habe ich die Grande Dame des deutschen Theaters wiedergesehen. Sie spielte im Berliner Schiller-Theater »Die Irre von Chaillot«. Ich schickte ihr einen Blumenstrauß in die Garderobe, und sie schrieb mir: »Ich bin froh, Ihnen einmal sagen zu können, wie wunderbar es ist, daß Ihre Persönlichkeit nicht nur in einer glanzvollen Jugend ihre Kulmination hatte – wie das so oft der Fall ist –, sondern Sie den Weg zu Ihrer eigentlichen großen Bedeutung beschritten haben. Das ist Gnade!«

Die Münchner Kammerspiele – mehr eine Scheune als ein Theater – waren zuerst in der Augustenstraße 89. Wie das Schauspielhaus waren auch sie 1925 finanziell am Ende, konnten sich aber durch Grundstücksverkäufe sanieren und 1926 das Schauspielhaus übernehmen. So entstanden die »Münchner Kammerspiele im Schauspielhaus« in der Maximilianstraße. Sie sind noch heute am selben Platz.

Bei der Kassiererin an der Abendkasse hatte ich einen Stein im Brett: Sie verschaffte sich einen Zusatzverdienst, indem sie Autogramm-Postkarten von mir verkaufte. Das hatte es vorher noch nicht gegeben. Jedenfalls nicht an den Kammerspielen.

Als ich meine erste Stummfilm-Rolle spielte, gab es in München bereits mehrere Filmateliers. Als erster hatte Peter Ostermayr, der Ganghofer-Filmproduzent, das Dachatelier eines Malers in ein Filmatelier verwandelt. Nach dem Ersten Weltkrieg entstanden die Weiß-Blau-Ateliers in der Schellingstraße, die Stuart-Webbs-Ateliers in Grünwald und zwei Emelka-Ateliers in der Ungererstraße. In einem davon entstand »Das deutsche Mutterherz«. 1920 erwarb der Emelka-Konzern das »Filmgelände in Geiselgasteig«, aus dem dann die Bavaria-Filmkunst-Ateliers wurden. Was wenig bekannt ist: Hier begannen Alfred Hitchcock und Anatol Litvak.

Als mein Sohn dieses Kapitel im Manuskript las, fragte er mich, was »Nikolaschka« sei. Scheint total aus der Mode gekommen, dieses Mixgetränk. Eigentlich war es nur ein Cognac, oben auf das Glas kam eine Zitronenscheibe, auf diese etwas gemahlener Kaffee und ein Häufchen Zucker. Könner schoben die Zitronenscheibe so in den Mund, daß der Cognac durch Kaffee, Zucker und Zitrone floß. Man war fest davon überzeugt, daß dieses Getränk nüchtern machte. Bis man versucht aufzustehen.

Von meinem ersten Motorfahrzeug, einem Diavolo, habe ich schon erzählt. Eigentlich war es mehr eine Badewanne auf drei Rädern. Höchstgeschwindigkeit: 50 Stundenkilometer, Kettenantrieb. Zwei Gänge, aber keinen Rückwärtsgang. Motoren – zu Lande und in der Luft – spielten in meinem Leben immer eine Rolle. Und offenbar hab' ich auch schon sehr früh gern darüber gesprochen, jedenfalls fand ich beim Kramen in alten Zeitungen ein Interview aus dem Jahre 1928. Damals fragte mich ein Reporter, wieso ich mir einen Peugeot Vierzylinder – richtig, so etwas hatte ich auch einmal! – leisten könne. Ich erklärte es ihm mit einer finanziellen Transaktion, an der aber meine bankerfahrene Schwester sicher mehr Anteil hatte als ich. Hier ist meine Antwort von damals: »Den Vierzylinder habe ich, weil ich meinen dreirädrigen Diavolo verkaufen konnte. Den wiederum besaß ich nur, weil ich vorher ein Motorrad hatte, das ich einem Ausländer abkaufte. Vorläufer des Motorrads war ein Fahrrad, das ich durch Nachhilfestunden verdient hatte. Sie sehen also, meine Passion hat einen richtigen Stammbaum.«

7. Ein Kapitel für sich: Fritz Kortner

Randbemerkungen über einen großen Regisseur

An der Algarve, zehn Tage vor der Abreise

Wir sind immer noch an der Algarve. Meine Frau schlägt einen Tapetenwechsel vor: ins nächste Hotel, Zeitungen kaufen. »Wird sich nichts geändert haben«, werfe ich ein, und dann fahren wir.

In dem uns unbekannten Hotel gefällt meiner Frau das Interieur, und sie findet, es sei ein gutes Haus; nachdem sie auch noch einen Friseur entdeckt hat, ist es sogar ein *sehr* gutes Haus, und ich sehe sie zwei Stunden nicht wieder.

Nun sitze ich allein in der Halle. Genau das mag ich nicht, denn ich kann darauf warten, daß ich angesprochen werde. So ist es auch diesmal, aber auf eine neue Art.

Der kleine ältere Herr sagt: »Würden Sie mir glauben, wenn ich Ihnen erzählte, ich hätte an der Algarve Heinz Rühmann getroffen?« Ich antwortete: »Nein.«

Nach diesem ungewöhnlichen Anfang stellte sich heraus, daß auch er in den zwanziger Jahren in Berlin gelebt hatte. Er war immer künstlerisch interessiert gewesen und hatte mit meiner »Branche«, wie er sagte, zu tun. Er kannte viele große Namen persönlich. Edmund Reinhardt, Berthold Viertel, Robert Klein, die Bergner und Kortner, nach dem er sich besonders erkundigte.

Ich erzählte ihm, wie sehr ich ihn schätzte, nicht nur am Theater. Ich hatte in früheren Jahren auch einen Film mit ihm gedreht. Das muß 1931 gewesen sein, denn ich erinnere mich, daß ich bei Außenaufnahmen jede freie Minute auf einer Wiese lag und auf mein erstes Flugzeug wartete, das Elly Beinhorn gerade in diesen Tagen von Böblingen nach Staaken herüberfliegen sollte. Kortner hatte damals seine liebe Not mit mir, weil ich immer nur an mein Flugzeug dachte und entsprechend unkonzentriert war.

Ich vermute, es war Kortners erste Filmregie, er war ja ein hervorragender und sehr gefragter Schauspieler, der kaum Zeit für die Filmerei hatte. Leider war der Film kein Erfolg, trotz Max Pallenberg und trotz des guten Titels »Der brave Sünder«.

Viele Jahre gingen ins Land. Kortner mußte emigrieren. Die Erinnerung an unsere gemeinsame filmische »Jugendsünde« war längst verblaßt, da – 1954 – klingelte bei mir in München das Telefon. Am anderen Ende: Fritz Kortner. Man plane in den Kammerspielen »Warten auf Godot« von Samuel Beckett, er möchte mich für eine bestimmte Rolle interessieren und er schicke mir ein Buch. Einige Tage später mußte ich ihm gestehen, daß ich das Stück nicht verstünde. »Ich werde es Ihnen erklären«, war die Antwort, »kommen Sie nur auf die Probe.«

Das Stück hat nur vier Rollen. Ich spielte den Goggo. Von dem Tag an, da ich als Goggo die erste Probe hatte, begann die härteste und anstrengendste Arbeit, die ich je am Theater erlebt habe.

Sieben – sieben! – Male wechselten während der wochenlangen Proben meine Partner. Entweder sie gefielen Kortner nicht, oder sie konnten mit ihm nicht mehr. Darunter Leonard Steckel, der Unvergessene. Der achte blieb: Ernst Schröder aus Berlin.

Kortner verlangte viel, oft zu viel. Die Proben dauerten bis in den Nachmittag hinein, nur unterbrochen, wenn einem von uns die Galle überlief und er wegrannte. Mal Schröder, mal Rudolf Vogel, mal Fritz Domin, mal ich.

An einem Tag, als einer dieser Kräche förmlich in der Luft lag und wir nach Kortners Meinung wieder nicht millimetergenau das machten, was er sich vorstellte, rief er uns zu: »Dann können wir ja aufhören!«

Das war das Stichwort. Ich setzte langsam und behutsam den steifen Hut auf, den jeder von uns vier in dieser Szene trug, und verschwand in der Kulisse. Drei weitere steife Hüte folgten mir.

Schweigen.

Nach einer Pause fragte Kortner seinen Regieassistenten August Everding: »Sind die wirklich weg?« Everding bejahte.

Unser Spielleiter riß den Intendanten aus seinem Nachmittagsschlaf und legte die Regie nieder. Am nächsten Tag übernahm er sie wieder, mit der Auflage, daß über den Vorfall nicht mehr gesprochen werden dürfte. Ich erklärte, das könnte ich nicht versprechen.

Kortner nahm es schweigend zur Kenntnis, setzte sich ins Parkett und sagte nichts. Kein Wort. Er ließ uns das ganze lange Stück herunterspielen, ohne sich einzumischen. Wir kamen uns elend und verlassen vor. Mit ihm war es schwierig – ohne ihn jedoch unerträglich.

Plötzlich stand er bei uns auf der Bühne und sagte leise den schönen Satz: »Vielleicht nehmen die Herren noch einige Anregungen von mir entgegen!«

Erwartungsvoll wie Schulkinder schauten wir zu ihm auf.

Die Premiere war ein Riesenskandal und zugleich ein Riesenerfolg!

Kortner hatte uns buchstäblich auseinandergenommen und neu zu herrlichen Figuren zusammengesetzt. Erst später, als ich Fotos von der Inszenierung sah, verstand ich, warum mein linker Arm, der einen Schuh hielt, so und nicht anders angewinkelt und mein rechtes Bein in einer ganz bestimmten Richtung ausgestreckt sein mußte. Er brauchte diese dauernd wechselnden Bildkompositionen, um das Publikum zu fesseln, weil der Abend nur auf das gesprochene Wort gestellt war.

Trotzdem gab es genug Zuschauer, die sich weder durch das Wort noch unser Spiel fesseln lassen wollten. Sie sprangen auf, zwängten sich durch die Reihen zum Ausgang, Türen knallten. Einer rief: »Ich warte woanders auf Godot!«

In unserem Text kam ein in solcher Stimmung verhängnisvoller Satz immer wieder vor. Er lautete: »Was sollen wir tun?« Fielen diese Worte auf der Bühne, kam prompt das Echo aus dem Parkett: »Aufhören!«

Der zweite Akt begann. Gleich zu Anfang hat Ernst Schröder als Didi das Nonsens-Gedicht zu sprechen:

*Ein Hund kam in die Küche
und stahl dem Koch ein Ei...*

Buuhs, Gelächter.

Dem armen Ernst Schröder tropfte der Schweiß von der Stirn, aber er hielt durch. Dann Auftritt Goggo, also ich. Mein erster Text war: »Wir schlagen uns doch ganz gut durch, Didi.« Szenenapplaus, man hielt es für ein Extempore.

Die Stimmung schlug zu unseren Gunsten um. Sie hielt auch an, als in einer langen Dialogpause während des endgültigen Wartens auf Godot ein fürchterlicher Lärm hinter der Bühne entstand. Später erfuhren wir, unser verehrter Spielvogt hatte ihn verursacht. Er war in seiner verständlichen Nervosität in einen randvollen Feuerwehreimer getreten, der umkippte. Doch wir waren auf der Siegesstraße und durch nichts mehr zu bremsen. Schließlich waren wir ja gut dressiert!

RÜHMANN ALS GOGGO

»Wer ihn unter Kortners Regie in der denkwürdigen Münchner ›Godot‹-Aufführung sah, den wird wurmen, daß dieser außerordentliche Spieler der Bühne entfremdet blieb – die meiste Zeit. Er kann so viel mehr, als das Kino ihm gemeinhin abverlangt.«
*Friedrich Luft in der WELT zu
Rühmanns 75. Geburtstag*

»... Zu der Münchner Aufführung gehörte Heinz Rühmann. Und er war Clown, Harlekin, Charlie Chaplin – genau das alles, was Beckett gemeint haben muß, als er es unternahm, die Existenz als (sinnloses, aber auf Spielregeln aufgebautes) Spiel zu deuten...«
*Siegfried Melchinger
in der »Stuttgarter Zeitung«*

Diese Regietat von Kortner ist als seine klarste und schönste in die Theatergeschichte eingegangen. Für mich war diese Arbeit eine entscheidende Wende in meiner Laufbahn. Ich habe durch ihn viel gelernt. Oft hab' ich an ihn gedacht, wenn ich bei späteren Aufgaben stimmliche und darstellerische Mittel schnell bei der Hand haben mußte und mein Körper allen Anforderungen mühelos gehorchte. Ich möchte sie beide nicht missen in meinem Leben: diese »Zerreißprobe« und Fritz Kortner.

Auch er scheint mich gemocht zu haben. Bei guter Laune – was selten genug vorkam – nannte er mich seinen Vorzugsschüler, und manchmal – ganz große Auszeichnung! – frühstückten wir zusammen vor der Probe. In solchen Momenten vertraute er mir manches Private und Persönliche an.

Ausgerechnet ich, der es ihm mitunter auf den Proben ganz schön schwergemacht hatte, sollte die Laudatio zu seinem siebzigsten Geburtstag halten. Er hatte es sich gewünscht.

Sein Wunsch zeigte mir: Auch er hatte allen Probenärger und alle »Einlagen« vergessen. Als er wieder einmal sehr mißmutig auf einer Probe war, bin ich an die Rampe gegangen und hab' ihn gefragt: »Na, Opa, wieder Föhn heute?«

Ich übernahm gern die Festrede und bereitete mich besonders sorgfältig darauf vor, denn ich wollte nicht eine der üblichen Geburtstags-Ansprachen zu Kaffee und Kuchen halten, sondern war entschlossen, alle Vorzüge, aber auch alle Nachteile und Schwierigkeiten unseres Regisseurs auszusprechen.

Der festliche Vormittag begann vor ausverkauftem Haus im Werkraumtheater; Intendant Hans Schweikart mit unserem Geburtstagskind und das gesamte Ensemble saßen auf der Bühne.

Nach einigen Vorreden, darunter sehr gut sein derzeitiger ›Othello‹ Rolf Boysen, ging ich mit Herzklopfen ans Rednerpult, denn ich hatte so etwas noch nie gemacht. Ich blieb meinem Vorsatz treu und erzählte alles wahrheitsgemäß, die glücklichen Stunden, aber auch den Leidensweg, den wir hinter uns hatten. So in der Art: »Lieber Herr Kortner, es ist nicht leicht mit Ihnen, aber Sie machen es sich selbst auch schwer! Auf das Resultat kommt es an und die beglückende Zeit hinterher ... Wenn man merkt, daß die verfluchte Schlamperei, der man so leicht verfällt, wieder einmal aufgehört hat.«

Ich erzählte Erlebnisse aus unserer Probenarbeit, wie dieses, das sich nach einer langen Probe abspielte: »Es war drei Uhr nachmittags, und wir verließen alle sehr übermüdet das Theater. Rudolf Vogel sagte zu uns: ›Na, ihr habt es gut, ihr könnt jetzt nach Haus gehen, und ich habe nachmittags Vorstellung.‹ Darauf sagten Sie, Herr Kortner, zu Herrn Vogel: ›Was würden Sie denn sonst machen?‹ Rudolf Vogel: ›Na, ich würde auch nach Hause gehen und mich ins Bett legen.‹ Darauf sagten Sie: ›Da ist aber kein Applaus!‹«

Lachen, Zwischenapplaus und Stille bewiesen mir, daß ich den richtigen Weg der Mitte beschritten hatte.

Johanna Hofer, seine Frau, saß in der ersten Parkett-Reihe. Mir fiel ein, daß kein Redner sie bisher erwähnt hatte, und ich flocht einige herzliche Worte an sie in meine Ansprache, um ihr zu danken für ihr stilles Heldentum an der Seite dieses Mannes. Ich werde nie vergessen, wie sie verschämt, gerührt ihr Taschentuch an die Augen führte.

Heiterkeit und Rührung waren nun in vollem Maße im Hause und der Boden für die Dankesworte Fritz Kortners gut vorbereitet. Doch es kam – leider – ganz anders. Kortner hatte durch ein beginnendes Ohrenleiden meine Worte nur unvollständig verstanden. Als meine Rede durch Lachen und Beifall unterbrochen wurde, hatte – wie ich später erfuhr – der ewig Mißtrauische den neben ihm sitzenden Hans Schweikart gefragt, ob »der Komiker da vorne sich über ihn lustig mache«?

Als er seine Dankesworte sprechen sollte, trat er vor und begann sich zu entschuldigen und seine Art, Regie zu führen, zu erklären. Die Menschen wurden immer stiller und stiller, die festliche Stimmung war zerstört, und gedrückt verließen die meisten das Theater, während wir Schauspieler zum Geburtstagsessen ins Rathaus schlichen, wo unser unglückseliger Jubilar eine zweite Rede ähnlichen Kalibers hielt. Ungefähr unter dem Motto, mit dem man in Kollegenkreisen seine Proben zu bezeichnen pflegte: Christenverfolgung!

Die armseligen Würstchen mit Kartoffelsalat, von der Stadt diesem einmaligen Künstler lieblos serviert, rundeten einen Tag ab, der so feierlich-versöhnlich begonnen hatte und dessen Abschluß uns alle sehr deprimierte und betrübte. Die erste Gelegenheit, die sich mir bot, unauffällig zu verschwinden, nahm ich wahr und fuhr nach Hause.

Jahre später sind wir uns noch einmal begegnet; die Kammerspiele hatten 1967 »Die Zimmerschlacht« von Martin Walser angenommen und boten die Rollen des Ehepaares Doris Schade und mir an. Das Stück war ein Einakter. Intelligent, mit Gefühl und Humor für die Ehesituation zwischen zwei reiferen Menschen geschrieben.

Fritz Kortner kam auf die Idee, für seine Inszenierung vom Autor einen zweiten Akt dazuschreiben zu lassen, der eigentlich nichts anderes war als ein Spiegelbild des ersten. Er erwartete sich davon eine noch größere, heitere Wirkung.

Wir trafen uns zur ersten Probe, und ich war erschüttert, wie sich unser Spielleiter im Laufe der Jahre verändert hatte. Nicht nur äußerlich – er ging mit gebeugtem Rücken am Stock –, sondern auch in seiner Einstellung zum Stück und zu uns Schauspielern.

So verlangte er, daß wir im Zeitlupentempo aufeinander zugehen und uns in gleicher Langsamkeit umarmen sollten. Entsprechend langsam waren auch die Texte zu zelebrieren. Doris Schade und ich schauten uns nur erstaunt an.

Nach zwei Tagen konnte ich es nicht mehr bei stummen Blicken belassen. Ich erlaubte mir zu sagen, daß ich mich in meine Anfängerzeit zurückversetzt fühle und daß ich so nicht weiterprobieren könne. Nach einer weiteren Auseinandersetzung, bei der er, sehr unangenehm geworden, auf seinem Standpunkt beharrte, gab ich die Rolle zurück.

Ein schwarzgekleideter Herr mit ebenfalls schwarzem Hut erschien anderentags bei mir in Grünwald und erklärte, meine Absage sei eine Katastrophe für das Theater, und bat, ich möchte mich mit dem Regisseur aussprechen. Der schwarzgekleidete Herr war sein ehemaliger Regieassistent, zu dieser Zeit bereits Intendant der Kammerspiele, August Everding.

Die Aussprache fand in Kortners Wohnung statt. Ich hatte mir vorgenommen, ihm alles, was mich bewegte, rückhaltlos zu sagen. Und das war viel. Ich wollte ihm erklären, daß alles in mir einfriert, wenn er unnahbar in der ersten Reihe sitzt und jeder Versuch, ihm die eigenen Gedanken zur Rolle nahezubringen, im Keim erstickt wird durch einen Blick, der in stubenreine Worte verwandelt etwa hieß: »Was redet dieser dumme Mensch für törichtes Zeug!«

Ich sagte ihm in dieser denkwürdigen Stunde, von der ich wußte, daß sie nie wiederkommen würde, und in der, auch das fühlte ich, viele Kollegen hinter mir standen, noch mehr. Nämlich dies, daß ich nicht daran dächte, meine eigene Persönlichkeit zu verlieren, und daß viele Schauspieler, von ihm vergewaltigt, heute als kleine Kortners auf den Bühnen herumlaufen.

»Das hat mir noch niemand gesagt«, meinte er und – nach einer Pause – »wir sollten es doch noch einmal zwei Probetage lang miteinander versuchen.« Ich sagte zu. Mit den Worten, ich sei ein guter Schauspieler, aber ich könnte ein großer sein, wenn ich täte, was er mir sagte, verabschiedete er mich.

Nach zwei weiteren Probetagen, die sich in nichts von den vorhergehenden unterschieden, war die Quälerei zu Ende.

Der nächste Morgen. Heute ist ein Tag wie auf den Algarve-Prospekten. Vor allem ohne diesen Wind, der mir immer so zu schaffen macht. Keine Brandung. Ein friedliches Bild, auch in mir ist Ruhe. Ich versuche ausgeglichen zu sein, wie es meinem Alter ziemt. In dieser Stunde habe ich die Seiten von gestern noch einmal gelesen. Sie erscheinen mir jetzt zu einseitig aus meiner Sicht geschrieben. Das habe ich nicht beabsichtigt. Auch ich hatte sicherlich damals bei den »Zimmerschlacht«-Proben meinen Teil Schuld, auch ich war älter geworden und trat Kortner wohl auch schon mißtrauisch gegenüber, weil ich in den letzten Jahren so viel Kritisches und auch Ablehnendes über ihn gehört hatte. Das ist kein

Standpunkt und schon gar nicht die richtige Basis für eine Zusammenarbeit bei Theaterproben.

Aber vorher bei »Godot« war die Arbeit auch von seiner Seite ganz anders gewesen. Damals spielte er nicht vor, sondern gab Anweisungen, führte sehr gescheite Diskussionen mit uns, durch die langsam und behutsam die Figuren entstanden. Er hatte unendliche Geduld! Und auch sein Humor war da! Als wir in fünf Stunden Probe nur eine Seite des Manuskripts geschafft hatten, meinte er: »Na ja, wir kommen ja ganz flott vorwärts!«

Gruß zu ihm hinauf in den Theaterhimmel, in dem er bestimmt einen Ehrenplatz hat, von dem er – auch darüber bin ich mir sicher – die himmlischen Heerscharen durcheinanderwirbelt. Möge er mir verzeihen!

Das hätt' ich fast vergessen...

Ich habe nachgesehen, es stimmt: »Der brave Sünder« war Kortners erste Filmregie. Der Film basierte auf der Bühnenfassung der Erzählung von Valentin Katajew »Die Defraudanten«. Das Drehbuch schrieb Alfred Polgar. Es war die Geschichte zweier Buchhalter, die unfreiwillig Lohngelder unterschlagen. Max Pallenberg spielte den einen, ich den anderen.

Über die Aussage von Samuel Becketts Stück »Warten auf Godot« haben Theater- und Literaturkritiker viel geschrieben. Mir persönlich kommt jene Deutung am nächsten, die in diesem Stück des absurden Theaters alle Existenz als sinnloses Spiel sieht. Wahrscheinlich will Beckett sagen: jedes Warten ist ohne Sinn und Ziel. Das Stück enthält zwar viele biblische Andeutungen, doch scheint mir die Deutung einiger Kritiker, mit Godot sei Gott gemeint, zu sehr an den Haaren herbeigezogen.

»Die Zimmerschlacht«, Martin Walsers fünftes Theaterstück, inszenierte Kortner mit zwei anderen Schauspielern in seiner Zwei-Akte-Version. Doris Schade, meine Probenpartnerin, bekam ein Magengeschwür, ich mußte wochenlang ins Krankenhaus.

Wenn ein Schauspieler seine Rolle zurückgibt, muß er das entsprechend begründen. Erkennt die Direktion seine Gründe an, ist alles in Ordnung. Sind die Gründe jedoch zu subjektiv und entstehen dem Theater durch Umdispositionen und dem eventuellen Engagement eines auswärtigen Ersatzspielers Kosten, sieht die Sache schon anders aus. Das Wort »Schadenersatz« steht dann bald im Raum. Also einigt man sich lieber: der Schauspieler spielt doch und bekommt dafür eine interessante Hauptrolle in einer späteren Inszenierung zugesagt. Natürlich ist dabei entscheidend, welche Position der betreffende Schauspieler am Theater hat.

Da ich zu dieser Zeit nicht zum Ensemble der Kammerspiele gehörte und weil die Schwierigkeiten mit Fritz Kortner allgemein bekannt waren, gab es in meinem Fall keine Diskussionen.

8. Von der Isar an die Spree

Menschen, Kollegen und ein Freund

An der Algarve, am selben Tag

Ich bin den Ereignissen weit vorausgeeilt. Noch schreiben wir das Jahr 1926, noch wohnen meine erste Frau und ich in einer hübschen Wohnung im Herzogpark in der Kolberger Straße, noch steht mein dreirädriger Diavolo im Garten in einem Wellblechschuppen.

Als ich ihn geliefert bekam, war ich so vernarrt in ihn, daß ich die erste Nacht darin schlafen wollte. Meine Frau mußte mich daran erinnern, daß ich verheiratet war! Offenbar können Frauen auch auf Autos eifersüchtig werden! So meinte Maria, für das viele Geld hätten wir uns einen schönen Teppich kaufen können. Worauf ich verkündete: Mit dem Teppich kannste aber nicht an den Tegernsee fahren!

Tegernsee war eine beliebte Spritztour bei uns. Maria kannte jeden Stein. Sie hatte mit ihren Eltern den Großteil ihrer Jugend dort verbracht. Eines Morgens, es mag gegen fünf gewesen sein, fuhren wir nach durchzechter Nacht von einem Beisel nicht heim in die Wohnung, sondern mal wieder ins Tegernseer Tal. Unser Freund Wolfgang Keppler, genannt Kaki, saß hinten im Freien auf dem Notsitz im Kofferraum, dessen Deckel gleichzeitig als Rückenlehne diente. Bei der Ankunft in einem Gasthof fehlte Kaki, und der Kofferraum war geschlossen. Unsere Sorge verflog, als wir den Kofferraumdeckel öffneten: da lag er zusammengerollt auf dem Boden und schlief und schnarchte. Kein Windzug störte ihn da unten.

Nach einer soliden Brotzeit ging es zurück. Diesmal blieb der Kofferraum offen. Um zehn Uhr war Probe.

An diesem Tag mußte sich die Souffleuse mehr anstrengen als wir.

In jenen Jahren lernte ich einen großen Kollegen kennen, der seine liebe Not mit dem Soufflieren hatte: Karl Valentin. Bitte nicht *W*alentin, das mochte er nicht, verbesserte einen sofort: Vau, vau, Valentin, Karl! Es heißt ja auch nicht *W*ater, sondern *V*ater!

Ich habe fast alles von ihm gesehen. Von ihm und Liesl Karlstadt, dieser lieben und bescheidenen Schauspielerin, die von seiner Seite nicht wegzudenken ist.

Sie hat ihm geholfen und die Texte aufgeschrieben, die er erfand, aber gleich wieder vergaß. Oft hat sie ihm auf offener Bühne souffliert. Dann hat er laut »Wos?« gefragt, wenn er's nicht verstand. Und wenn sie dann, gutmütig, wie sie war, den Satz wiederholte, meinte er brummelnd: »Na, also, warum net glei, lauter mußt halt redn, *sonst versteht man dich nicht!*« Letzteres nach der Schrift gesprochen (bayerischer Ausdruck für hochdeutsch).

Wenn er bei uns im Schauspielhaus auftrat, dann meistens nach der Abendvorstellung gegen halb elf bis vierundzwanzig Uhr, damit die Besucher noch die letzte Straßenbahn erreichten. An seinen Abenden schminkte ich mich schnell ab, setzte mich in die Proszeniumsloge und starrte gebannt auf dieses dünne Gestell von einem Mann, der nicht wußte, wohin mit seinen Gliedern. Arme und Beine zu lang, aber sie vermochten mitzureden, wenn er in seinen schier endlosen Erklärungen steckenblieb.

Mich faszinierten seine herrlichen Gedankensprünge, die zuerst völlig absurd klangen und dann gar nicht mehr abwegig waren.

Ein Phänomen.

Seiner Bedeutung waren wir uns damals im vollen Ausmaß noch nicht bewußt. Für mich war seine Art der Darstellung eine neue Facette unter den schauspielerischen Möglichkeiten.

Karl Valentins Einmaligkeit wurde erst nach seinem Tode entdeckt, gewürdigt und leider auch gleich »vermarktet«. Doch alle Versuche, ihn zu kopieren, darzustellen oder zu parodieren, müssen scheitern. Von einem Original gibt es kein gleichwertiges Duplikat.

Mit seiner Liesl zog er von Lokal zu Lokal, spielte

seine Sketche. In den dreißiger Jahren besuchte ich ihn im Cabaret »Benz« in der Leopoldstraße. Es war spät geworden. Nach seinem letzten Auftritt saßen wir noch zusammen, wir waren allein im halbverdunkelten Lokal, die Stühle standen schon auf den Tischen, und er erzählte mir, daß er zum ersten Mal in Berlin spielen solle, aber er wüßte nicht, wie er hinkäme. Zug oder Auto schlug ich vor, beides lehnte er ab. Ich lud ihn ein, mit mir zu fliegen, das sei am einfachsten und kürzesten.

Darauf er: »Mit mir fallens runter.«
Ich: »Ich bin schon oft die Strecke geflogen.«
Er: »Ja Sie, aber net mit mir.«
Ich: »Es ist noch nie etwas passiert.«
Er: »Ja, Sie falln auch nicht runter, aber i.«
Ich: »Ich schwöre Ihnen, wir kommen rauf.«
Er: »Aber net mit mir!«

Es war ihm nicht auszureden. Später war er dann doch in Berlin. Wie er hingekommen ist, weiß ich nicht. Ich hörte nur, daß er seine Premiere kurzfristig abgesagt hatte und von der anderen Straßenseite, aus einem Taxi, amüsiert zugesehen habe, wie das Eintrittsgeld an das Publikum zurückgezahlt wurde.

So war er. Schrullig, einmalig, liebenswert.

Mein Wechsel von der Isar an die Spree war zwar einfacher als Valentins Ausflug, aber reibungslos verlief auch er nicht.

Es begann ganz harmlos mit einem Telefonanruf. Dr. Robert Klein, die rechte Hand Max Reinhardts, sagte sich an. Er hatte mich in einem Stück gesehen – der Titel ist mir entfallen –, in dem ich vor einem Gerichtstribunal als Verteidiger eine lange Rede zu halten hatte. Er bot mir einen Vertrag an, den ich aber nicht unterschrieb. Der Vertrag selbst war durchaus akzeptabel, aber mich störte die geschäftsmäßige Art der Verhandlung. Herrn Dr. Klein ging es offenbar nur darum, einen Schauspieler einzukaufen, über künstlerische Möglichkeiten und über meine Antrittsrolle hatte er sich noch gar keine Gedanken gemacht.

Dr. Klein reiste wütend ab, und der so sehnlichst herbeigewünschte Berlin-Vertrag verschwand wieder am Horizont.

Kurz darauf kam Direktor Barnowsky von den Barnowsky-Bühnen, Berlin, und bestellte mich ins Hotel Continental. Er verspätete sich, und ich steckte mir während der Wartezeit eine Zigarre an. Gerade als sie so richtig schön qualmte, erschien er. Ein soignierter Herr, immerhin nach Max Reinhardt der zweitwichtigste Theatermann Berlins.

Er fragte erstaunt: »Sie rauchen in meiner Gegenwart?!«

Die Frage war ein einziger Vorwurf...

Ich entgegnete, daß ich ja bis jetzt auf ihn gewartet hätte und als einziger in der Hotelhalle säße. »Außerdem rauch' ich gern Zigarren!«

Er war wohl solche Antworten nicht gewöhnt, murmelte etwas vor sich hin, und unsere Unterhaltung verlief in frostiger Atmosphäre. Aber er ging trotzdem abends ins Theater, und ich schien ihm gefallen zu haben, denn ich durfte ihn nach der Vorstellung zum Schlafwagenzug nach Berlin bringen.

Sein Abschied jedoch war eher väterlich: »Überlegen Sie sich mein Angebot, Sie haben schon Herrn Dr. Klein vor den Kopf gestoßen, mich haben Sie auch durch Ihr Benehmen mehr als überrascht. Wenn Sie so weitermachen, wird Berlin Ihnen verschlossen bleiben, gute Nacht!«

Noch bevor ich ihm »gute Reise« wünschen konnte, kurbelte er sein Fenster hoch.

Einige Monate später stand ich in Berlin auf einer der drei Max-Reinhardt-Bühnen. Der von mir »vor den Kopf gestoßene« Dr. Klein war schließlich doch schneller als Barnowsky gewesen.

Meine Antrittsrolle hatte ich in dem Lustspiel »Lockvögel«. Wie es mir dabei erging, habe ich bereits berichtet. Ich fing mit siebzig Mark Abendgage an. Pro Abend fast soviel also, wie ich in Breslau für den ganzen Monat bekommen hatte. Da das Stück jeden Abend – wir sagen »en suite« – gespielt wurde, war das für damalige Verhältnisse ein fürstliches Honorar. Schließlich war ich ein Unbekannter für diese Stadt.

Ich versuchte, meinen Münchner Vertrag zu lösen, aber Direktor Kaufmann von den Kammerspielen hielt zwei starke Argumente dagegen, von denen das zweite mich besonders überzeugte: Erstens wären in seinem Theater die Erfolgsstücke mit mir ausgefallen, und zweitens hatte ich hohe Vorschüsse empfangen, die noch abverdient werden mußten. Wir einigten uns auf sechs Monate München und sechs Monate Berlin.

Es begannen Jahre unbeschwerten Lebens, ständig von Freunden umgeben. Sicher habe ich manche etwas zu vorzeitig so bezeichnet. Erst im Alter begreift man, was das Wort »Freund« bedeutet.

Damals nahmen wir alles leicht und wohl auch etwas oberflächlich. Man sah sich täglich, schon vormittags auf der Probe, abends im Theater und natürlich nach der Vorstellung in der jeweiligen Lieblingskneipe. Wir haben viel gelacht zusammen und uns gegenseitig angepumpt. Aber Freunde? Das waren die wenigsten.

Von einem jedoch kann ich das sagen. Im Schauspielhaus in München lernte ich ihn kennen, vorher hatte ich von ihm schon unter dem Namen Katschi (er schrieb sich Cacci) Günther gehört. Ein Kollege.

Ich fühlte mich gleich zu ihm hingezogen, war gern in seiner Nähe, weil er etwas an sich hatte, das mir in dieser Form neu war. Etwas Fremdländisches war um ihn; abgesehen vom Hauch eigenartiger Parfüms, gab er sich sehr englisch und trug, im Gegensatz zu anderen Schauspielern, die immer glatt rasiert waren, einen kleinen Schnurrbart, an dem er gern im linken oder rechten Mundwinkel zupfte.

Am Theater spielte er das Fach des Bonvivants. Ein Bonvivant war er auch im Leben. Aber nur äußerlich. Gewonnen hat er mich durch seinen Ernst und seine Herzlichkeit, mit der er auf mich einging, wenn wir allein waren. Wir konnten stundenlang in die Nacht hineinreden und diskutieren, und ich bewunderte seine Allgemeinbildung, die zwar auf jedem Gebiet nicht sehr tief ging, aber ihn befähigte, überall gesellschaftlich zu bestehen.

Ebenso war es mit seinen Fremdsprachen. Ich bin nie dahintergekommen, ob er wirklich gut französisch und englisch sprach. Jedenfalls unterhielt er sich fließend in beiden Sprachen, benutzte wahrscheinlich nur jene Vokabeln, die er kannte, verschluckte, Bärtchen zupfend, die anderen, und schon war er der Mittelpunkt des Abends.

In Berlin nahmen wir in Halensee eine gemeinsame Junggesellenwohnung, mit Diener. Cacci bestand darauf. Schon bald gewöhnten sich die Nachbarn daran, daß wir in grauem Flanell, dunklem Hut, schwarzer Strickkrawatte, Schirm, jeder mit einem Drahthaarfox an der Leine, auf die Straße traten. Mein Hundetier war ein Sohn von seinem, der »Herr Moser« hieß. Er hörte nur auf »Herr Moser«, rief man ihn nur »Moser«, kam er nicht.

Cacci hatte natürlich in meinen Filmen zu tun, und wir waren viel gemeinsam auf Tournee. Er legte dann großen Wert darauf, allein in seinem alten Pontiac zu fahren. Mit Hund. Ich in meinem BMW, ebenfalls mit Hund. Ich war am Steuer sportlich bequem gekleidet, Cacci immer so angezogen, daß er jederzeit Einladungen in anspruchsvollem Rahmen hätte annehmen können. Warum wir nicht zusammen in einem Wagen fuhren, weiß ich nicht.

Ich fragte ihn nie nach seiner Vergangenheit. Er sprach ebenfalls nicht darüber. Uneheliches Kind eines österreichischen Erzherzogs hieß es, und abgegangen vom Militär sei er als Oberleutnant der 5. Dragoner in Wels. Doch im Ersten Weltkrieg hatte ihn ein Schauspieler-Kollege in einfacher Muschkoten-Uniform in Salzburg getroffen: »Cacci, wie läufst du rum? Du bist doch Offizier?« Darauf mein Cacci: »Ach weißt, i hab' all' meine Papiere verloren, und eh ich mir die ganze Schreiberei antue, hab' ich mir gedacht, fangst lieber gleich von vorn an.« In dieser Antwort steckte der ganze Cacci.

Bei den 5. Dragonern in Wels, erzählte er mir einmal, habe es ein Strafpferd namens »Cid« gegeben, auf das jeder rauf mußte, der was ausgefressen hatte. Er wurde prompt nach kurzer Zeit abgeworfen. Ein kleiner Ungar mußte aufsitzen. Mit einem Satz war er oben; »Cid« zitterte zwar, der Schaum stand ihm vorm Maul, aber er ging, prächtig ausgerichtet, in allen Gangarten die vier Seiten des Kasernenhofs entlang und blieb vor dem Oberst stehen. Der kleine Ungar glitt, das rechte Bein über den Hals des Pferdes schwingend, elegant zu Boden, und sein Vorgesetzter meinte: »Du kannst reiten, mein Sohn, wo hast du das gelernt?«

»Melde gehorsamst, Herr Oberst, bei uns gehn nur Hunde zu Fuß!«

Der Oberst verzog keine Miene. Auch sonst war er ein ernster Mann. Nur einmal – behauptete Cacci – habe man ihn herzhaft lachen gesehen. Im Casino war eine Wette abgeschlossen worden, daß beim morgendlichen Ausritt, der über Koppeln mit unzähligen Kuhfladen führte, der Oberst lachen würde.

Am nächsten Morgen Ausritt. Der Oberst an der Spitze. Erst Erstaunen, schließlich Losprusten, das sich zum befreienden Gelächter steigerte. Der Oberst schüttelte sich vor Lachen, hinter ihm bog sich die ganze Formation vor Vergnügen: auf jedem Kuhfladen lag fein säuberlich in der Mitte ein Spiegelei. Ein Leutnant: »Spinat mit Ei.«

Ob die Geschichten stimmten? Ich weiß es nicht, gut erfunden und gut erzählt waren sie auf jeden Fall. Manchmal bat ich ihn, mir die eine oder andere Geschichte noch mal zu erzählen; es war unnachahmlich, wie er sie brachte. Ich versuchte auch gar nicht, sie weiterzutragen, sie gehörten zu ihm, es waren *seine* Geschichten.

Es ist das erste Mal, daß ich von diesem Vorsatz abgewichen bin. Hoffentlich hab' ich dir keine Schande gemacht, Cacci! Weißt du noch, die Einladung auf einem Schloßgut in der Nähe von Frankfurt nach der Vorstellung?! Viel Adel war versammelt, und man sprach von vornehmen Dingen wie z. B. über Polo. Es fielen Fachausdrücke, Cacci war in seinem Element und fragte einen Nebenstehenden: »Sagen Sie, Baron, schlagen Sie über die Krupp oder half-volley?«

Halb erstaunte, halb bewundernde Blicke zu ihm, dann meinte der Baron zu mir: »Ich wußte gar nicht, daß Ihr Freund Polo spielt!«

Ich konnte vor Lachen nur flüstern: »Ich auch nicht!«

Am selben Abend interessierte sich einer der Herren für eine reizende Kollegin von uns. Er nahm Cacci auf die Seite: »Sagen Sie, Herr Günther, glauben Sie, mit der Kleinen ist was zu machen?« Cacci: »Das kann ich Ihnen nicht sagen, Graf, ich pflege das in Ihren Kreisen zu erledigen.«

So war er, der Cacci. Überall zu Haus und in Wahrheit nirgendwo.

An einem Abend voller Komödiantentum, Gaukelei und ein ganz klein wenig Besinnlichkeit verriet er mir: »Heinzi, ich möchte dir ein Geständnis machen, ich sage oft die Unwahrheit und lüge mich so durch; dich hab' ich auch schon belogen, es tut mir leid, das sollst du wissen, entschuldige bitte.«

Kriegs- und Nachkriegszeit haben auch uns wie so viele auseinanderlaufen lassen. Nur gelegentlich hörte ich von ihm. So erfuhr ich, daß er in Wien ein zweites Mal geheiratet hatte und – Jahre später – daß er gestorben sei. Im Bett beim Frühstücken.

Servus, Cacci!

DAS HÄTT' ICH FAST VERGESSEN ...

Max Reinhardt, der »Theaterzauberer«, regierte in Berlin über ein Imperium, zu dem das »Deutsche Theater«, die »Kammerspiele« und die »Komödie« gehörten. Später kam noch das »Große Schauspielhaus« hinzu. Der Architekt Poelzig hatte dafür den Zirkus Schumann umgebaut. Wegen dieses Umbaus gab es viele Debatten. Nicht nur, weil er sehr teuer geworden war, sondern wegen der architektonischen Lösungen. Der Zuschauerraum sah tatsächlich wie eine gigantische Tropfsteinhöhle aus, aber er hatte dadurch eine ausgezeichnete Akustik, was für uns Schauspieler und für das Publikum schließlich ausschlaggebend war.

Edmund, Maxens drei Jahre jüngerer Bruder, leitete die Geschäfte in den verschiedenen Häusern. Er lebte und arbeitete sehr zurückgezogen und leise, wir Schauspieler hörten kaum etwas von ihm. Ich habe ihn während meiner Zeit bei Reinhardt nie persönlich kennengelernt.

Zum Imperium von Berlins zweitem Theaterzaren, Viktor Barnowsky, gehörten das »Lessing-Theater«, das »Deutsche Künstlertheater« und das »Komödienhaus«.

In München war Adolf Kaufmann der wegen seiner geschickten Verträge bewunderte und gefürchtete kaufmännische Direktor der Münchner Kammerspiele. Auch in meinen Verträgen »entdeckte« ich immer neue Klauseln, die mich für eine weitere Spielzeit an dieses Haus banden. Keine der Verlängerungen habe ich bedauert.

9. Kapriolen am Himmel und auf Erden

Erinnerungen an Ernst Udet

An der Algarve, acht Tage vor der Heimreise

Der Wind tobt um das Haus, die Brandung ist nicht mehr weiß, sondern grün, voll von losgerissenem Tang. Ein Fensterladen hat sich selbständig gemacht und schlägt gegen die Wand, ich binde ihn kurz entschlossen am nächsten Baum fest.

Gestern beim Golf rollte der kleine weiße Ball vom Abschlag herunter, ehe ich überhaupt schlagen konnte.

Fliegerwetter!

Das Gegenteil von Flugwetter. Kein Flieger startet bei solchem Wetter.

Keiner?

Einen kannte ich, dem hätte es nichts ausgemacht – Ernst Udet. Erni oder Udlinger, wie wir, seine Freunde, ihn nannten.

Ernst Udet, einige Jahre älter als ich, war mir schon in frühen Jahren ein Vorbild. Ab und zu sah ich ihn auf meinem Weg ins Theater in einem offenen Sportwagen in ziemlichem Tempo die Maximilianstraße hinunterfahren, vor dem Hotel »Vier Jahreszeiten« stieg er auf die Bremse, drehte sich um seine eigene Achse (das ging am besten, wenn es geregnet hatte), sauste in die Einfahrt vom Hotel, ließ den Wagen stehen und warf dem Portier lässig die Schlüssel zu. Das imponierte mir gewaltig!

Später flog er unter den Isarbrücken und in Schräglage zwischen den Türmen der Frauenkirche durch, machte einen Looping um die Großhesseloher Brücke. Das imponierte mir noch mehr.

Er landete auf dem Schneeferner der Zugspitze und startete auch von dort. Die Schweizer Fliegerkameraden mögen mir verzeihen, aber ich meine, er war der erste Gletscherpilot! Wir lernten uns Anfang der dreißiger

Jahre auf einem Faschingsball im Regina-Hotel in München kennen. Ich hörte, daß er im Saal sei, ging wie selbstverständlich in seine Loge und begrüßte ihn wie einen alten Freund. Ich, der ich mich sonst aus Hemmungen lieber absonderte! Aber so war das mit uns. Zwei, die sich gesucht und gefunden hatten.

Udet war an diesem Abend – so wie meist – von einem Kranz schöner Frauen umgeben. Er genoß es wie ein Pascha. Es wurde eine lange und lustige Nacht. Nachdem die Damen alle verteilt waren – was übrigblieb, nahm Udet mit –, verabschiedeten wir zwei uns für den nächsten Mittag auf dem Flugplatz Oberwiesenfeld.

Pünktlich, wenn auch mit leicht verpliertem Blick, trafen wir uns vor unseren Maschinen.

Erni erklärte das Programm. Er sprach gedehnt und akzentuierte jedes Wort, wie man das so macht, wenn man zu wenig Blut im Alkohol hat: »Ich starte als erster, du kommst mir nach, wir besuchen erst eine Freundin von mir, die am Englischen Garten wohnt; zwei bis drei Ehrenrunden, aber nicht zu tief, sonst fallen ihr die Tassen vom Tisch! Dann zurück, machen überm Platz etwas Kunstflug, du fliegst mir jede Figur nach, nur am Schluß, wenn ich durch die Halle fliege, kannste draußen bleiben, wir treffen uns in der Kantine. Servus, Kleiner!«

Was sich an diesem Mittag am weißblauen Himmel abgespielt haben muß, war so verwegen – um nicht »leichtsinnig« zu schreiben –, daß selbst erfahrene Flieger auf dem Platz in Deckung gingen und wegschauten. Erni flog riskant und formvollendet, ich armes, unerfahrenes Häschen wackelig und zaghaft hinterher.

Als ich mit zitternden Knien ausstieg, meinte ein sturmerprobter Monteur: »Das geht nicht gut, wenn Sie so weitermachen, fallen Sie auf den Pinsel.«

Aber diese Akrobatik in der Luft besiegelte unsere junge Freundschaft, die richtig schön und unzertrennlich in Berlin wurde. Wie oft war ich in seiner kleinen, gemütlichen Wohnung, Pommersche Straße 4, am Hohenzollerndamm. Das Musterbeispiel einer Junggesellenbude. Eine Höhle, urgemütlich. Hier trafen sich Elly Beinhorn und Max Schmeling, der trinkfeste Joachim

Ringelnatz und der Rennfahrer Rudolf Carraciola und und und ...

Erni und ich schossen gern. Einmal zur Weihnachtszeit probierten wir unsere Künste an einem dicken Karpfen in seiner Badewanne. Er hatte ihn geschenkt bekommen, aber niemand, die Köchin eingeschlossen, konnte ihn umbringen.

Wir standen vor der Wanne, und Udet erklärte, daß das Tier im Wasser an einer anderen Stelle stehe, als es scheine; er erzählte etwas von einem Brechungswinkel, den man berechnen müsse, holte den schweren Colt vom Nachttisch und schoß als erster.

Dann ich. Aber wir kamen offenbar mit dem Brechungswinkel nicht zurecht; der Rand der Badewanne sah gar nicht mehr so gut aus wie vorher. Der Karpfen schwamm weiter in der Badewanne, dort erlebte er Silvester und den Anfang des neuen Jahres.

Ein anderes Mal schossen wir mit Kleinkalibergewehren. Aber normal war uns zu einfach. Wir versuchten es wie die Kunstschützen über die Schulter mit dem Rücken zum Ziel, das wir nur in einem kleinen Spiegel sahen, den wir vor uns hielten.

Und das Ziel? Eine Spielkarte. Aber nicht deren Vorder- oder Rückseite, sondern deren Kante! Als keine Birnen mehr im Kronleuchter waren, bat Erni mich höflich, das Feuer einzustellen.

Ich fuhr damals einen »Röhr«, heute kennen nur noch Motorfans diesen Wagen, ein für damalige Verhältnisse hoch entwickeltes Fahrzeug mit Schwingachsen vorn und hinten. Ein kleiner elastischer Achtzylinder. Ein »R« schmückte den Kühler, was mir nicht unangenehm war. Wenn dieser Wagen sprechen könnte! Eines Nachts parkte ich ihn exakt vor meiner Wohnung in der Salzbrunner Straße. Aber mitten auf dem Fahrdamm! Niemand sagte etwas, keine Beschwerde, keine Polizei. Noch am nächsten Vormittag, als ich vom Balkon runtersah, fuhren alle Fahrzeuge um mein Auto herum. Es war eine andere Zeit.

Wie anders, geht aus einer Wette hervor, die wir nach einem fröhlichen Abend im »Berliner Schlittschuhclub« abgeschlossen haben. Nachdem wir eine Flasche Aquavit – danach konnte ich jahrelang keinen mehr sehen – geleert hatten, mußte ich mich feierlich verpflichten, auf der *linken* Straßenseite nach Hause zu fahren. Zur Kontrolle begleitete mich jemand im zweiten Wagen auf der rechten Seite. Das war nicht nötig, denn für mich war es eine Ehrensache, auf der falschen Seite heimzufahren. Allerdings soll ich so vorsichtig gewesen sein, an jeder Kreuzung anzuhalten, auszusteigen und nachzusehen, ob ein anderes Auto sich der Kreuzung näherte. War die Straße frei, stieg ich wieder ein, fuhr langsam auf die Kreuzung zu und wunderte mich sehr, wenn in der Zwischenzeit nun doch ein Auto vorbeikam. Ich soll dann höchst verwirrt meinen Kopf geschüttelt haben.

Auch Erni mußte Geld verdienen, und das konnte er nur an Flugtagen. An einem im wimpelgeschmückten Oberwiesenfeld war ich dabei. Der Bayerische Rundfunk hatte mich gebeten, über Lautsprecher Kommentare zu Udets Flugfiguren abzugeben. Er absolvierte seine phantastische Bodenakrobatik, hob mit der Tragfläche seines »Flamingo«, an der ein Eisensporn montiert war, vom Dach eines Autos ein Taschentuch auf. Kurz vor der Landung riskierte er einen letzten Looping, nur einige Meter über dem Rasen. Riesenapplaus! Ich holte einige Besucher ans Mikrofon, alle waren begeistert. Nur eine Bäuerin aus Niederbayern meinte einschränkend: »Jo, do untn traut er si, er soll emol raufgehn!«

Nach 1935 wurde Erni von Herrschaften in Luftwaffenuniform sehr umworben. Aber er wollte davon nicht viel wissen, erzählte mir, daß der »Eiserne«, so nannten sie Hermann Göring, von ihm eine Unterschrift wollte, die bestätigte, daß Göring eine Zeitlang nach dem Tod von Richthofen im Ersten Weltkrieg Führer der Staffel gewesen sei. Lächelnd sagte er mir: »Er war's, aber ich geb's ihm nicht!«

An einem Tag große Aufregung in Tempelhof.

Erni hatte die schwere »Curtiss«, die er aus Amerika mitgebracht hatte, aus der Halle ziehen lassen und war zu einem Kunstflug-Training über dem Platz gestartet.

Plötzlich geht die Maschine ins Trudeln über, kommt aus dem Trudeln nicht mehr heraus und schlägt auf dem Boden auf.

Alles schreit »Udet, Udet«, rennt los, die Feuerwehr rast zu der Staubwolke und versucht zu retten, was zu retten ist. Von Udet keine Spur!

Plötzlich zeigt einer nach oben, schreit: »Da ist er!« Fröhlich am Fallschirm pendelt Erni!

Am Abend natürlich bei ihm große »Geburtstags«-Feier, wie das nach solchen Anlässen üblich ist. Udet erzählt, daß er vergessen hatte, sich im Flugzeug anzuschnallen, Gott sei Dank habe er jedoch den Haken vom Fallschirm eingeklinkt gehabt, und das war gut, denn beim ersten Looping, als die Maschine auf dem Kopf stand, sei er rausgefallen.

Ungeheures Gelächter, das sich steigerte, als folgendes Telegramm eintraf:

»Auch in dieser Situation haben Sie wieder einmal Ihre Umsicht und Ihre Kaltblütigkeit bewiesen. Ich gratuliere Ihnen persönlich und im Namen der Nation, in alter Kameradschaft
                    Ihr Hermann Göring.«

In dieser Nacht wurde es nicht spät, es wurde früh! Nicht nur für uns, sondern auch für Udets Wellensittich. Dem hatte Erni ebenfalls Flugkunststücke beigebracht, an denen der Vogel seine Freude hatte: nach mehreren Loopings landete er auf Ernis Hand, um von ihm an seinen Lieblingsplatz gesteckt zu werden: in die Jackentasche.

Doch im Laufe der Monate änderte sich – anfangs fast unmerklich – Udets Meinung. Er ließ Bemerkungen fallen wie »Du, so wie wir gedacht haben, sind die gar nicht« oder »Man muß die erst mal kennenlernen« und Ähnliches.

Einmal regte er sich auf, als er für den Blockwart einen Fragebogen über seine arische Abstammung ausfüllen sollte. Er schmiß den Mann raus und beschwerte sich an oberster Stelle.

Der Erfolg war, daß er nicht nur keinen Fragebogen brauchte, sondern gleich, was er nicht wollte, in die Partei aufgenommen wurde.

Dann ging es schnell; er führte mich vor seinen Kleiderschrank, öffnete die Türen, mein Blick fiel auf verschiedenste Uniformen, Fliegerkombinationen, Dinner-Jackett, leichter Mantel, pelzverbrämter Mantel, Offiziersmütze, Pelzmütze; darunter das entsprechende Schuhwerk.

Er zeigte, wie ein Dompteur im Zirkus, auf die Ausstattung: »Alles umsonst, kostet mich keinen Pfennig, im Gegenteil, ich krieg' noch was im Monat, Gehalt als Oberst!«

Ich war sprachlos. Konnte nichts sagen. Wollte nicht. Er hatte kein Geld mehr, von ein paar Flugtagen konnte er nicht leben und dazu der ständige Druck, der auf ihn ausgeübt wurde, einen Rang bei der Luftwaffe anzunehmen. Sie brauchten ihn, seine Popularität, seinen Namen! Im Innern war er wohl Soldat geblieben; sein Gesicht vor dem Schrank zeigte es mir, das bunte Tuch gefiel ihm ja doch!

Er wurde Generalluftzeugmeister, und wir sahen uns immer seltener. Als ich 1941 als Luftwaffen-Soldat zur Grundausbildung nach Rechlin eingezogen wurde, gab es zwischen uns eine Mißstimmung, über die ich an anderer Stelle in diesem Buch berichte. Freunde versuchten, unseren guten Kontakt von einst wiederherzustellen, doch Ernst war auf ein »Abstellgleis« geschoben worden und verschloß sich. Als ich von Schwierigkeiten hörte, die er im Reichsluftfahrtministerium haben sollte, schrieb ich ihm, daß ich immer für ihn da sei. Ich habe nie eine Antwort bekommen.

Anderen Freunden ging es ähnlich. Heute weiß ich: er wollte uns nicht mit hineinziehen. Und dann kam der 18. November 1941. Ich fuhr zur Probe für »Pygmalion« ins Staatstheater. Als ich an eine Kreuzung kam, schaltete eine Ampel gerade auf Rot. Gelangweilt blickte ich zu einem Zeitungskiosk am Straßenrand. Da las ich die Schlagzeile: »Generaloberst Udet beim Erproben einer neuen Waffe abgestürzt.«

Ich war wie betäubt, fuhr den Wagen zwar noch zum Theater, doch meine Gedanken waren nicht auf der Straße, sondern oben am Himmel, wo wir zwei uns so gern herumtummelten. Getummelt hatten.

Unmöglich, mich an diesem Tage in die Figur des Professor Higgins hineinzuversetzen. Die Probe wurde abgesagt. Wolfgang Liebeneiner, unser Regisseur, und wir Schauspieler standen auf der Bühne, keiner sagte ein Wort, bis wir still auseinandergingen.

Was ich den Tag über gemacht habe, weiß ich heute nicht mehr. Ich bin wohl zu Freunden gegangen, zu Menschen, die ihm nahestanden und mit denen ich mich aussprechen konnte.

Udets Hauspersonal wurde verhaftet und einige Tage festgehalten, damit die Wahrheit nicht an die Öffentlichkeit drang. Aber wir wußten es bald; Erni hatte sich erschossen.

Er muß in dieser Nacht und in den Wochen davor sehr mit sich ins Gericht gegangen sein, als er erkannte, daß seine »Freunde« ihn mißbraucht und dann für Dinge verantwortlich gemacht hatten, an denen er keine Schuld trug.

Er war erst fünfundvierzig Jahre.

Nach dem Staatsbegräbnis rief mich seine Schwester an, die aus München eingetroffen war. Es war ein trauriges Sich-Kennenlernen in seinem Haus in der Stallupöner Allee in Havel-Nähe, das Göring ihm zugewiesen hatte. Ich betrat es jetzt zum ersten Mal. Seine Schwester bat mich, mir zum Andenken an meinen Freund etwas auszusuchen. Als ich mich dazu nicht entschließen konnte, drückte sie mir zwei Negerfiguren aus Holz, ein Pärchen, in den Arm. Ich wußte, er hatte sie aus Afrika mitgebracht und gern gehabt.

Seitdem stehen sie auf meinem Schreibtisch.

DAS HÄTT' ICH FAST VERGESSEN ...

Ernst Udet war für mich *der* Flieger schlechthin. Einer, bei dem Technik und Können, Kenntnisse und Mut zu einer Einheit verschmolzen. Er war der erfolgreichste unter den überlebenden deutschen Jagdfliegern des Ersten Weltkriegs. 62 Luftsiege. Pour le mérite. Kurz nach der Verleihung dieses Ordens ging er mit seiner Braut Arm in Arm die Residenzstraße in München entlang. Als sie an der Wache gegenüber der Feldherrnhalle vorbeikamen, rief der Wachhabende die Wachmannschaft heraus und ließ sie »ins Gewehr treten« und präsentieren. Die Braut war so verwundert, daß sie erst am Odeonsplatz fragen konnte: »Was war denn das?« Udet erklärte, daß so jeder Pour-le-mérite-Träger gegrüßt werden müsse. Sie glaubte ihm kein Wort. Darauf mein Erni: »Gehen wir zurück!« Gesagt, getan – dasselbe Schauspiel! Seinen Blick zu ihr kann ich mir vorstellen. Heute noch.

Udets Kunstflug-Glanznummer war »Das fallende Blatt«, dabei zeigte er bei abgestelltem Motor das Taumeln eines Blattes, unterbrochen durch drei Loopings. Auch dies bei abgestelltem Motor! Bei den Kunstflug-Weltmeisterschaften sowohl in Chicago als auch in Cleveland siegte er souverän.

Nach seinem Freitod erklärte Göring in seiner offiziellen Rede unter Tränen: »Unfaßbar ist uns der Gedanke, daß du, mein lieber Udet, nicht mehr unter uns weilst... Zweimal mußtest du bei der Erprobung einer technisch noch in den ersten Anfängen befindlichen Maschine mit dem Fallschirm abspringen... So bist du nun für uns gefallen, wiederum, weil du alles selbst machen wolltest... Mein bester Kamerad, leb wohl.«

Joachim Ringelnatz, der schmalköpfige Lyriker und Vortragskünstler mit der Riesennase, hieß eigentlich Hans Bötticher. Nach einer von ihm erfundenen Figur nannte er sich auch Seemann Kuttel Daddeldu. Ein Kauz und ein großer Trinker vor dem Herrn. Udet und er kannten sich aus Ringelnatz' Zeit im Münchner Kabarett »Simpl«.

Zu der »Pygmalion«-Inszenierung von Wolfgang Liebeneiner gibt es einiges zu sagen. Menschliches, Dramaturgisches und Zeitgeschichtliches. Wir spielten in der ehemaligen »Komischen Oper« an der Weidendammer Brücke, die nach der Zerstörung des »Kleinen Hauses« im Berliner Westen die Funktion des »Kleinen Hauses des Staatstheaters« übernommen hatte. Benzin war knapp und nachts durch die verdunkelten Straßen zu fahren nicht ungefährlich. So radelte ich von meinem Haus zum S-Bahnhof Wannsee, stellte das Rad dort ein, dann mit dem Zug zum Bahnhof Friedrichstraße, gegenüber dem Theater. Da die Bombenangriffe von Woche zu Woche immer früher vor Mitternacht kamen, beeilte ich mich, nach Hause zu kommen. Um einen früheren S-Bahn-Zug zu erreichen, schminkte ich mich nicht ab, sondern sauste meist noch durch die aus dem Theater strömenden Zuschauer hinüber zur Station. In der allgemeinen Dunkelheit wurde ich nicht erkannt.

Eines Abends jedoch stieß ich mit einem Ehepaar zusammen, dessen männlicher Teil mir mit seiner Hutkrempe durchs Gesicht wischte. So heftig, daß ich mich dabei am Auge verletzte. Doch er bemerkte es nicht, weil er gerade seinen Eindruck von der Aufführung für seine Frau in den aufschlußreichen Satz zusammenfaßte: »Na, Mutter, bisken wenig Musik heute!« Beide waren in die »Komische Oper« gegangen, um wie früher etwas Musikalisches zu hören! Leider konnte ich ihnen als Higgins in Pygmalion diesen Wunsch nicht erfüllen. »My fair Lady« war noch nicht geschrieben. Allerdings endete auch bereits unsere Inszenierung nicht mit dem endgültigen Weggang der Eliza, sondern mit dem Satz von Higgins zu seinem Freund Pickering: »Verlaß dich drauf, sie wird wiederkommen.« Ein Happy-End, wie es durch Shaws Nachwort gerechtfertigt war und das später ähnlich auch im Musical »My fair Lady« verwendet wurde.

Meine Partnerin Eliza war Maria Bard, mit der ich in München oft, gern und erfolgreich in Salonkomödien gespielt hatte. Sie wechselte sich mit Lola Müthel ab, bis diese die Rolle allein weiterspielen mußte. Maria Bard war aus Verzweiflung über die »Frontbewährung« ihres Freundes Hannes Stelzer – der bald danach fiel – freiwillig aus dem Leben geschieden.

10. Heimweh nach etwas Schwarzem, das bellt

Mein hochwohlgeborener Ungar

An der Algarve, drei Tage vor der Heimreise

Jetzt endlich scheint die Sonne wie in den Prospekten, aber wir haben den Tag des Abflugs festgelegt. »Nu is aber denuch«, hat mal ein Filmkind zu mir gesagt, dem die ewigen Wiederholungen zuviel wurden.

Außerdem – wir wollen es uns zwar nicht eingestehen und schieben immer andere Gründe vor – haben wir Sehnsucht nach unserem Hundevieh. Einem ungarischen Hirtenhund. Arpad heißt er, nach dem Fürsten, der als erster die magyarischen Stämme 700 bis 800 n. Chr. einigte.

Keine Angst, ich will keinen Geschichtsunterricht geben, aber ich bin dem Namen Arpad nachgegangen und war sehr stolz, als ich herausfand, daß sich die Angehörigen des ungarischen Herrscherhauses bis 1301 Arpaden nannten. Von da an gab es keine männlichen Nachkommen mehr.

Der Stammbaum von Arpad reicht nicht ganz soweit zurück, aber er kann sich sehen lassen. Mein Arpad war der einzige Rüde unter vier Schwestern, von denen er allerdings schon früh nicht allzuviel wissen wollte. Er separierte sich, schlief allein im großen Hundekorb. Zur Mutter ging er nur ab und zu, meist, um sich zu versorgen. Dann zog er sich wieder zurück, in Gedanken wohl bei seinem stolzen Vater, dem schönen Weltchampion aller ungarischen Hirtenhunde, der in Budapest lebte.

Arpad macht in jeder Weise seinem fürstlichen Namen Ehre. Er ist wirklich hochwohlgeboren: nämlich im 6. Stock. Auf einem Dachgarten in Wien, fast genau unter der Kuppel des Domes zu Sankt Stephan.

Der österreichische Zuchtwart hatte mich rechtzeitig vorher vor dem zu erwartenden Ereignis informiert, und sieben Wochen nach der Geburt bat er mich dringend, den kleinen Kerl abzuholen, »der wird sonst zu frech und selbständig«.

Arpad und ich reisten per Flugzeug nach München. Ein zitterndes, schwarzes Etwas, das nicht aus seiner Hundetasche hinaussehen wollte. Wasser nahm er nur von meinem Finger. Das erste jedoch, was er nach der Landung tat: er leckte meiner Frau die Hand. Eine Art k.u.k.-Hirtenhund-Handkuß.

In den ersten Wochen stellten wir nachts sein Körbchen mal neben mein, mal neben das Bett meiner Frau; dort schlief er, aber immer an eine Hand gekuschelt, die meine Frau oder ich ihm während der ganzen Nacht lassen mußten.

Wir schliefen entsprechend wenig in diesen Wochen, wachten gerädert auf, während seine Hoheit, der Hund Arpad, putzmunter und ausgeschlafen herumzutollen begann.

Natürlich halte ich ihn für den intelligentesten aller Hunde. Da unterscheide ich mich keinen Deut von allen anderen Hundebesitzern. Ich habe sogar Belege für seine Intelligenz: das kleine Geschäft machte er anfangs auf einen grünen Wollteppich, den er offenbar für Rasen hielt, und das große Geschäft versuchte er hinter einem Paravent zu verstecken. Nachdem wir es dort gefunden hatten – schließlich haben wir auch eine Nase –, gab er die Heimlichtuerei auf und ging in den Garten.

Arpad ist das »menschlichste« aller Tiere meines Lebens. Er hat unsere Gewohnheiten angenommen und sich unserem Zeitplan angepaßt. Oder wir uns dem seinen?

Er schleckt seine morgendliche Milch nicht, bevor ich im Bademantel zum Frühstück komme. Ist er sehr hungrig, nimmt er schon einige Schlucke, um aber dann, wie ertappt, aufzuhören und sich weit entfernt von der Schüssel aufzuhalten, als wäre er nie dort gewesen.

Wird gelacht, kommt er sofort angelaufen, um sich mitzufreuen. Sind wir auch nur eine Viertelstunde weggewesen, tobt er bei unserer Rückkehr vor Freude, als sei eine Ewigkeit vergangen. Hundefreunden sage ich natürlich nichts Neues damit, auch nicht mit der Feststellung, daß er nicht frißt, wenn wir nicht im Haus sind, erst wenn wir nach zwei Tagen nicht zurückkehren, nimmt er – fast widerwillig – seine Mahlzeiten ein.

Eines Tages bei einem Stadtbummel entdeckte meine Frau auf der gegenüberliegenden Straßenseite eine Pulihündin. Sie meinte, das könne doch eine Braut für unseren Arpad sein. Ich erinnerte sie an die letzten erfolglosen Versuche Arpads als Liebhaberhund und erklärte: »Er hat die reizende Pukschi stehenlassen und kaum beachtet, und das zweimal! Außerdem ist diese Dame da auf der Straße für unseren Puli nicht hübsch genug.« Darauf meine Frau: »Ich mein' ja auch nur zum Üben!«

Einmalig für mich ist jedoch, daß er sehr genau Butter von Margarine unterscheiden kann. Er ist für Butter. Um sieben Uhr abends holt er meine Frau und dann mich zum »Sitzi«; das ist die geheiligte Stunde am Kamin, auf die er großen Wert legt. Sollten wir uns verspäten, geht er schon vor, sitzt wartend am Kamin und empfängt uns schwanzwedelnd, aber mit vorwurfsvollem Blick.

Nachts schläft er auf einem Lager neben der Eingangstür. Hüter des Hauses. Waren wir aber länger fort, folgt er uns in die Schlafzimmer und pendelt die ganze Nacht selig und zufrieden von einem zum anderen. Das macht er auch manchmal, wenn wir nicht fort waren; was dann in ihm vorgeht, wissen wir nicht. Wahrscheinlich ist dann die Liebe so groß, daß er es eine Nacht allein nicht aushält.

Natürlich ist er äußerst empfindlich. Ein falsches Wort, und er zieht sich zurück. Manchmal ist er dann für Stunden verschwunden.

In einem Hundelexikon steht: Wer einmal einen dieser Ungarn besessen hat, wird keinen anderen Hund mehr haben wollen!

Ich werd' es Arpad nicht sagen, er wird mir sonst zu eingebildet.

Aber es stimmt!

DAS HÄTT' ICH FAST VERGESSEN...

Das Beste ist, ich sage nichts mehr über meine vierbeinigen Hausgenossen, denn wenn ich erst mal über die Tiere meines Lebens zu erzählen beginne, werden meine Lebenserinnerungen wahrscheinlich zu einem Tierbuch.

Vielleicht doch diese kleine Anmerkung: Ich kenne berühmte Kollegen, die nehmen in ihre Filmverträge die Klausel auf, daß das Drehbuch keine Szenen enthalten darf, in denen sie mit Tieren zu spielen haben. Das hat nicht immer mit Angst vor Raubtieren zu tun, sondern nicht selten ist die Sorge, ein Hund oder ein Affe könne dem Star »die Schau stehlen«, der Anlaß für eine solche Bedingung. Die Zahl der Filme, in denen ich mit Hunden spielte, ist Legion. Nicht selten habe ich mich so an die vierbeinigen Kollegen gewöhnt, daß ich sie nach den Dreharbeiten mit nach Grünwald nahm und adoptierte.

11. Vor und hinter den Kulissen

Meine ersten Rollen auf Berliner Bühnen

An der Algarve, unser letzter Tag

Wir frühstückten mit Freunden in einem nahe gelegenen Hotel. Plötzlich sagten zwei Herren »guten Appetit«. Unsere beiden Piloten.

Die Heimat rückte näher.

Auf meine Frage, wann's denn losgehe, meinte der Captain, es wäre schön, wenn es nicht so spät würde, er müsse von München nach Hamburg und von dort noch nach Berlin. Dorthin allerdings mit der Linie. Privatflug ist noch nicht.

Nach Berlin.

Ich hänge an dieser Stadt. Sie hat mich mehr geprägt als irgendeine andere. Meine Erfolge und meine Niederlagen als Schauspieler, meine Freuden und meine Sorgen als Mensch – mit dieser Stadt sind sie verbunden. Über viele Jahrzehnte. Von »Lockvögel«, meinem Antrittsstück 1927, bis zu »Meine Frau erfährt kein Wort« 1955, meinem letzten Gastspiel im Renaissance-Theater.

So komisch kann Langeweile sein...

Zu Beginn dieses ungemein unterhaltenden Abends steht Heinz Rühmann ganz allein auf der Bühne. Drei Minuten kein Wort. Er spielt nur Langeweile. Er trödelt durch das Zimmer, pusselt am Ende am Radio, hebt etwas vom Teppich auf, läßt es wieder fallen, sieht aus dem Fenster, pusselt wieder am Radio, schlenkert herum. Er langweilt sich nur. Drei Minuten lang. Aber an dieser kleinen perfekt gespielten Introduktion ist schon der ganze große Komiker erkennbar, als der er sich dann den Abend lang erwies. Eine Meisterleistung war da zu sehen, es war so weise Al-

bernes, etwas so subtil Komisches, wie wir es wohl seit Pallenberg nicht hatten. Rühmann sah ich nie so gut... Die Leute liebten Rühmann durch die Bank. Und das Nette war nebenher, daß sich die Männer alle in ihm wiederzuerkennen glaubten.

Friedrich Luft in seiner Kritik zu »Meine Frau erfährt kein Wort«.
DIE WELT vom 28. 3. 1955

Von 1927 an wechselte ich jahrelang zwischen dem trockenen »Morj'n« und dem kehligen »Grüaß Gott«. Ich pendelte zwischen Berlin und München. Bis 1930 ging das. In Berlin hatten wir eine kleine Wohnung, und in München waren ständig zwei Zimmer in einer Pension für uns reserviert. Oft spielte ich dieselben Stücke in beiden Städten. Allerdings unter verschiedenen Regisseuren, was rasches Umdenken und Anpassen an die jeweilige Auffassung verlangte. Für beide Seiten.

So inszenierte Berthold Viertel in Berlin an den Kammerspielen bei Max Reinhardt Georg Kaisers Lustspiel »Papiermühle« mit Otto Wallburg, Grete Mosheim, Lothar Müthel und mir als Provinzknirps. In dieser Aufführung erhielt ich meinen ersten Szenenapplaus.

Drei Monate später spielte ich dieselbe Rolle, den Bertin, an den Münchner Kammerspielen unter Schweikarts Regie. Erst viele Jahrzehnte später hatte ich Gelegenheit, ein und dieselbe Rolle nicht nur unter zwei verschiedenen Regisseuren, sondern auch für unterschiedliche Medien zu spielen.

In Berlin verband mich bald eine Freundschaft mit Heinz Hilpert, diesem Vollblut-Theaterregisseur, der die meisten Stücke, in denen ich zu tun hatte, inszenierte. Shakespeares »Die lustigen Weiber von Windsor« zum Beispiel. Eine rundum geglückte Aufführung im Deutschen Theater. Allein schon Werner Krauss als Trunkenbold Falstaff war das ganze Eintrittsgeld wert!

Ich warb als Junker Schmächtig um Herz und Hand von Marianne Hoppe, die damals sehr unglücklich über die kleinen Rollen war, die sie bei Reinhardt zu spielen hatte. Eines Abends verriet sie mir hinter der Bühne, daß sie von Berlin wieder in die Provinz zurückgehe, weil sie dort große Rollen spielen könne. Und dann sagte sie so ruhig und bestimmt, wie eben nur sie es kann: »Aber verlaß dich drauf, ich komme wieder.« Und wie sie Wort gehalten hat! Welch interessante und ergreifende Rollen haben wir seitdem auf der Bühne und im Film von ihr gesehen! Ich halte sie für eine unserer ganz großen Schauspielerinnen.

Werner Krauss: Ein genialer Schauspieler und ein Ausbund an Späßen. Mit ihm auf der Bühne stehen hieß, auf alles – alles! – gefaßt zu sein. Ich hab' es am eigenen Leib bei den »Lustigen Weibern« erlebt. Eines Abends – es war eine Aufführung wie jede andere – erschien Krauss in einer Szene, in der er gar nichts zu suchen hatte, klopfte mir auf die Schulter und extemporierte im besten Shakespeare-Sprachrhythmus: »He, Junker Schmächtig, auf ein Wort, wo geht's zur nächsten Schenke?«

Für Sekunden war ich völlig verdattert, doch dann sah ich seine listigen Äuglein blitzen und wies irgendwohin in Richtung Kulissen: »Geht dort hinein, doch schnell, Ihr stört!« Dabei hatte ich noch genug Geistesgegenwart, so zu tun, als nestelte ich ein Geldstück aus meinem Wams, das ich ihm in die Hand drückte. Kichernd verschwand Krauss. Ab durch die Mitte.

Das Schlimme war: Krauss hatte so viel Spaß an dieser Einlage gefunden, daß er nun jeden Abend erschien! Immer in einer anderen Szene! Am liebsten kam er von weit her durch den Wald und polterte und sang, noch bevor er zu sehen war. Er wollte mich unbedingt zum Lachen bringen. Ich war gewarnt, es gelang ihm nicht. In der Pause durfte ich in seiner Garderobe zu einem Glas Sekt erscheinen. Eine Auszeichnung!

Eine große Auszeichnung für mich war auch die Anordnung von Max Reinhardt: »Der abschließende Beifall wird gemeinsam von Frau Wüst und den Herren Krauss und Rühmann entgegengenommen.«

An einem Abend konnte diese Anordnung nicht eingehalten werden, und das kam so: Wir warteten in der Kulisse auf unseren Verbeugungsauftritt, und Werner

Krauss trieb seine Späße mit Ida Wüst. Er fummelte ihr am Ausschnitt herum und neckte sie. Ida war zwar alles andere als ein Kind von Traurigkeit, aber das ging ihr doch zu weit. Sie nahm ihren kleinen roten Sonnenschirm und wehrte den stürmischen Herrn damit ab. Was passiert? Die Schirmkrücke bleibt im Hosenschlitz von Werner Krauss stecken. In diesem Moment kommt das Zeichen für uns zum Verbeugungsauftritt. Die beiden Kampfhähne können so schnell nicht auseinander, also gehe ich allein auf die Bühne.

Noch beim Verbeugen sah ich die Bemühungen der beiden, den Schirm aus der Hose zu bekommen. Vergeblich. Ida kam ein wenig später auf die Bühne, schadenfroh blickte sie in die Kulisse. An diesem Abend wird das Publikum gerätselt haben, warum der Hauptdarsteller sich nach Schluß der Vorstellung nicht zeigte.

Ich hab' noch den Programmzettel dieser Aufführung. Es wirkten mit: die Damen Leopoldine Konstantin, Lucie Höflich, Ida Wüst, Marianne Hoppe; die Herren Eduard von Winterstein, Leonard Steckel, Werner Krauss, Mathias Wieman, Gustaf Gründgens, Heinz Rühmann u. a.

An diesen Besetzungszettel habe ich einen Zeitungsausschnitt mit einer Kritik angeheftet. In dieser Kritik wurde Reinhardt aufgefordert, sich endlich um ein attraktives Ensemble zu bemühen!

Damit wir uns recht verstehen: ich weiß um die positive Wechselwirkung einer fundierten Theaterkritik und guten Leistungen auf der Bühne. Ich bin sicher, daß das große Theater, das in den zwanziger und dreißiger Jahren in Berlin zu sehen war, durch die vielfältige und strenge Berliner Kritik auf diesem gleichbleibend hohen Niveau gehalten wurde. Die Voraussetzung für diese großen Leistungen war eine von der Kritik angestachelte produktive Unzufriedenheit. Mehrere »Ausrutscher« durfte man sich damals nicht leisten.

Meinen größten erlebte ich als »George Dandin« in Molières gleichnamiger Komödie. Heinz Hilpert hatte sie am Deutschen Theater inszeniert. 1934 war das.

Alle, aber auch alle Zeitungen waren sich einig in ihren negativen Beurteilungen meiner Leistung. Unter den

Bildern dieses Buches ist ein Foto von mir als George Dandin. Sehen Sie sich das grüne Jüngelchen an, so was ist eben noch nicht verheiratet, so einem Burschen setzt die Ehefrau keine Hörner auf. Der George Dandin ist eine Rolle für ein gestandenes Mannsbild, so um die Vierzig, Fünfzig. Aber das alles soll keine Entschuldigung sein, sondern ich war einfach schlecht in dieser Rolle.

Nachdem ich alle Verrisse gelesen hatte, schlich ich am Abend wie ein geprügelter Hund in den Musentempel in der Schumannstraße und wollte mir Trost bei meinem Spielleiter holen. Ich fragte ihn naiv, ob er denn heute abend bei der zweiten Vorstellung nicht einiges ändern könne? Hilpert polterte los: »Du bist wohl verrückt geworden! Spielen wir für die Zeitungen oder fürs Theater? Was kümmert uns das Geschreibsel, du spielst, wie wir das festgelegt haben, und nichts anderes!« So blieb's denn auch.

Wie oft wir es gespielt haben, weiß ich nicht mehr. Ich hab's jedenfalls durchgestanden. Es hat mir nicht geschadet. Im Gegenteil. Das Theater ist nun mal kein Schlaraffenland, in dem einem die gebratenen Tauben in den Mund fliegen.

Vor dem »George Dandin« hatte Hilpert Nestroys »Lumpazivagabundus« inszeniert. Eine bezaubernde Aufführung. Nicht österreichisch, sondern in Berliner Mundart, mit einem kleinen Orchester im Parkett des Großen Hauses in der Schumannstraße und alten Berliner Liedern und Chansons, die den gleichen Zauber ausübten wie die Nestroy-Couplets.

Otto Wernicke, mein alter Freund, ebenfalls von München nach Berlin gekommen, war »Knieriem«, Albin Skoda der »Leim« und ich natürlich der »Zwirn«. Ich erinnere mich noch an einen Refrain:

> *»Es bleibt nicht dabei, es bleibt nicht dabei,*
> *überall is 'n kleener Haken dabei!«*

Das Publikum summte mit.

Mit Otto Wernicke spielte ich auch in Shaws »Androklus und der Löwe«. Er war der bärenstarke »Ferrovius«, den ich immer daran hindern mußte, gleich loszuschlagen. Ehe wir in die Arena zu den wilden Tieren getrieben wurden, raunte ich ihm zu: »Christ bleiben, Christ bleiben!« Wir waren immer froh, wenn wir diese Stelle hinter uns hatten, das Lachen saß wieder einmal gefährlich nahe.

Hilpert hatte auch dieses Stück inszeniert, in dem Axel von Ambesser seine erste Rolle in Berlin spielte. Wir hatten schon viel in München zusammen gespielt und unsere Wege sollten sich noch oft kreuzen.

Wenn die Proben gut verliefen, lud uns unser Spielleiter zur »kleinen Weißen« in die Kantine ein. Die »kleine Weiße« war keine kleine Weiße, sondern eine halbe Flasche Sekt im Weißbierglas. Das diente der Tarnung, damit es nicht hieß, die Künstler trinken schon mittags Sekt. Diese »kleine Weiße« sollte eigentlich nur der Ausklang der Probe sein, aber leise sei verraten, daß die »kleine Weiße« auch getrunken wurde, wenn kein Anlaß war!

Aber jedesmal war sie Anlaß zu Erzählungen aus Hilperts Leben. Er war ein Kamerad, mit Verständnis für jeden von uns.

Bis zu seinem viel zu frühen Tod 1967 waren wir in freundschaftlichem Kontakt. Was er uns allen war, hat Carl Zuckmayer besser in Worte gefaßt, als ich es kann: »Er liebte diese Welt, und er fand Gegenliebe. Er war, falls es das gibt, vom Leben begnadet. Nicht verwöhnt, begnadet! Denn er besaß, bei aller bewußten Realistik seines Ausdrucks und seines Tuns, ein wahrhaft kindliches Gemüt im Sinne des Weltkindes wie Schubert, dessen Musik ihm die liebste war...«

In Berlin spielte ich endlich auch mit einer Frau, die ich schon lange verehrte: Adele Sandrock. 1928 probten wir in der »Komödie«, diesem Schmuckkästchen am Kurfürstendamm, Carl Sternheims Komödie »Die Kassette«. Sie war die Erbtante Treu, ich der liebestolle Fotograf Alphons Seidenschnur.

Adele nannte mich immer »das Bübele aus Bayern«, und ich durfte als einziger »Gnädige Frau« zu ihr sagen, weil ich der Jüngste im Ensemble war. Von allen anderen wollte sie mit »Fräulein« angesprochen werden.

Adele war eine Institution, die nicht übersehen werden konnte und durfte. Sie liebte es, hofiert zu werden. In meiner Rolle hatte ich mit allen Damen des Stücks ein Verhältnis. »Warum eigentlich«, fragte ich bei einer Probe Adele Sandrock, »verführe ich alle anderen, bloß Sie nicht?«

Adele sah mich zuerst zweifelnd mit hochgezogenen Augenbrauen an und meinte dann: »Junger Mann, Sie besitzen alle Anlagen eines Kavaliers, weiter so!« Pause. Dann mißtrauisch: »Oder ulken Sie?«

Der Respekt der Kollegen vor Adele war so groß, daß ich während der Probenzeit mit Dagny Servaes und der zarten Blandine Ebinger eine Wette abschließen konnte, daß ich Adele ... Doch der Reihe nach: Auf der Generalprobe vor vollbesetztem Haus und in Anwesenheit der hohen Direktion geschah folgendes: In einer Szene hatte ich mit der alten Tante ein paar Sätze zu sprechen und dann abzugehen. So war es geprobt, doch nun kraulte ich sie dabei frech unter dem Kinn! Ich sah nur noch ihre funkelnden Augen und spürte, wie sie mir auf die Hand schlug. Hinter der Bühne wartete ich mit Herzklopfen auf sie. Hoheitsvoll, ganz große Dame, kam sie auf mich zu – jetzt knallt's gleich, fürchtete ich –, aber nichts dergleichen geschah. Sie umarmte mich, gab mir einen herzhaften Kuß und sagte: »Das war ein großartiger Einfall, junger Mann. Das machen wir morgen bei der Premiere auch.« Bei der Premiere gab es bei dieser Einlage Applaus.

Wenige Monate später spielte ich – ebenfalls in der »Komödie« – Shaws »Eltern und Kinder«. Heinz Hilpert hatte dieses Lustspiel mit Otto Wallburg, Else Heims, Marlene Dietrich – die bei uns nur »das Girl vom Kurfürstendamm« hieß – und mir inszeniert. Es wurde ein Serienerfolg. Fünfundsiebzigmal haben wir das Stück gespielt.

Am Morgen der Premiere kam ein Telegramm von meiner Schwester: unsere Mutter war gestorben. Ich wollte sofort nach München, aber eine Umbesetzung war so kurzfristig nicht möglich. Ich mußte spielen. Ich spielte wie abwesend, sprach sehr leise, fast monoton.

An diesem Abend hatte ich mehr Applaus als auf der Generalprobe, die ebenfalls mit Publikum stattgefunden hatte und auf der ich die Rolle noch ganz anders gesprochen hatte. Otto Wallburg sagte hinterher zu mir: »Heinz – da ist etwas ganz Besonderes geschehen. Vergiß diesen Tag nie!« Er konnte nicht wissen, daß ich diesen Tag bestimmt nie vergessen würde.

Meine Mutter hat mich noch in verschiedenen Rollen auf der Bühne gesehen. Ich erinnere mich an »Charleys Tante« in München, Otto Falckenberg fragte sie am Schluß, wie ihr's gefallen hätte, und sie sagte: »Mein Sohn kopiert mich.« Es war aber kein Kopieren, ich konnte gar nicht anders, ich war einfach *sie,* vor allem in Frauenkleidern.

Meine Anfänge beim Tonfilm hat sie nicht mehr erlebt. Schade. Sie wäre sicher stolz auf ihren Sohn gewesen, allerdings ohne es zu zeigen. Denn als ich einmal ein sehr gutes Schulzeugnis mit erstklassigen Noten nach Hause brachte und auf ein Lob wartete, schwieg sie. Erst als ich sagte: »Du sagst ja gar nichts dazu!« kam die Antwort: »Ich hab' nichts anderes erwartet, mein Junge.«

Ihr habe ich nicht vieles, sondern alles zu verdanken. Von uns drei Kindern war ich ihr, glaube ich, am ähnlichsten. Sie war im Geiste oft neben mir, wenn ich auf der Bühne stand; sie blieb auch später bei mir und führte mich, nur war ich damals noch zu jung, um es zu begreifen.

Ich kann nur danken, daß ich ihr Sohn bin, und an die Worte denken, die ich als Junge gesagt habe, als ich gefragt wurde, wen ich später mal heiraten würde: »Meine Mutter!«

Das hätt' ich fast vergessen...

Von der Berliner Kritik wäre noch soviel zu erzählen! Vor allem über die beiden großen Kontrahenten Alfred Kerr und Herbert Ihering. Kerr war der brillantere, witzigere von beiden, aber Ihering – von dem Kerr gesagt haben soll: »Er sprüht Leder« – hat uns Schauspielern mehr gegeben. Ich hab' es selbst erlebt. In den ersten Monaten in Berlin wollte ich natürlich nach jeder Premiere möglichst rasch wissen, was der große Kerr über mich Neuling aus München zu sagen hatte. Früh um vier holte ich mir die druckfrische Zeitung. Große Freude, ich war tatsächlich erwähnt! Aber wie! »Heinz Rühmann (schon wieder ein Heinz).« Aus. Nichts weiter. Eine Anspielung auf Heinz Hilpert, der das Stück inszeniert hatte.

Herbert Ihering dagegen beobachtete die Leistungen junger Schauspieler in verschiedenen Rollen, bevor er ein Resümee zog. So konnte ich nach der Premiere von »Papiermühle« – meiner zweiten Rolle in Berlin – lesen: »Einen frechen Provinzknirps mit Pariser Tick spielte Heinz Rühmann. Umwerfend wie in den ›Lockvögeln‹, und diesmal bestimmt ohne Zufallskomik. Jeder Satz, jede Pause, jede Bewegung saß. Eine köstliche Präzisionsleistung. Nur manchmal hat man für Sekunden das Gefühl, daß die Provinzjungen, die er darstellt, noch Reste von Provinzroutine abzustreifen haben.« Mit solcher Wertung konnte man als junger Schauspieler etwas anfangen, zumal sie außerdem gestimmt haben dürfte!

Auch im Film habe ich mit Heinz Hilpert zusammengearbeitet: Er war der Regisseur von »Der Herr vom andern Stern«, in dem ich die Hauptrolle spielte. Der Film entstand kurz nach dem Kriege in meiner eigenen Produktionsfirma »Comedia«. Er war das, was die Branche klar und treffend einen »Flop« nennt. Ein Reinfall. Ich wollte es Ihnen nicht verschweigen.

12. LOCKENDE LEINWAND

»Die Drei von der Tankstelle« und ihre Folgen

Grünwald, Ende Oktober

Wieder zu Hause. Die Begrüßung durch Arpad wollte kein Ende nehmen. Es störte ihn nicht, daß er »Konkurrenz« bekommen hatte. In der Garage steht seit gestern eine »Katze«. Ein Jaguar.

Ich habe schon immer für Motoren viel übrig gehabt. Sie sprechen für mich ihre eigene Sprache und nehmen von ihrem Herrn all die Liebe und Sorgfalt an, die er ihnen zukommen läßt.

Schon früh habe ich mit dem Geknatter angefangen, mein erstes gebraucht gekauftes Motorrad war eine belgische FN. Leider fuhr es nur einige hundert Meter, dann war ein Keil vom Getriebe wieder rausgefallen und der Spaß zu Ende.

Vom dreirädrigen Diavolo, der dann folgte, habe ich schon erzählt. Danach haben mich viele Wagen begleitet, der Röhr, dann Peugeot, Wanderer, Audi, Hudson, MG, Volkswagen in allen Variationen, Borgward, Lancia, BMW und Mercedes.

Das schicksalsträchtigste Fahrzeug jedoch, das ich je besaß, dürfte die Evans gewesen sein. Ein Leichtmotorrad, mit dem ich quer durch Berlin zur Probe oder Vorstellung fuhr. Zum Kurfürstendamm oder in die Schumannstraße, Berlin Mitte.

Mit ihr fuhr ich auch zum allgewaltigen Erich Pommer, dem Produktionschef der Ufa. Er oder einer seiner Mitarbeiter hatte mich in einer Revue gesehen. »Wie werde ich reich und glücklich« hieß sie. Mischa Spoliansky hatte die Musik geschrieben, und ich weiß nur noch, daß ich einen schüchternen jungen Mann spielte.

Nun sollte ich mich vorstellen. Das tat ich auch. In Motorrad-Knickerbockern, die Mütze in der Hand.

Ziemlich ungewöhnlich, aber wie sich herausstellte, genau das richtige, denn die Ufa suchte den dritten Mann für ein motorbesessenes Freundestrio. Willy Fritsch und Oskar Karlweis waren bereits engagiert. Es ging um eine Rolle in einem musikalischen Lustspiel. Musik und Sprache waren seit 1929, als Al Jolson sein »Sonny Boy« in »The singing fool« gesungen hatte, die großen Trümpfe des jungen Films.

Erich Pommer schien mit mir zufrieden, aber es mußten Probeaufnahmen gemacht werden, um festzustellen, ob ich »fotogen« sei. Ein neues Wort für mich. Bis dahin bedeutete für mich schauspielerisches Können die Beherrschung sprachlicher und mimischer Mittel und deren präziser Einsatz. Nun sollte man auch noch »fotogen« sein!

Zu den Probeaufnahmen nahm ich meinen Freund »Kaki« Keppler mit nach Babelsberg, um ihm ebenfalls die Chance für ein Engagement zu geben. Wir hatten unsere besten Anzüge an und spielten eine Szene aus einer französischen Komödie, die wir aus München genau kannten. Wir versuchten, uns so elegant und charmant wie möglich als jugendliche Bonvivants in der Dekoration zu bewegen.

Als Pommer das Ergebnis sah, war er – gelinde gesagt – enttäuscht. Er erklärte: »Das ist nicht der junge Mann, der bei mir im Büro war! Die Probeaufnahmen werden wiederholt, diesmal soll er sich so anziehen wie vor einigen Tagen bei mir im Büro!«

Also Knickerbocker und Mütze.

Das war das zweite Wunder in meiner Karriere: so wie mich Friedrich Basil nach dem ersten Vorsprechen abgelehnt hatte und dann doch ein zweites Mal prüfte, so erhielt ich – was absolut ungewöhnlich war – die Chance einer zweiten Probeaufnahme durch Erich Pommer.

Bei dieser zweiten Probeaufnahme spielte ich etwas ganz anderes, und zwar aus dem Stegreif. Einen Schüler, der sich in der Bank herumflegelt, vom Lehrer etwas gefragt wird, aufsteht, sehr munter und vorlaut mit der Antwort beginnt, immer langsamer wird, sich verheddert, nochmals von vorn anfängt, aber es wird nichts

Rechtes, und mit einem dümmlichen Lächeln setzt er sich wieder und stülpt mit verlegenem Grinsen die »verlangte« Mütze auf.

Diesmal war Erich Pommer zufrieden. Willy Fritsch und Oskar Karlweis hatten ihren dritten Freund. Gemeinsam sangen wir die Melodie von Werner Richard Heymann:

> *»Ein Freund, ein guter Freund,*
> *das ist das Beste, was es gibt auf der Welt!«*

Denn der Film, den wir zusammen drehen sollten, hieß »Die Drei von der Tankstelle«.

Nachdem ich den Ufa-Direktoren Klitzsch und Corell vorgestellt worden war, galt es nun noch die Gagenfrage zu klären. Ein alter Kollege, der mit mir im gleichen Stück abends zu tun hatte und der oft in Babelsberg filmte, Julius, genannt »Jule« Falckenstein, meinte, daß die Ufa für Anfänger bis zu fünftausend Mark pro Film zahlen würde.

Ich verlangte siebentausend und bekam sie. So keß war ich aber nur, weil in meinem Hinterkopf sich eine verwegene Idee eingenistet hatte: Ich wollte ein eigenes Flugzeug!

Drei Monate lang fuhr ich nun ins Atelier nach Babelsberg. Eine lange Drehzeit, die notwendig war, weil der Film gleichzeitig in drei Versionen – in Deutsch, Englisch und Französisch – gedreht wurde. Synchronisation kannte man damals noch nicht.

Für jede Version gab es einen eigenen Regisseur aus London beziehungsweise Paris. Unserer war Wilhelm Thiele. Der französische Fritsch hieß Henri Garat, und meine Rolle spielte ein Kollege namens Lefèvre.

Durch diese Aufnahmemethode hatten wir drei viele Pausen, da jede Szene, die wir gerade gedreht hatten, sogleich vom »Erbfeind«, wie wir sagten, nachgespielt wurde. Wir schauten oft zu, und es war interessant zu beobachten, wie verschieden die gleiche Situation, die gleichen Figuren durch Kollegen anderer Nationen dargestellt wurden. Viel später, als ich in internationalen Co-Produktionen mitwirkte, habe ich oft an diese frühen Erfahrungen gedacht: Es ist unendlich viel schwerer, einen Film, in dem Schauspieler verschiedener Nationalitäten mitwirken, zu einem geschlossenen Ganzen zu formen als bei einem »einsprachigen« Film.

Während wir teutonischen Mannsbilder zuschauten, mußte unsere Hauptdarstellerin arbeiten! Lilian Harvey, deren Fleiß und Ausdauer einmalig waren, spielte die Rolle der verwöhnten Konsulstochter in allen drei Versionen. In einem Blitzkursus hatte sie eigens französisch gelernt, und »das süßeste Mädel der Welt« mußte ja nicht nur spielen, sondern auch singen und tanzen. Sie war unermüdlich und immer guter Dinge.

Viele Jahrzehnte später sahen wir uns wieder. Sie besuchte mich in der Garderobe, als ich in Zürich gastierte. Ein trauriges Wiedersehen. Sie trat Abend für Abend in einem Cabaret auf und sang ihre früheren Lieder. Es hatte etwas Rührendes. Als wenn sie damit Unwiederbringliches zurückholen wollte.

Mit diesem Engagement war ich in eine Welt gestellt worden, die für mich völlig neu war. Film von seiner besten, großzügigsten Seite. Aber auch alte Filmhasen mußten sich umstellen und anpassen, seit es Mikrofone im Atelier gab. Was es für Berliner Atelierarbeiter bedeutete, die Szenen von uns Schauspielern nicht mehr mit Mutterwitz kommentieren zu dürfen, kann sich jeder vorstellen, der Berliner kennt. Von einem Tag auf den anderen durften die Stullen nicht mehr in knisterndes Butterbrotpapier eingewickelt werden!

Die Kameras liefen für Tonfilm noch nicht leise genug, deshalb wurden sie samt dem Kameramann und seinem Assistenten in hölzerne Boxen gesteckt, die noch extra isoliert waren. Das Objektiv schaute durch ein Glasfenster. Drinnen war eine entsetzliche Hitze, noch schlimmer als im Atelier, aber das störte niemanden. Schon gar nicht Franzl Planer, der später in Hollywood zu einem der gefragtesten (und besten) Schwarzweiß-Kameramänner aufstieg.

Wir waren alle mit Begeisterung bei der Sache und bejubelten in den Mustervorführungen jeden Ton, jedes Geräusch. Papierraschein, Geklirr beim Löffelrühren in einer Tasse, Wassertropfen. Ich erinnere mich, wie entzückt wir waren, als eine Tür quietschte. Dann ölte sie ein eifriger Atelierarbeiter, und nun ging sie lautlos auf und zu. Längere Drehunterbrechung. Zwei Mann arbeiteten angestrengt so lange, bis die Tür wieder quietschte.

Pommer kam jeden Tag mindestens einmal vorbei, mit der unvermeidlichen künstlichen Menthol-Zigarette im Mundwinkel, verteilte Lob und Tadel, und man merkte, wie souverän er sein Metier beherrschte. Eine Episode am Rande zeigt, wie fest er die Fäden in der Hand hielt. Bei der Vorführung einer Szene mit Lilian Harvey und Olga Tschechowa war Olga wesentlich vorteilhafter fotografiert als Lilian. Das war sicher kein Zufall, denn Franz Planer und Olga verstanden sich sehr gut. Als das Licht im Vorführraum anging, wandte sich Pommer an unseren Chefkameramann: »Sie scheinen noch nicht zu wissen, daß Frau Harvey der Star dieses Films ist und nicht die andere Dame; die Szene wird noch einmal gedreht!«

Pommer kannte kein Pardon, wenn es um den Film ging. Das erlebte ich bei einer großen Auseinandersetzung zwischen ihm und unserem Regisseur Wilhelm Thiele, dem er mit Entlassung drohte. »Aber Herr Pommer, ich habe Kinder zu Hause.« Darauf Pommer: »Werden Sie nicht unsachlich!«

Im Lande herrschte Wirtschaftskrise. Ich merkte mit meinen achtundzwanzig Jahren nicht viel davon, auch daß sie der Hintergrund für unseren heiteren Film war, wurde mir nicht bewußt. Schließlich gründeten wir drei unsere »Tankstelle«, um optimistisch gegen alle Tükken, vor allem gegen den »Herrn Gerichtsvollzieher« – einmalig gespielt von Felix Bressart – vorzugehen. Diese Mischung aus Wirtschaftskrisenatmosphäre und Optimismus war wohl mit die Ursache für den Riesenerfolg bei der Premiere im Ufa-Palast am Zoo.

Wirtschaftliche Sorgen – mit Musik und Tanz gemeistert. Das Publikum war aus dem Häuschen, ich durfte einmal allein vor den Vorhang, aber die Menschen im Kino mußten erst in ihre Programme schauen, um festzustellen, wie der kleine Komiker hieß, der den Hans gespielt hatte.

Wieder stand Fortuna neben mir, sie hatte mir zum Start nicht nur einen der ersten großen Tonfilme ausgesucht, sondern dazu noch einen Film mit diesem durchschlagenden Erfolg. Am nächsten Tag stand in der Zeitung: »Ein Komiker, den man ernst nehmen sollte.«

HEINZ RÜHMANNS GEHEIMNIS

Was eigentlich ist das Geheimnis dieses Schauspielers, der bald der erste Filmkomiker Deutschlands sein wird? Vielleicht, daß er nicht, wie andere Komiker, um jeden Preis komisch wirken will, daß er alle auf der Hand liegenden Wirkungen verschmäht, daß er es nicht komisch findet, sich neben einen Stuhl zu setzen anstatt auf ihn, eine Cremetorte ins Gesicht zu bekommen oder vor seiner Schwiegermutter zu flüchten.

Rühmann versucht, Menschen zu spielen. Sein Humor ist von einer seltenen Trockenheit. Es ist ein gütiger Humor, der Humor eines Menschen, der weiß, daß er und die anderen voll von Schwächen sind, es ist der Humor der ewigen Verlegenheit, der Unfähigkeit, sich selbst und die anderen allzu ernst zu nehmen, der Humor eines Mannes, der weiß, daß er immer ein kleiner Junge sein wird ... Es ist der Humor des im Leben ein wenig zu kurz Gekommenen.

Curt Riess in »Das gabs nur einmal«, 1956

Liest man heute die Handlung des Films, kann man nicht begreifen, daß er ein so großer Erfolg wurde: Da verkaufen drei Freunde ohne Bankkonto ihr Auto und erwerben für das Geld eine Tankstelle. Nicht einmal der Preis von zehn Autos hätte dafür ausgereicht! Ein Rechtsanwalt diktiert singend seine Post, Einbrecher räumen tanzend eine Villa aus, und der Gerichtsvollzieher pfändet im Dreivierteltakt.

Doch ganz Deutschland wollte dieses »Tagesgespräch« sehen, und alle sangen die Lieder dieses Films, der keine Operette und kein Lustspiel mit Musik war, sondern ganz etwas Neues, für das später in Amerika die Bezeichnung »Musical« geprägt wurde. Spätere Filme versuchten, diesen Stil zu kopieren, aber sie erreichten alle nicht diesen außergewöhnlichen Erfolg.

Um Popularität brauchte ich mich nach der Premiere wirklich nicht mehr zu sorgen. Die leitenden Herren der Ufa boten mir einen Jahresvertrag an. Einem Komiker! Das hat's noch nicht gegeben. Jahresverträge, wenn überhaupt, bekamen Liebhaber und Liebhaberinnen, meistens ein bestimmtes Paar, das das Publikum singen, tanzen und sich küssen sehen wollte. Wie z. B. Willy Fritsch und Lilian Harvey. Natürlich unterschrieb ich den Vertrag, schon um mir meinen Wunschtraum erfüllen zu können, denn nun, nachdem Geld ins Haus kam, genügten natürlich keine zwei und keine vier Räder, ein Flugzeug mußte es sein, eine Klemm 25 mit einem Salmson-Sternmotor mit 40 PS.

Also filmte ich. Wahllos. Nur wenige Titel verdienen, der Vergessenheit entrissen zu werden. Der Film »Bomben auf Monte Carlo« zum Beispiel, in dem ich zum ersten Mal mit Hans Albers spielte. Seine Handlung basierte auf einer wahren Begebenheit: Ein Kriegsschiffkommandant hatte die Schiffskasse verspielt und drohte das Casino zusammenzuschießen, wenn ihm das Geld nicht erstattet wird.

In dem Film »Meine Frau, die Hochstaplerin«, war Käthe von Nagy meine Partnerin. Regie führte Kurt Gerron, der gewichtige, großartige Darsteller des Polizeichefs Tiger Brown in der »Dreigroschenoper«. Er war nach gutgespielten Szenen immer sehr gerührt, zog das Taschentuch, weil er Tränen in den Augen hatte, und dann küßte er einen in einer langen Umarmung! Ich kleiner Mensch verschwand dann ganz unter seinem Jackett; mein Kopf ruhte an seiner Brust.

Er war ein großer starker Mann mit einem Kindergemüt. Er wußte damals, 1932, noch nicht oder wollte es nicht wissen, wie ernst die Situation politisch war. Sonst hätte er sicher nicht so oft nach seinem »Stoßtrupp«, seiner »Leibstandarte« gerufen, wenn er die Aufnahmeleitung meinte. Wenn er fragte: »Wo ist denn meine kleine SA?«, wurde krampfhaft gelächelt. Einige Gesichter blieben undurchsichtig ernst. Spitzel gab es damals auch schon in Babelsberg. Er emigrierte noch rechtzeitig mit meinem Freund Otto Wallburg nach Holland. Leider nur bis Holland...

Die meisten Filme, die ich damals rasch hintereinander drehte, waren jedoch zu sehr über einen Leisten geschlagen, als daß sie Erfolge hätten werden können. Einer, der völlig aus der Schablone fiel, fand jedoch ebenfalls kein Publikum. Es war die erste deutsche Filmgroteske, die dritte Filmregie von Robert Siodmak, dessen Bruder Kurt zusammen mit Billie (damals noch mit »ie«) Wilder das Drehbuch nach einem Stück von Ernst Neubach geschrieben hatte. Friedrich Hollaender komponierte die Musik und spielte auch mit.

Fast drei Jahrzehnte später, als Robert Siodmak – aus den USA zurückgekehrt – mein Regisseur bei dem Film »Mein Schulfreund« war, erinnerte er mich an diese erste Zusammenarbeit.

Der Film hieß »Der Mann, der seinen Mörder sucht« und erzählte die Geschichte eines blasierten Jünglings (ich), der meint, lange genug gelebt zu haben, und der beschließt, sein Leben zu beenden. Er hat aber nicht den Mut, es selbst zu tun, sondern schließt einen Vertrag mit einem »schweren Jungen«, Hermann Speelmanns, der ihn umbringen soll. Einige Stunden später lernt er in einer Bar ein reizendes Mädel kennen, Lien Dyers, und er will unbedingt den Vertrag mit seinem Mörder rückgängig machen; der aber besteht auf »Erfüllung« seiner Aufgabe, und eine Hetzjagd beginnt. Er verfolgt mich und ich ihn.

Wir amüsierten uns derart über unsere eigenen Gags, daß wir vor Lachen oft die Aufnahme abbrechen mußten. Als der Film in die Kinos kam, lachte kein Mensch mehr. Diese Komik à la »Ladykillers« war dem Publikum noch fremd, wir waren dreißig Jahre zu früh.

Wenn ich mir heute meine alten Filme im Fernsehen anschaue, erschrecke ich, mit welch äußerlichen, »bewährten« Mitteln, wie z. B. der monotonen Stimme, ich damals gearbeitet habe. Die ersten Jahre wollte mich das Publikum so sehen, gewiß. Ich wurde ja für dieses Klischee engagiert. Doch als es zuviel wurde, lehnte man das Klischee ab, und ich hatte monatelang nichts mehr zu tun.

Als diese Dinge passierten, registrierte ich sie nicht. Ich lebte weiter sorglos in den Tag hinein; wunderte mich nur, daß es so still im »Geschäft« wurde. Ein anderer, der liebenswerte Paul Kemp, trat an meine Stelle. Auch für den Dr. Watson in »Der Mann, der Sherlock Holmes war« stand er zur Debatte. Gerade diese Rolle hätte ich so gern gespielt. Es stand auf des Messers Schneide. Ich habe es dem Regisseur Karl Hartl zu verdanken, daß ich den Assistenten mit dem Geigenkasten vom großen Kollegen Sherlock Holmes spielen durfte.

Es war eine witzige Geschichte von Robert Adolf Stemmle, der sich nach 1933 nur noch Robert A. Stemmle nannte, um nicht so oft »Adolf« schreiben zu müssen: Zwei Privatdetektive ohne Aufträge reisen in der Aufmachung von Sherlock Holmes und Dr. Watson zur Weltausstellung nach Paris und stolpern von einem Abenteuer ins andere.

1937 war Premiere, und bald sang ganz Deutschland »Jawoll, meine Herren, so haben wir es gern.« Das Erfolgsbarometer zeigte wieder nach oben. Bereits ein Jahr zuvor hatte ich einige Filme gedreht, an die ich mich gern erinnere:

»Allotria« unter der Regie von Willi Forst mit Renate Müller und Jenny Jugo. Adolf Wohlbrück war ebenfalls dabei.

»Wenn wir alle Engel wären«, mein erster Film nach einem Drehbuch von Heinrich Spoerl und unter der Regie von Carl Froelich.

»Lumpazivagabundus« mit Paul Hörbiger, Hans Holt und Hilde Krahl folgte und – ebenfalls in Wien – »Der Mann, von dem man spricht« bei Oskar Glück, genannt »der schöne Ossi«. Vielleicht entsinnen sich einige meiner Leser: In diesem Film gehe ich in einen Raubtierkäfig, weil ich glaube, es seien keine echten Löwen. Aber es sind dann doch echte. Und es waren auch bei der Aufnahme echte!

Drei Tage habe ich zum Eingewöhnen bei diesen schönen Tieren zugebracht, aber nur mit den männlichen, die Weibchen waren zu eifersüchtig auf ihren Gebieter, den Dompteur Rebbernigg. Der hatte mich sorgfältig nach Waffen abgetastet, bevor ich in die Manege durfte, weil er sicher sein wollte, daß seinen Lieblingen nichts passieren konnte. So was gibt einem vielleicht Mut, kann ich Ihnen sagen! Um die Tiere an mich zu gewöhnen, blieb ich auch während der Drehpausen in der Manege und saß auf einem dieser schweren Hocker, las Zeitung, und ab und zu trottete einer der großen Gesellen vorbei und schubbelte sich an mir, weil's ihn juckte. Einmal fiel ich dabei runter, was die Löwen nicht störte. Einer stand plötzlich vor mir, und wir sahen uns in die Augen; seine aus Bernstein vergesse ich nie.

Am Morgen dieser Aufnahme – der schöne Ossi war clever genug, sie auf meinen letzten Drehtag zu legen – fand ich in meiner Garderobe ein Schreiben an den Spiegel gesteckt:

»Guten Morgen, Herr Rühmann! Wir
machen Sie darauf aufmerksam, daß
Sie nicht versichert sind. Für irgendwelche
Unfälle kommen wir nicht auf.
Wir wünschen alles Gute!
Ihr Oskar Glück«

Ich zerriß den Schrieb und ging in die Manege. Als ich hinter dem Dompteur im Gleichschritt, gewissermaßen als eine Person, das Rund betrat, gab es schallendes Gelächter bei der Komparserie. Ich bin überzeugt, wenn Hans Albers in den Käfig gegangen wäre, hätten die Komparsen vor Aufregung und Angst zu atmen vergessen. Aber es ist nun mal ein Unterschied, ob ein Komiker oder ein Held den Raubtierkäfig betritt. So gesehen sind die Komiker eigentlich die mutigeren.

Ich war die drei Tage im Zirkus in euphorischer Stimmung, hatte das Gefühl eines einmaligen Erlebnisses, was mir nie wieder geboten werden würde. Nachts schlief ich kaum, weil ich kolossale Kämpfe mit Wildkatzen zu bestehen hatte. Dabei waren die Löwen die einzigen, die sich vernünftig benahmen. Sie blieben, der Situation angemessen, ernst und behandelten mich wahrhaft königlich.

Mein Freund Cacci besuchte mich während der Arbeiten und stand am Gitter, während ich auf einem Löwen ritt. Später sah ich ihn nicht mehr. Am Abend verriet er mir: »Weißt, Heinzi, i hab's vorgezogen zu gehn, i konnt' nimmer zuschaun, i hab' mi leicht ang'schissen!«

1953 bei »Keine Angst vor großen Tieren« mußte ich noch einmal in einen Löwenkäfig, doch da war eine Glaswand zwischen den Löwen und mir. Cacci hätte ruhig zuschauen können, aber er hat es nicht mehr erlebt.

Das hätt' ich fast vergessen...

Erich Pommer, meinen Entdecker, wollte ich in Hollywood besuchen, als ich dort »Das Narrenschiff« drehte, doch leider war er damals – 1964 – bereits so krank, daß er keine Besuche mehr empfangen konnte.

Die Ufa, eine Abkürzung von »Universum-Film-Aktiengesellschaft«, hatte Anfang der dreißiger Jahre die modernsten und wohl auch größten Studioanlagen in Europa. In Babelsberg gab es eine schalldichte Aufnahmehalle von 8000 Quadratmetern, vier Tonaufnahme-Ateliers von zusammen 3500 Quadratmetern, sieben Studios für Kultur- und Trickfilme, zwölf Vorführräume, einundzwanzig Schneideräume, hundertsechzig Garderoben und Arbeitsräume.

Am meisten imponierte mir unter den Direktoren der Ufa Ernst Hugo Corell. Ein Herr, groß, breit, mit rotblondem Schnurrbart. Er war Kleinstadtanwalt im Elsaß gewesen, war aber so vom Film fasziniert, daß er sich bald in allen Sparten auskannte. Alle meine Ufa-Verträge habe ich mit ihm abgeschlossen, ausgenommen die mit der Pommer-Produktion.

Soviel über große Tiere. Noch ein Wort über den Umgang mit wilden Tieren. Er ist ganz einfach, behauptete jedenfalls der Dompteur Rebbernigg. Voraussetzung ist allerdings, daß der Mensch, der mit Raubtieren umgehen will, eine Ausdünstung hat, die diesen sympathisch ist. Hat man die, braucht man nur still zu sitzen, wenn sie einen beschnuppern, nicht zurückzuzucken, wenn sie mit der Tatze nach einem fassen, keinesfalls wegzurennen oder gar die Gitterstäbe hochzuklettern, denn das fassen sie als Aufforderung zum Spiel auf und holen einen runter. Richtiger ist es, den Löwen zwischen den Ohren zu kraulen und ihm zärtlich übers Gesicht zu streicheln. So einfach ist das...

14 Mit Eva Kerbler i. d. Aufführung von George Axelrods »Meine Frau erfährt kein Wort« im Berliner Renaissance-Theater, 1955.

15   Als kriminalistisch begabter Pater Brown in dem Film »Das schwarze Schaf«, 1960.

16   Als jüdischer Kant‹ in dem TV-Film »Ein Z‹ nach Manhattan«. Hier mit Paddy Chayefsky, links, in New York, 198

17 Als Studienrat in dem Film »Der Pauker«, 1958.

18 Als Pferdedroschken-Kutscher Gustav Hartmann in dem Film »Der Eiserne Gustav«, 1958.

19   Unter der Regie von Wolfgang Liebeneiner in dem Film »Das chinesische Wunder«, 1977.

20   Mit Hans Albers in dem Film »Auf der Reeperbahn nachts um halb eins«, 1954.

21   Als Musikclown mit Oliver Grimm in dem Film »Wenn der Vater m dem Sohne«, 1955. ▶

Kurz vor dem Auftritt als Clown für die Krebshilfe i. d. Sporthalle Köln. ◀ (oben links).

Als Dr. med. Hiob Prätorius, ein nach dem gleichnamigen Theaterstück von Curt Goetz hergestellter Film, 1965 (oben rechts).

24 Als Kommissar Maigret i. d. Film »Maigret und sein größter Fall«, n. d. Simenon-Roman »Maigret und der Spion«, 1966 ◀ (unten links).

25 Als widerborstiger Flieger Otto Groschenbügel, genannt »Quax, der Bruchpilot«, 1941 ◀ (unten rechts).

26 Mit Terry Torday in dem Film »Der Kapitän«, 1971.

27 Als Elwood in »Mein
Freund Harvey« in der
Kleinen Komödie,
München, 1950

13. GLATTES PARKETT

G. G. inszeniert ...

Grünwald, Anfang November

1963, an einem schönen Septembertag, der Sommer lag noch in der Luft, war ich zu einer Besprechung in der Stadt. Als ich durch die Perusastraße ging, sprang leichtfüßig, elegant ein Herr aus einem Herrenausstattungsgeschäft und landete fast in meinen Armen: Gustaf Gründgens.

Er strahlte, war glücklich, voller Vorfreude auf seine Reise nach Fernost, hätte noch viel zu besorgen, und schon eilte er winkend weiter.

Wir kannten uns lange, er hatte 1934 die Regie in »Die Finanzen des Großherzogs« mit Hilde Weissner, Viktor de Kowa und mir als Detektiv Pelotard. Es war das Remake eines Stummfilms, und Gründgens gelang es bereits mit dieser seiner zweiten Filmregie, die Wirkung des Vorläufers zu übertreffen.

Als ich mich einige Jahre später von Hilpert und dem »Deutschen Theater« trennte – aus einem Grund, über den noch zu reden sein wird –, ging ich zu ihm ans Staatstheater.

In diesen Jahren sahen wir uns öfter. Er spielte mir zwar den Dr. Jura in »Das Konzert« von Hermann Bahr weg, eine Rolle, auf die ich besonders scharf war, aber ich wurde mehr als entschädigt, weil er »Der Bridgekönig« auf den Spielplan des »Kleinen Hauses des Staatstheaters« setzte und ich darin wieder mit Maria Bard spielen konnte, eine liebenswerte Erinnerung an unsere gemeinsame Zeit an den Münchner Kammerspielen.

Als die Inszenierung »stand«, am Morgen der Premiere, kam Gründgens zur Generalprobe, denn es ist Brauch, daß der Intendant sie abnimmt. Wir versammelten uns nach dem letzten Akt auf der Bühne und erwarteten seine Kritik. Wie er diese vortrug, war einmalig. Mit leichter Hand, enormem Gedächtnis für den ganzen Ablauf; nie verletzend, immer helfend. Jedem sagte er etwas Treffendes, nur Paul Henckels ließ er aus. Paul spielte einen alten Herrn mit Krückstock und hatte sich einen hinkenden Gang zugelegt, der seinesgleichen suchte. Er war sehr stolz darauf.

Gründgens war fertig mit seiner Stellungnahme, wünschte uns toi, toi, toi für den Abend, winkte huldvoll allen zu und ging durch den Mittelgang ab, drehte sich aber im Parkett noch einmal um und rief zur Bühne Henckels zu: »Ach ja, Paul, noch eines, das mit dem Bein wird bis heute abend besser, nicht?«

Er war viel zu sehr Schauspieler und Komödiant, als daß er es sich hätte verkneifen können, diesen Gag nicht bis zum Abgang aufzuheben. Paul mußte ein Stuhl untergeschoben werden!

Doch nun zum Grund für meinen Wechsel von Hilpert zu Gründgens: Für meine jüdische Frau hatte ich an Hilperts »Deutschem Theater« nicht mehr ausreichenden Schutz, da es Goebbels und seinem Propagandaministerium unterstellt war, das immer rigoroser gegen Mischehen vorging. Das Staatstheater jedoch gehörte zu Görings Machtbereich, dessen Frau Emmy Sonnemann, eine Schauspielerin, zu Gründgens freundschaftlichen Kontakt hatte, den er geschickt für gefährdete Kollegen zu nutzen wußte.

So wechselte ich denn nach zehn Jahren vom Haus in der Schumannstraße an das Theater am Gendarmenmarkt. Ein Schritt, der mir besonders wegen Heinz Hilpert schwerfiel. Ich wußte, daß er, zu dem ich eine starke menschliche Bindung gefunden hatte, bitter enttäuscht sein und meinen Entschluß nie verstehen würde.

Die Entwicklung der Dinge sollte mir aber recht geben. Die Angriffe gegen meine Frau und mich wurden immer massiver. Waren es bisher Andeutungen gewesen, so wurde jetzt meine Ehe mit einer Jüdin zum Thema eines Leitartikels im »Schwarzen Korps«, der Wochenzeitschrift der SS. Der »Berliner Aeroclub«, ein Zusammenschluß von Fliegern, ließ mich wissen, daß ich in seinen Räumen unerwünscht sei. Alles wegen Maria. Nun, auf den Aeroclub konnte ich gern verzichten, aber als mich Maria aus München – sie hatte ein Zimmer unter anderem Namen im Regina-Hotel – anrief und berichtete, daß sie ein »J« in den Ausweis gestempelt bekommen hatte, war mir klar, daß ich handeln mußte.

Ich bat Maria nach Berlin, und wir holten Gründgens, der an diesem Abend Vorstellung hatte, vom Theater ab und aßen zusammen. Dabei wurde Kriegsrat gehalten, und Gustaf entwickelte seinen Plan, wie er Maria helfen wollte. Er trat so menschlich und ohne Pathos für Maria ein, daß ihr die Tränen kamen.

Zum Abschied gab ich ihm stumm und dankbar beide Hände.

Maria verbrachte den Krieg in Schweden.

An diesem sonnigen Septembertag 1963 habe ich diesen großen Schauspieler und wertvollen Menschen zum letzten Mal gesehen. Sein Fernost-Urlaub wurde eine Reise ohne Wiederkehr. Schillernd wie sein Leben hätte auch sein Abgang von der Bühne dieser Welt sein können. So ist er in Dunkel gehüllt.

Grünwald, am nächsten Morgen

Gestern abend habe ich die letzten drei Seiten einigen Freunden und Bekannten vorgelesen. Einige von ihnen – vor allem die jüngeren – fanden, dies sei zwar – sie sagten wirklich so! – »eine noble Darstellung«, wollten aber nun doch wissen, welche Wege in dieser Diktatur möglich waren, um wenigstens einzelne gefährdete Menschen ins sichere Ausland zu bringen. Ich erzählte, was Gründgens getan hatte, und danach meinten die Söhne meiner Bekannten, dies müßte auch in meinem Buch stehen, damit sich Leser ihrer Generation eine Vorstellung von dieser Zeit machen könnten. So hab' ich es nun doch geschrieben.

Gustaf Gründgens hatte über Emmy Sonnemann für mich einen Termin bei Hermann Göring auf dessen Herrensitz Karinhall in der Schorfheide bei Berlin erreicht.

Hier hatte man Udet noch großzügig einen Wisent zum Abschuß freigegeben, als seine Kaltstellung längst beschlossene Sache gewesen war. Daran dachte ich natürlich nicht, als ich die Anfahrt nach Karinhall hinauffuhr. Aber trotz der Aufregung vor diesem entscheidenden Gespräch erinnere ich mich, daß mir auf dem Weg ein seltsames, kleines Gebäude auffiel. Ich erkundigte mich, was dies sei. Es war das Puppenhaus, das eigens für Görings Tochter Edda gebaut worden war, in dem sie mit ihren Puppen und deren Zubehör spielen konnte so wie andere Mädchen mit einer Puppenstube. Eine Miniaturwelt. Das Gegenstück zu Karinhall. Dort war alles groß, überdimensional. Weihrauchduft in allen Räumen.

Ich war für zehn Uhr dreißig bestellt, mußte aber warten, bis ich in das Empfangszimmer gebeten wurde, wo Göring hinter einem gewaltigen Schreibtisch saß. Auf dessen Platte nur eine Ledermappe und zwei Bilder; eines von seiner Frau, das andere von Hitler.

Göring entschuldigte sich, daß er mich hatte warten lassen, »aber bis eben war ein Kollege in gleicher Angelegenheit wie Sie hier.« Später erfuhr ich, daß es mein alter Kollege Paul Henckels gewesen war, der ebenfalls eine Jüdin zur Frau hatte.

Das Gespräch verlief ohne Floskeln. Göring kam schnell zur Sache und empfahl mir: »Sehen Sie zu, daß Ihre Frau einen neutralen Ausländer heiratet. Das ist die einfachste Lösung! Meinen Segen haben Sie.« Punkt und Themawechsel.

Das war ein Hoffnungs-Strohhalm. Mehr jedenfalls, als ich von Goebbels bei einer Unterredung in gleicher Angelegenheit zu hören bekommen hatte. Goebbels hatte sich – anders als jetzt Göring – für private Einzelheiten interessiert, aber als ich ihm auf seine Frage: »Hängen Sie denn noch an dieser Frau, ist Ihre Ehe noch gut?« antwortete: »Herr Minister, ich verdanke meiner Frau alles. Sie hat mich zu dem gemacht, was ich bin!«, war seine Anteilnahme erschöpft, und er entließ mich mit einem kühlen »Machen Sie sich mit dem Gedanken vertraut, daß es über kurz oder lang zu einer Trennung kommen muß!« Nach diesem Gespräch wechselte ich zum Staatstheater über. Die Reaktion Görings zeigte mir, daß ich richtig gehandelt hatte.

Ich verständigte Maria, auch sie empfand diese Lösung unter den gegebenen Umständen als die beste und heiratete einen schwedischen Schauspieler. Ich bekam eine Devisenausfuhrgenehmigung, die nur äußerst selten bewilligt wurde, so daß ich Maria monatlich einen beträchtlichen Betrag nach Stockholm überweisen konnte.

So rasch Göring meine privaten Probleme löste, so viel Zeit ließ er sich, als es um Hans Moser ging. Er erzählte, daß Moser Hitlers und auch sein Lieblingsschauspieler sei, und forderte mich immer wieder auf, von ihm zu erzählen. Ob er im Leben auch so nuschele, was seine Hobbys – Göring sagte »Steckenpferde« – seien und und und... Ich konnte seine Neugier nicht befriedigen, ich wußte wirklich nichts über das Privatleben Hans Mosers, der genauso zurückgezogen lebte wie ich. Ich dachte nur immer: Warum lädt er ihn nicht selbst ein, wenn er so an ihm interessiert ist.

Wie gut, daß ich gestern nicht weitergeschrieben habe. Ich lese jetzt den Satz »... denn er hätte ihn ja selbst einladen können« noch einmal und erschrecke.

Hans Moser bekam damals solche Einladungen, genau wie wir alle, die wir im Rampenlicht standen. Aber jedesmal durchlebte Moser an solchen Abenden Höllenängste, denn auch er war mit einer Jüdin verheiratet. Nach dem »Anschluß« Österreichs verschwand er sofort aus der Dekoration, wenn sich ein »Goldfasan«, ein höherer Parteimann, sehen ließ. Als wir in Wien »Dreizehn Stühle« drehten, kam Gauleiter Bürckel an den Drehort. Moser verschwand. Ich faßte mir ein Herz und bat Bürckel unter vier Augen um Verständnis für Mosers Sorgen. Der Gauleiter erklärte gönnerhaft: »Der Herr Moser steht unter meinem persönlichen Schutz. Er kann mich jederzeit tagsüber anrufen!«

Als ich dies Hans Moser sagte, war der gar nicht so beruhigt. »Tagsüber! Und was ist in der Nacht?«

Das war keine Pointe aus einem Drehbuch – das war Ernst!

14. Ein Drehbuch – vom Leben geschrieben

Meine Arbeit vor und hinter der Kamera

Grünwald, im November

Ich sitze an meinem Schreibtisch, vor mir die beiden afrikanischen Holzplastiken Ernst Udets, und blättere in der Liste meiner Film- und Theaterrollen, die Sie am Schluß dieses Buches finden.

Von 1934–1936 hatte ich sechs Theaterengagements und drehte dreizehn Filme. Das war entschieden zuviel. Außerdem hatte ich das Herumzigeunern von Firma zu Firma satt. Bei der »Ufa« hatte ich begonnen, und von kleineren Ausflügen abgesehen, blieb ich auch dort. Dann wurde es jedoch bunter, ich drehte bei der »Tofa«, »Cicero«, »Atlantis«, »Allianz«, »Badal«, »Alpha«, »Projectograph«, »Bavaria«, »Froelich«, »Styria«, »Imagoton«, »Majestic«.

Na, nun reicht's aber! sagte ich mir und wurde häuslich. Ich ging zur »Terra«. Die bot mir eine eigene kleine Produktionsgruppe mit Angestellten und Büros, die natürlich dem Chef unterstand, aber ich konnte selbst planen. Produktionsgruppen gab es zwar schon länger, aber daß ein Schauspieler eine erhielt, war neu. Zu Alf Teichs, anfangs Chefdramaturg und dann in der Firmenspitze, hatte ich den meisten Kontakt. Wir verstanden uns künstlerisch, menschlich, politisch; mit der Zeit hatten wir uns in der großen »Terra« zu einem Block zusammengefunden, der sich nach außen, ohne daß es auffiel, abkapselte.

Wir hatten einen internen Nachrichtendienst, der zuverlässig funktionierte, und Schauspieler wurden nicht nur nach ihrer künstlerischen Eignung engagiert.

Ich hatte meine feste Monatsgage, mit der Verpflichtung, drei Filme jährlich zu drehen. Ich saß natürlich, auch wenn ich nicht im Atelier war, an meinem Schreibtisch und bereitete vor. Wegen meiner Gründlichkeit bekam ich den Spitznamen »Professor«.

Um die Skala meiner Möglichkeiten zu erweitern, hatte ich bereits in den dreißiger Jahren angefangen, mich mit Regie zu beschäftigen. Mit Filmregie! Es war wieder einmal die Technik, vor allem die Führung der Kamera, die es mir angetan hatte.

Der schauspielerische Ausdruck, die Stimmung einer Szene wird ja immer durch den vom Regisseur gewählten Bildausschnitt unterstützt. Ich kann eine bestimmte Atmosphäre, die ich als Regisseur erzeugt habe, durch eine ruhige Kamera beibehalten, fahre ich aber mit der Kamera auf eine andere Person oder ein anderes Objekt zu, ist die Stimmung dahin. In solchen Fällen fühlt sich das Publikum nicht angesprochen, weiß aber nicht, woran es liegt. Das sind dann jene Filme, von denen es heißt: »Der Film hat nicht interessiert.«

Wie oft habe ich mir gewünscht, ein und dasselbe Sujet mit denselben Schauspielern in denselben Dekorationen von zwei verschiedenen Regisseuren inszeniert sehen zu können. Wunschträume.

Doch den Wunsch, Regie zu führen, konnte ich verwirklichen. An jeder einzelnen Filmregie hängen so viele Erinnerungen. Ein Film, den man inszeniert hat, ist viel mehr der eigene Film, als einer, in dem man die Hauptrolle spielt, und sei sie noch so groß.

Der Regisseur ist der erste und der letzte im Atelier. Für ihn gibt es kein Herausreden, wenn etwas schiefgeht. Er trägt die Verantwortung für alles. Aber es ist auch eine herrliche Aufgabe mitzuerleben, mitzubewirken, wie der Schauspieler immer mehr in die Figur hineinwächst, und dabei doch den Überblick fürs Ganze zu behalten, den roten Faden nicht zu verlieren und den Rhythmus zu finden, in dem der Film erzählt werden muß. Jeder Film hat seine eigene Melodie. Wortmelodie. Bildrhythmus.

Den ersten meiner Regiefilme drehte ich ein Jahr vor Kriegsbeginn. Damals wurde mir ein Stoff angeboten: »Lauter Lügen«, ein Theaterstück von Hans Schweikart. Keine bedeutende Handlung, um ehrlich zu sein, absolut das Übliche: Ehefrau bewahrt mit Hilfe ihrer Freundin den Ehemann vor einem kräftigen Seitensprung. Aber die Dialoge gefielen mir, weil sie so waren, wie unter jungen, gescheiten und humorvollen Menschen gesprochen wird, und die Schauspieler lohnende Aufgaben in Rollen ohne Bruch hatten.

»Lauter Lügen« war eine Komödie und entsprechend schwierig zu inszenieren, immer auf dem schmalen Grenzweg zwischen Heiterkeit und Ernst. Das aber macht es ja so reizvoll! Denn man kann ernsthafte Dinge leicht bringen, und ich finde, um so mehr wirken sie.

Mir lag dieser Stil, nicht nur als »Spielvogt«, sondern auch als Schauspieler, der unvermittelt vom leichten Geplauder in eine Auseinandersetzung geraten kann, in der es um menschliche Konflikte geht. Natürlich dürfen diese kein Strindberg- oder Ibsenformat annehmen, sie müssen im Rahmen einer Komödie bleiben.

Nicht einfach, aber gerade darum interessant. Es ist – wie bei allem Heiteren – eine Frage des Abwägens. Nur wer zwischen Komik und Humor unterscheiden kann, wer weiß, daß Humor und Lächeln zusammengehören, so wie Komik und Lachen sich ergänzen, nur der kann die Gratwanderung des Komödiespielens und Inszenierens bestehen.

»Lauter Lügen« wurde mein erster Regiefilm und noch ein bißchen mehr! Ein Drehbuch wurde geschrieben und die Besetzung zusammengestellt: Fita Benkhoff, Hilde Weissner, Albert Matterstock, Johannes Riemann. Noch aber fehlte die Hauptdarstellerin. Trotz vieler Probeaufnahmen kam ich nicht weiter. Es wurde schon gemunkelt, der Rühmann sucht etwas, das es gar nicht gibt.

Da fiel auf einer der vielen Regiebesprechungen der Name einer jungen Wienerin: Hertha Feiler. Fotos bestätigten, was man mir über sie berichtet hatte. Es gab also anscheinend doch das, was ich suchte: eine Schauspielerin, zweiundzwanzig Jahre, hübsch und damenhaft.

In solchen Fällen geht es dann beim Film rasend schnell: Da sie unter der auf ihren Fotos angegebenen Adresse in Wien nicht zu erreichen war, wurde so lange herumtelefoniert, bis man sie in Paris aufgetan hatte.

Dort wartete sie auf den Abruf nach Hollywood. Wir waren schneller. Wenige Tage später stand sie mir zum persönlichen Kennenlernen im Atelier Babelsberg gegenüber.

Ich spielte gerade in »Nanu, Sie kennen Korff noch nicht« und mußte als Vogel verkleidet von Ast zu Ast fliegen. So konnte ich ihr zur Begrüßung nicht einmal die Hand geben, da meine Arme in großen Flügeln steckten. Man nahm mir den kaschierten Vogelkopf ab, ich stellte mich vor und nahm dieses hübsche Wesen, das eher pariserisch als österreichisch wirkte, in Augenschein.

Sie gefiel mir. Auch für die Rolle. Sie bekam ihren Text, und nach einer überzeugenden Probeaufnahme war sie engagiert. Die letzten Vorbereitungen für die Dreharbeiten konnten beginnen.

Mir Regie-Neuling hatte die Produktion einen vorzüglichen Assistenten zur Seite gegeben, der mir technisch unter die Arme griff. Sein Vater Karl war einer der besten Kameramänner des deutschen Films. Zwei Jahre später drehte mein junger Assistent als selbständiger Regisseur seinen ersten Film: »Das Paradies der Junggesellen« mit Hans Brausewetter, Josef Sieber und mir. Haben Sie noch das Lied im Ohr: »Das kann doch einen Seemann nicht erschüttern?«

Der Name meines Regiesassistenten: Kurt Hoffmann. Mit keinem anderen Regisseur habe ich mehr Filme gedreht als mit ihm: sechs an der Zahl.

Bereits bei »Lauter Lügen« herrschte im Atelier eine harmonische Atmosphäre, die für meine Arbeit so wichtig ist und die durchaus nicht zu den normalen Voraussetzungen der Filmarbeit gehört. Ich hatte eine Tafel aufstellen lassen mit der Bitte an Besucher, unsere Ruhe nicht zu stören. Da vor dem Ateliereingang außerdem ein Paravent als »Schleuse« stand, kam es vor, daß Gäste an der Tür wieder umkehrten, weil es im Atelier so still war, als sei gerade Pause.

Vom ersten Tag an waren alle Kollegen reizend zu Hertha, man mochte sie, da sie natürlich und bescheiden war, oft war sie verzweifelt über ihr »kleines Talent«, wie sie es nannte. Sie nahm rasch leiseste Anregungen auf und setzte sie in ihr Spiel um. Es war schön zu sehen, wie sie meine Vorschläge in eigenen Ausdruck verwandelte. Vor allem aber bemühte sie sich ehrgeizig um sprachliche Vervollkommnung, da bei ihr noch oft das Wienerische durchkam, das höchst reizvoll sein kann, für die Rolle aber nicht passend war.

Die Premiere, einen Tag vor Weihnachten in Hamburg, war ein großer Erfolg. Ganz besonders für Hertha. Kritiker begrüßten Fräulein Feiler als »bemerkenswerte Neuerscheinung im deutschen Film«.

Danach verloren wir uns aus den Augen. Hertha mußte ganz schnell in dem Film »Männer müssen so sein« als Partnerin von Hans Söhnker die Rolle von Lida Baarova übernehmen, die nach ihrer Affäre mit Goebbels Spielverbot für alle deutschen Filme und Bühnen erhalten hatte.

Hertha drehte Film auf Film, mir erging es ähnlich. Der Kontakt war unterbrochen, doch ein Jahr später sahen wir uns zufällig auf einer privaten Einladung. Hertha erinnerte mich daran, daß ich ihr noch immer zwanzig Mark schuldete, die sie mir bei den Dreharbeiten geliehen hatte, weil ich damals nie Geld bei mir hatte. Ich war beschämt und verlegen, und beim Entschuldigen muß ich wohl zu weit gegangen sein.

Wir heirateten am 1. Juli 1939 in Berlin-Wannsee.

Der Standesbeamte wollte unbedingt meinen Bruder Hermann, der mein Trauzeuge war, verehelichen, bis ich ihn auf mich aufmerksam machte und an die Seite meiner Braut trat.

Wir zogen in das Haus am Wannsee, das ich ein Jahr zuvor gekauft hatte. Ein Holzbau im skandinavischen Stil, mit großem Garten bis ans Wasser, den Hertha hegte und pflegte, bis wir im Krieg in den Blumenbeeten Kohl anpflanzten. Es war ein schöner Besitz mit wunderbarem, alten Baumbestand. Im Kampf um Berlin ist das Haus durch Stalinorgelbeschuß bis auf die Grundmauern niedergebrannt.

Doch nach der Hochzeit zog erstmals das Glück in Nummer 15 »Am Kleinen Wannsee« ein. Wir wohnten nicht weit von den Studios in Babelsberg, die wir in fünf Minuten mit dem Auto erreichten. Als es kein Benzin mehr gab, steckten wir den Holzgasofen an, der im Kofferraum des Autos eingebaut wurde. Mal wollte er, mal nicht. Meistens nicht. Später wurde der Wagen requiriert, und wir zockelten mit Pferdchen und Wagen zur Arbeit.

1942 wurde unser Sohn Peter geboren. Drei Wochen früher, als die Ärzte angenommen hatten. Ich sehe Hertha noch barfuß auf dem Komposthaufen stehen, mit der Hacke in der Hand, als sie verkündete: Nun ist es soweit! Sie wusch sich die Füße und fuhr in die Klinik. Sie war eine vorbildliche, verliebte Mutter, die es ausgezeichnet verstand, ihre häuslichen Pflichten und Beruf gut zu vereinen.

Obwohl wir so verschieden waren, »Löwe« und »Fisch«, verstanden wir uns und haben so manchen Schicksalsschlag gemeistert. Sie war es, die mir geholfen hat, damals nach der größten Talfahrt meines Lebens wieder neu anzufangen. Ohne ihre Hilfe wäre es für mich aussichtslos gewesen.

Ich habe nur schöne Erinnerungen an sie. Zehn Jahre ist es nun schon her, daß sie mich verließ, nach über dreißig Jahren gemeinsamen Lebens. Wir bleiben miteinander verbunden – auch in meinem neuen Leben.

Das hätt' ich fast vergessen ...

Da nun einmal der Name Lida Baarova gefallen ist, sollte ich wenigstens in drei, vier Sätzen erklären, warum sie plötzlich »untragbar« geworden war. Sie lebte mit Gustav Fröhlich zusammen, dessen Haus in unmittelbarer Nachbarschaft zur Goebbels-Villa auf Schwanenwerder stand. Aus nachbarschaftlicher Bekanntschaft wurde zwischen Dr. Goebbels und Lida Baarova Liebe. Kein Seitensprung, sondern Liebe! Und zwar von beiden Seiten. Da Goebbels bereit war, seinen Ministerposten niederzulegen und mit Lida Baarova – einer Tschechin! – außer Landes zu gehen, mußte Hitler ein Machtwort sprechen. Goebbels blieb, Lida Baarova wurde nicht mehr beschäftigt. In Berlin kursierte das Gerücht, Gustav Fröhlich habe Goebbels geohrfeigt, was aber nicht zutraf. Werner Finck griff das Gerücht auf und begann seine Kabarett-Conference mit dem Satz: »Ich möchte auch mal fröhlich sein...« Prompt mußte er ins KZ.

15. Kamera läuft – Ton ab

Meine Art, Filme zu drehen

Grünwald, Anfang November

Gestern abend lief ein alter Film von mir im Fernsehen. Schrecklich, wie viele Fehler und Ungenauigkeiten man nach so vielen Jahren in Filmen entdeckt, und man fragt sich, warum niemand damals, als der Film entstand, darauf gekommen ist. Wahrscheinlich ist jeder bei der Vorbereitung eines Films so mit Einzelheiten befaßt, daß leicht der große Überblick verlorengeht. Oder aber: Wir, die wir diese Filme nach Jahrzehnten sehen, sind ungerecht, weil wir sie aus einem anderen Erlebnis-Rhythmus betrachten als dem, in dem sie einst gedreht wurden. Wer weiß, auch Max Reinhardts »Sommernachtstraum«-Inszenierung wäre heute wahrscheinlich nicht mehr die Sensation, die sie in den Zwanziger Jahren war.

Oft werde ich gefragt: »Wie entsteht eigentlich ein Film?

Bekommen Sie ein Buch, das Sie verfilmen?

Oder schreiben Sie selbst?

Haben Sie überhaupt ein richtiges Manuskript, in dem der ganze Text drinsteht? Oder sagen Sie auch manchmal, was Ihnen gerade einfällt?

Es sieht alles so einfach und natürlich aus, wie lange dauert die Arbeit an einem Film?«

Also zur letzten Frage kann ich nur sagen: Monate. Aber zu sehen ist nur der kleinere Teil, die Hauptarbeit bleibt verborgen. Die Vorbereitung nimmt die meiste Zeit in Anspruch; Stoffe werden vom jeweiligen Dramaturgen der Filmfirma vorgeschlagen, oder man fragt mich, welche Rolle mich interessiert, welches Thema oder welches Milieu?

So hatte ich seit vielen Jahren den Wunsch, einen Taxifahrer zu spielen, aber keiner der vielen Vorschläge war so, daß er über eine normale Spielfilmdauer von fünfundachtzig Minuten getragen hätte. So blieb das Projekt liegen, bis ich 1979 als »Balthasar im Stau« in vier Episoden für das Fernsehen doch noch einen Taxifahrer spielte.

Hat man sich auf ein Thema, ein Milieu oder eine Figur geeinigt, wird ein Autor mit der Erstellung eines Exposés, also einer Handlungsskizze von sechs bis zehn Seiten beauftragt. Sollte zu diesem Zeitpunkt schon der Regisseur feststehen, um so besser, dann kann er seine Vorstellungen bereits dem Autor mit auf den Weg geben.

Mir ist immer lieb, das erste Exposé ist kurz, weil man in dieser Form die Kraft spürt, die in dem Angebotenen steckt. Man kann dann nicht herumreden und eventuelle Schwächen mit schönen Floskeln zudecken.

So wurde mir zum Beispiel vor vielen Jahrzehnten von einem Atelierarbeiter in Babelsberg eine Story angeboten, die nur aus einem Satz bestand: »Ein Mann gewinnt ein Pferd und gibt es nicht mehr her!« Aus diesem Exposé wurde dann »Der Außenseiter«, ein stiller Film mit viel Herz.

Ende der Abschweifung, zurück zum normalen Ablauf der Vorbereitungen. Wochen gehen ins Land. Aus dem Exposé wird ein Treatment, in dem bereits die Szenen und erste Dialoge zu erkennen sind.

Der Produzent beginnt auffallend oft zu fragen: »Wie geht es Ihnen, Herr Rühmann? Was macht die Gesundheit?« Das tut er, weil er einen Drehtermin festlegen möchte, mich aber nicht direkt fragen will. So erwähnt er nur am Rande, daß er gern im September oder Oktober drehen möchte, weil da gerade ein guter Kameramann frei ist, und erkundigt sich, welche Kostümberater ich gern hätte.

Wir haben erst Mai oder Juni. Warum also nicht im September drehen? Aber dann kommt das Rohdrehbuch und ist eine bittere Enttäuschung. Was tun? Umschreiben. Vielleicht sogar einen neuen Autor suchen.

So wird es Juli und August.

September kommt jetzt als Drehtermin nicht mehr in

Frage, also Oktober, da kann aber ein bestimmter Schauspieler nicht, den man sich für eine wichtige Rolle vorgestellt hat. Gibt's einen Ersatz? Blasen wir die ganze Sache ab und warten bis zum Frühjahr? Da kann der Regisseur nicht. Also einen neuen Regisseur, oder haben wir Vertrauen und drehen doch noch?

Der Schauspieler für die wichtige Rolle kann plötzlich doch im Oktober! Ein Wink? Kurzer Entschluß: wir drehen. Erstaunlich, was die Festlegung auf einen Termin an Energien freisetzt – alles läuft wie am Schnürchen, und pünktlich zum angesetzten Datum fällt die erste Klappe. Wohlgemerkt, diese Betrachtungen über die Vorarbeiten für die Herstellung eines Films sind nicht allgemeiner Natur; sie betreffen nicht die Arbeitsweise anderer Produktionen, sondern nur *meine* Art zu arbeiten.

Wenn man fast fünfzig Jahre vor der Kamera gestanden hat, weiß man: allein kann man nicht Theater spielen, auch nicht im Film. Außerdem habe ich inzwischen ein dramaturgisches Barometer in mir, das mir Höhen und Tiefen des Stoffes anzeigt. Obwohl oder weil es Gefühlssache ist, kann ich mich darauf verlassen. Und der Produzent auch.

Schon zur Terra-Zeit war ich bekannt – manche früheren Kollegen werden sagen: verschrien – für meine sorgfältige Vorbereitung, besonders wenn ich als Regisseur ein Projekt realisieren wollte.

1942, als ich »Sophienlund« vorbereitete, ein Familienstoff, der genau auf meiner heiter-besinnlichen Linie lag, ließ ich mir ein Modell der Räume bauen, in denen die Handlung spielte.

Wochenlang vorher fuhr ich nun mit der Modellkamera aus der Trickabteilung durch die Räume, um meine Einstellungen für die spätere Kameraführung festzulegen. Ich habe dadurch bei den Dreharbeiten viel Zeit gespart. Gedreht wurde damals im Atelier. Die Bauten hatten keine Decke, damit die schweren Scheinwerfer von den Brücken in die Dekoration leuchten konnten, bei der mindestens eine Seite als »Sprungwand« aufgestellt war, deren Aus- und Einbau keinen großen Zeitaufwand erforderte. Durch die Wegnahme einer

Wand hatte die Kamera mehr Bewegungsfreiheit. Heute sind Scheinwerfer und Kamera so handlich und das Filmmaterial so lichtempfindlich, daß kaum noch im Atelier, sondern wenn irgend möglich – auch aus Ersparnis – an Originalschauplätzen gedreht wird.

Ein Kabinettstück von optisch-musikalischem Zusammenspiel in »Sophienlund« war die große Vorbeifahrt der Kamera vor dem ersten Stock des Schlosses Schönhausen, im Norden von Berlin. Dafür waren viele und langwierige Vorbereitungen nötig. Zuerst einmal mußte meinem Hauskomponisten, Werner Bochmann, eine zündende, passende Melodie einfallen. Er komponierte: »Mit Musik geht alles besser...«

Dann wurden vor der Schloßfassade in Höhe des ersten Stocks Podeste errichtet, auf die man Schienen für den Kamerawagen montierte. Im Takt der Musik fuhr die Kamera an der Fensterfront entlang, und auf ein verabredetes Zeichen tauchte immer, wenn die Kamera ein Fenster im Objektiv hatte, ein Musikschüler auf, der jenes Instrument spielte, das an dieser Stelle auch musikalisch dominierte.

Wir haben lange an dieser Einstellung gepusselt, aber den acht Jungens, meinem Kameramann Willy Winterstein und mir hat es großen Spaß gemacht. Bei der Premiere gab es Sonderbeifall.

Die Geschichte des Theaterstücks, das diesem Film zugrunde lag, war nicht ohne Reiz: An ihrem einundzwanzigsten Geburtstag erfahren die Zwillinge Knud und Michael, daß sie aus der ersten Ehe ihres Vaters stammen und nur ihre Schwester Gaby die Tochter ihrer jetzigen Mutter ist. Das verwirrt die Söhne völlig. Der eine bittet im Schwips seinen Vater um die Hand seiner Stiefmutter. Knud und Gaby gestehen sich, daß sie mehr als geschwisterliche Liebe für einander empfinden, doch schließlich klärt sich alles, volle Harmonie zieht wieder in Sophienlund ein.

Harmonie war auch das Motto für die Zusammenarbeit mit den Schauspielern. Harry Liedtke, Käthe Haack mit Tochter Hannelore Schroth, Robert Tessen, Fritz Wagner gehörten zur Besetzung. Ausgerechnet Harry Liedtke, der filmerfahrenste von uns allen, der seit mehr als drei Jahrzehnten vor der Kamera stand, machte mir Sorgen. Aus einem sehr verständlichen Grund: Er stand nämlich in derselben Rolle im selben Stück jeden Abend auf der Bühne – und da ich von seiner Figur eine andere Auffassung als der Bühnenregisseur hatte, begann jeden Morgen das Umpolen. Er machte das gut gelaunt und humorvoll mit.

Wir alle waren während der Drehzeit eine richtige Familie geworden und wären gern zusammengeblieben. Ein Abendessen mit allen Mitarbeitern beschloß diese Arbeit in einem kleinen Restaurant, in dem es noch etwas zu essen gab.

Es war genauso festlich wie in unserem Film-Schlößchen Sophienlund. Kerzen, die es eigentlich nicht mehr gab, brannten auf den Tischen, leuchteten trotz Sorgen und Krieg in frohe Gesichter. Ihr Schimmer hatte schon im Atelier unser kleines, uns aber groß scheinendes Filmgeschehen erhellt.

Ich glaube, dieser Film hat damals auch die Menschen, die ihn sahen, in eine andere Welt entführt.

Nicht immer verlief die Arbeit so harmonisch. Neider und Schnüffler gab es überall. Heute kommt mir alles wie ein böser Spuk vor, wenn ich das »Sündenregister« betrachte, das damals »liebe Kollegen« über mich angefertigt hatten.

Denunzianten hatten in Erfahrung gebracht, daß auch Hertha Feiler nicht »rasserein« war, daß ich meine erste Frau Maria und andere nichtarische Freunde zu Gast in meinem Hause hatte, daß ich nie »Heil Hitler« sagte und was weiß ich noch alles.

Also, das mit dem nicht »Heil Hitler«-Sagen stimmte nun schon mal nicht! Sogar in einem Film habe ich es gesagt! 1941 im »Gasmann«, nach einem Roman von Heinrich Spoerl. Ich hatte in einer Szene einer Hausfrau zu erklären, daß ihr das Gas abgedreht würde, wenn sie die Rechnung nicht bezahlte. Darauf die Frau: »Das sag ich meinem großen Bruder, der ist in der Partei! Der kann Ihnen noch sehr schaden!« Darauf klappe ich mein Notizbuch zu und sage im Weggehen: »Na denn Heil Hitler!« Das hatte einen derartigen Heiterkeitserfolg bei der Premiere, daß die Szene auf Befehl von Rudolf Heß aus dem Film rausgeschnitten werden mußte.

Doch nicht deshalb wurde ich eines Tages zum Reichsfilmintendanten Dr. Fritz Hippler vorgeladen, sondern weil eine dicke Akte ihm von Goebbels auf den Schreibtisch gelegt worden war. »Disziplinarische Untersuchung des Falls Heinz Rühmann.« Hippler las mir alle Denunziationen emotionslos vor. Doch bereits nach den ersten Punkten erklärte er: »Die ganze Angelegenheit ist mir zu schmutzig. Ich werde dem Minister in diesem Sinne Bericht erstatten. Aber vielleicht gestatten Sie mir noch eine Bemerkung. Seien Sie etwas vorsichtiger mit Ihren Äußerungen, auch gegenüber Ihren ›Freunden‹, Sie verstehen! Ich weiß, daß Sie mit Udet befreundet sind, der ja kein Blatt vor den Mund nimmt. Aber er untersteht uns nicht, das ist Sache des Herrn Reichsmarschalls. Und noch eines: Zeigen Sie sich etwas öfter in der Öffentlichkeit.«

1940 teilte mir die Reichsfilmkammer telefonisch mit, ich solle mich am nächsten Tag zur Verfügung halten, es würde »etwas Besonderes« passieren. Meine Sorge war, das »Besondere« könne vielleicht die Aufnahme in die Partei sein oder so was, aber dann war es »nur« die Ernennung zum Staatsschauspieler.

Keiner aus meinem Freundeskreis hat sich nach dem Wohlwollen der braunen Herren gedrängt, aber wenn ein Künstlerempfang angesetzt war, mußten wir hin. Hans Moser konnte genausowenig dafür, daß Hitler an ihm geradezu einen Narren gefressen hatte, wie ich, daß Hitler mir – so komisch es klingen mag – einmal wörtlich erklärte, er habe »in einer schweren Stunde, mitten im entscheidenden Kampf um die Macht« in den Münchner Kammerspielen, Ende der zwanziger Jahre, durch Maria Bard und mich »erlösende Kraft« geschöpft. Wir spielten damals leicht frivole französische Salonstücke!

Was ich noch sagen wollte ...

Während der Kriegsjahre verging kaum eine Woche ohne Anweisungen an populäre Schauspieler und Sportler, sich für Aktionen zur Verfügung zu stellen, die die

Wehrkraft und den Widerstandswillen der Heimatfront stärken sollten. Fotos mit der Sammelbüchse für das Winterhilfswerk waren dabei noch das Harmloseste. Unangenehmer wurde es, als das Propagandaministerium verlangte, ich solle in jeder Wochenschau einen Durchhalte-Witz erzählen. Unmöglich, das kommentarlos abzulehnen. Nur mit List und vorgeschobenen Schwierigkeiten gelang es mir, dieses Vorhaben so lange hinauszuschieben, bis es ad acta gelegt wurde.

Etwas anderes konnte ich jedoch nicht verhindern: ich mußte mich zu Filmaufnahmen zur Verfügung stellen, die zeigten, wie ich in Luftwaffenkombination mit Feldwebelrangabzeichen in ein Flugzeug stieg. Die Aufnahme wurde an einem Vormittag in Rangsdorf bei Berlin gedreht. Später sah ich sie in einer Wochenschau, und die markige Stimme des Sprechers verkündete, daß auch Heinz Rühmann als Kurierflieger seine Pflicht für Führer, Volk und Vaterland erfülle... Möglicherweise ist diese gestellte Wochenschau-Aufnahme daran schuld, daß mich viele Jahre die Gerüchte verfolgten, ich sei Luftwaffenoffizier gewesen.

16. Der verbotene Spass

Pfeiffer mit drei F auf Reisen

Grünwald, Mitte November

Ich bin noch flugtauglich! Mit Stempel und Unterschrift hab' ich es gestern bestätigt bekommen. Ganz schön für einen Fast-Achtziger! Ich fliege allein, aber so vernünftig bin ich nun doch, daß ich auf langen Flügen meinen alten Fliegerkameraden aus Königsdorf, Erni Reuschl, mitnehme. Aber das ich allein könnte, wenn ich wollte – das freut mich.

Erni begleitete mich auch auf einem ganz besonderen Flug: Eine Schulklasse in Schwabach, die vor der »Mittleren Reife« stand, hatte mich zu einem Gespräch eingeladen. Dieser Vormittag unter aufgeweckten Mädchen und Jungen bleibt für mich unvergeßlich. Die Fragen, die mir gestellt wurden, zeugten vom Interesse der Schüler an der Arbeit eines Schauspielers.

So wollte eine Sechzehnjährige wissen, wie lange mir eine Rolle nachgeht, im Gedächtnis bleibt. Das ist wirklich eine Untersuchung wert. Einige Rollentexte schlummern noch nach Jahr und Tag in meinem Unterbewußtsein, während andere – nicht weniger interessante – bald vergessen sind. Heute noch ertappe ich mich dabei, wie ich gewisse Schwejk-Formulierungen verwende. Wahrscheinlich liegt mir die verschmitzt-verdrehte Logik dieses tschechischen Eulenspiegels.

Die Wortmusik der Klassiker – vor sechzig Jahren gelernt – ist mir heute noch im Ohr, und einzelne Dialoge aus »Köpenick« fallen mir aufs Stichwort wieder ein.

Dieser Vormittag wurde zu einem harmonischen Meinungsaustausch zwischen den Generationen. Den Lacher des Tages lieferte ein Schüler, den ich direkt ansprach, weil er so aufgeweckt in die Welt schaute. Als ich erzählte, daß ich vor jeder neuen Aufgabe für Wochen »auf die Schulbank« müsse, um zu lernen, sagte ich zu ihm: »Und wie anstrengend das ist, weißt du wahrscheinlich am besten!?« Doch er, der wie ein Primus aussah, schüttelte den Kopf. »Nee, ich lern' ja nicht!«

Gemeinsames Gelächter. Am längsten und lautesten lachte Erni, mein Co-Pilot. Der ist nämlich von Beruf Lehrer.

Da ein Teil der Schüler nicht aufs Gymnasium wechselte, sondern bald im Leben seinen Mann stehen mußte, gab ich ihnen ein paar Sätze mit, die aus keinem Roman, aus keinem Theaterstück stammen, sondern die ein Theologe geschrieben hat:

Gott gebe mir die Gelassenheit,
Dinge hinzunehmen, die ich nicht ändern kann,
den Mut,
Dinge zu ändern, die ich ändern kann,
und die Weisheit,
das eine vom anderen zu unterscheiden.

Christof Friedrich Oetiger, ein Prälat, hat dies vor mehr als zweihundert Jahren geschrieben.

Soviel über meinen Ausflug mit Erni in Richtung Nürnberg. Wenn ich vom weißblauen bayerischen Himmel auf die Landschaft schaue, gibt es überall Flecken, die mich an Ereignisse aus meinem Leben erinnern. Der Chiemsee zum Beispiel! An seinen Ufern, in Prien, haben wir »Quax, der Bruchpilot« gedreht. Das war ein Film so recht nach meinem Fliegerherzen. Da ich während der Außenaufnahmen öfter zu Besprechungen nach Berlin mußte, nutzte ich natürlich die Möglichkeiten und flog an die Spree. Das war 1941 schon nicht mehr ungefährlich. Ich wußte nie, ob auf der Flugstrecke feindliche Flieger waren. Das Reichsluftfahrtministerium riet deshalb, möglichst niedrig zu fliegen, mich in der Luft unauffällig (!) zu bewegen und ab und zu Flugplätze auf der Strecke zu überfliegen. Wenn dort nämlich zwei gelbe Balkenkreuze am Boden ausgelegt waren, dann nichts wie runter, dann war dicke Luft!

Bei einer Zwischenlandung auf einem Militärflugplatz in Bayern tankte ich vorsichtshalber nach, und der

Soldat an der Tanksäule fragte: »Wieviel Liter tanken Herr Hauptmann?« Ich lachte und sagte: »Bin kein Hauptmann«, er lachte auch, und ich dachte mir nichts dabei, bis es immer häufiger wurde; einer verstieg sich sogar bis zum »Major«.

Je mehr ich widersprach, desto beharrlicher hielt sich das Gerücht. Natürlich war ich in allen Geschichten kein guter, sondern ein böser und unangenehmer Vorgesetzter, der im Osten eine Kompanie befehligte und im Frontkino die eigenen lustigen Filme verbot, da dadurch die Disziplin gefährdet würde.

Eltern schrieben mir aus Rheydt, ich weiß die Stadt noch heute, und baten, ich möchte ihnen die letzten Tage ihres Sohnes beschreiben, der in meiner Kompanie gedient hätte und gefallen wäre.

Ich mußte ihnen die Wahrheit mitteilen.

Je länger sich diese Gerüchte hielten, desto mehr wurden sie mit Einzelheiten ausgeschmückt. Ein Unbekannter hat mich nach dem Krieg sogar auf der Straße angesprochen: »Na, Heinz, weißte noch, wie wir beide zusammen auf der Rollbahn in Rußland standen?« Ich antwortete etwas erstaunt: »Entschuldigen Sie vielmals, aber ich war nie auf einer Rollbahn in Rußland.« Da klopfte er mir auf die Schulter und meinte begütigend: »Ach, laß doch, Mensch, brauchst dich doch heute nicht mehr zu genieren, is doch alles vorbei!«

Ich war der Dumme!

Es blieb nicht bei solchen »Straßenbekanntschaften«. Meine »militärische Vergangenheit« beschäftigte sogar die Alliierten, doch darüber später. Lassen Sie mich zuerst von den abenteuerlichen Umständen erzählen, unter denen die »Feuerzangenbowle« in die Kinos kam.

Ich kannte den Roman von Heinrich Spoerl, denn ich hatte die Rolle schon einmal, 1934, gespielt. Damals hieß der Film »So ein Flegel«, und das Drehbuch war nicht von Spoerl, den ich erst zwei Jahre später persönlich kennenlernte. Freunde hatten mich auf den Rechtsanwalt Spoerl aus Düsseldorf aufmerksam gemacht, der heitere Geschichten schriebe, voller Einfälle stecke und dessen Figuren wie auf mich gemünzt seien.

Inzwischen waren seine Romane so erfolgreich, daß

er die Juristerei an den Nagel gehängt hatte und nur noch fabulierte. Als er das Drehbuch zu »Wenn wir alle Engel wären« für mich schrieb – sein erstes –, saßen wir uns nun endlich persönlich gegenüber. Der Sprung vom epischen Erzähler zur nackteren Form des Drehbuchs ist ihm nicht leichtgefallen. Obgleich ich voll des Lobes über den Stoff und meine Rolle, den »Kempenich«, war, blieb er ernst und bohrte weiter an einigen Dingen, die ihm in der ersten Drehbuchfassung nicht gefielen. Er war schon recht eigensinnig. Doch das änderte sich. Bald amüsierte es ihn, links die Handlung und rechts die Dialoge zu schreiben, wie es für ein Drehbuch damals üblich war.

Seine Schlußeinstellung des »Engel«-Films gehört zu meinen Lieblingstexten:

Kanzleivorsteher Christian Kempenich steht engumschlungen mit seiner Frau im Gärtchen seines Hauses und blickt über die Steinbrüstung auf den Fluß. Johanniswürmchen funkeln durch die Nacht. Verliebt sagt er zu ihr:

Wenn wir alle Engel wären, dann hätten die Zeitungen nichts zu schreiben, die Zungen nichts zu reden, die Obrigkeiten nichts zu ordnen, Staatsanwälte und Dichter gingen stempeln, und man stürbe vor Langeweile. Es ist erwünscht, daß jeder einmal über die Stränge schlägt – natürlich in allen Ehren und soweit Platz vorhanden. Dann ist die Welt lustig, und es läßt sich darin leben!

Heinrich Spoerl zog nach Berlin, ganz in meine Nähe. Wir waren oft zusammen, und bald kam als Dritter im Bunde der Regisseur Carl Froelich dazu. Wir wurden »Die Drei vom Pohlsee« genannt. Goebbels hatte Froelich zum Professor ernannt, für uns aber blieb er Vater Froelich, der weder mit Lob noch mit Kritik hinter dem Berg hielt. Einmal brach er eine Aufnahme ab: »Heinz, das war schlecht, ganz schlecht. Bitte geben Sie sich etwas mehr Mühe, seien Sie mehr bei der Sache und albern Sie nicht immer zwischendurch mit den Damen. Also noch einmal das Ganze.« Wenn *er* so was sagte, wußte man: es ist ernst!

Heinrich Spoerl war ein scharfer Beobachter, der genau auf meiner Wellenlänge dachte. Der kleine bürgerliche Mensch in seinen Nöten und Sorgen lag ihm am Herzen, und wir konnten stundenlang über Details diskutieren, die für ihn genauso wichtig waren wie für mich... Sein Häuschen war besonders in den Kriegsjahren eine Oase. Bereits als Schüler bewies sein Sohn Alexander eine erstaunliche technische Begabung. So fuhr er, als es kein Benzin mehr gab, als einziger mit einem selbstgebauten Boot auf dem Wannsee. Es hatte einen – ebenfalls selbstgebauten – Elektromotor.

Zwischen seinem Vater und seiner Mutter, einer attraktiven rothaarigen Schönheit, bestand ein inniges Verhältnis. Kurz nachdem die Spoerls in Rottach am Tegernsee ein Haus bezogen hatten, starb sie. Heinrich kam ohne sie nicht mehr zurecht. Sie war ein Stück von ihm gewesen, ohne sie vegetierte er nur noch dahin. Seine letzten Jahre verbrachte er im Haus seines Sohnes, verließ sein Zimmer nicht mehr.

Alexander heiratete, und ich hatte mit ihm die gleichen anregenden Gespräche wie einst mit seinem Vater. Ein gescheiter, technisch versierter Mann, der trockene Themen locker darzustellen verstand. Er entwickelte auch Stoffe für mich, aber irgendwie waren wir beide damit nicht zufrieden. Er war sehr ehrlich gegen sich selbst. Leider verließ auch er uns vor einigen Jahren. Vater und Sohn – beides originelle und außergewöhnliche Persönlichkeiten. Nicht zu ersetzen.

Von den Dreharbeiten zur »Feuerzangenbowle« habe ich bereits berichtet, aber noch nicht von dem, was hinterher geschah: Als wir 1943 auf dem Flugplatz in Durach bei Kempten im Allgäu am zweiten »Quax«-Film drehten, kam eines Tages die Hiobsbotschaft aus Berlin: »Die Feuerzangenbowle«, eben erst fertiggestellt, durfte nicht aufgeführt werden. Der für den Unterricht zuständige Minister Rust hatte den Film verboten. Begründung: Es fehle ohnehin der Nachwuchs für den Lehrerberuf, und man könne es sich nicht leisten, solche Typen als Lehrer zu zeigen. Daß der Film Jahrzehnte zurück spielte, wie aus den Bauten und der Kleidung ersichtlich, war anscheinend dem Herrn Minister nicht aufgefallen.

Mein geliebter »Pfeiffer mit drei F« verboten! Was war zu tun? Tausend Gedanken schossen mir durchs Hirn.

Seit den Dreharbeiten für den ersten »Quax«-Film hatte ich Kontakt zu Oberst Angermund vom Reichsluftfahrtministerium, der für die Flugaufnahmen zuständig war. Ihm erzählte ich von dem Verbot, und er versprach festzustellen, ob er Hermann Göring für diesen Film interessieren könne.

Tage vergingen, dann ein Anruf: Ich solle mit einer Kopie ins Führerhauptquartier kommen, wo sich der Reichsmarschall aufhalte. Jeden Abend ginge vom Lehrter Bahnhof Richtung Ostpreußen ein Sonderzug, in dem ein Schlafwagen-Abteil für mich reserviert sein würde.

Am nächsten Tag schon war ich in Berlin, und noch am selben Abend verstaute ich fünf Kartons mit den Filmrollen der »Feuerzangenbowle« im Gepäcknetz; sehr verwundert von Offizieren und Ordonnanzen bestaunt, die aber nicht zu fragen wagten, was der »Komiker« in »ihrem« Zug zu suchen habe.

Ich kroch in mein Bett und genoß es, nach langer Zeit wieder einmal Eisenbahn zu fahren. Geschlafen hab' ich kaum, dafür war ich zu aufgeregt, was der nächste Tag bringen würde.

Von der Bahnstation holte mich ein Adjutant in einer schwarzen Limousine ab. Er erklärte mir, daß das Hauptquartier aus drei großen Ringen bestünde, die untereinander nochmals durch elektrisch geladene Zäune und Alarmvorrichtungen abgesichert seien, und daß wir drei Sperren passieren müßten, deren Kontrollen nur von Offizieren ausgeübt werden durften. Sie lächelten mir zu. Bestimmt war ich Gesprächsstoff für die nächsten Tage.

Im Gästehaus untergebracht, konnte ich mich zwei Tage allein »amüsieren«, bis zum übernächsten Abend, an dem der Gegenzug zurück nach Berlin ging. Es hieß, der Film würde spätabends besichtigt, aber man wolle dabei unter sich sein. Das war mir sehr recht.

Noch heute überkommt mich ein eigenartiges Gefühl, wenn ich an diese zwei Tage zurückdenke, während der ich mich mutterseelenallein am bestbewachten Ort der Welt aufhielt. Damals ist mir das gar nicht so recht bewußt geworden, weil ich zu sehr an meine »Feuerzangenbowle« dachte. Ich stöberte einige Stunden in der Bibliothek herum und ging dann spazieren. Natürlich nur im inneren Kreis, aber der war groß genug. Dichter Wald, mal standen die Bäume normal in der Erde, mal waren sie auf Dächern von Häusern gepflanzt, zwecks Tarnung. Damit diese Bäume, aus der Luft gesehen, nicht höher waren, als die anderen, hatte man die Häuser dadurch niedriger gemacht, daß das Parterre in die Erde verlegt wurde. Eine Art Zauberwald, aber ein böser. Überall standen Schilder:

>Wer sich vom Weg entfernt,
>wird erschossen!

Nicht gerade das Rechte für einen Waldspaziergang. Ich ging früh schlafen.

Am nächsten Morgen erfuhr ich, daß die Vorführung ein großer Erfolg gewesen sei. Mittags kam die Meldung, Göring hätte beim Frührapport berichtet und auch erzählt, daß der Film verboten sei. Warum, wüßte er nicht, gestern hätten jedenfalls alle schallend gelacht.

Darauf Hitler: »Ist er wirklich so komisch?«

Göring: »Wir haben uns auf die Schenkel geschlagen!«

Hitler: »Dann soll er sofort anlaufen!«

Das ging schneller, als ich dachte.

Der Adjutant zeigte mir, bevor ich zurückfuhr, durch eine Lücke in den Sträuchern Hitlers Domizil. Von Stacheldraht umgeben, hauste er im allerinnersten Kreis des inneren Kreises. »Leider können Sie ihn nicht begrüßen«, meinte der Offizier, »wir haben schlechte Nachrichten von der Ostfront, und die Stimmung ist nicht gut, aber vielleicht sehen Sie ihn noch, er macht ab und zu einen Rundgang.« Wie auf ein Stichwort öffnete sich in diesem Moment eine Tür, und barhäuptig, mit rundem Rücken, geht eine müde Gestalt, an der Seite ein Schäferhund, der sich seinem Schritt anpaßt, im Innern des Drahtkäfigs spazieren.

Diesmal schlief ich beruhigt auf der Rückfahrt. Ich hatte erreicht, was ich wollte. Als ich wieder in den Alltag zu den Dreharbeiten zurückkehrte, wurde das Erlebnis dieser zwei Tage immer unwirklicher. War ich wirklich im Führerhauptquartier gewesen, oder hatte ich alles nur geträumt?

Daß ich tatsächlich dort gewesen war, wurde klar, als ich vom Drehen weg ans Telefon gerufen wurde: »Das Propagandaministerium möchte Sie sprechen.« Ein Herr im Auftrag von Minister Goebbels teilte mir mit, daß die »Feuerzangenbowle« plötzlich erlaubt worden sei und ob ich Näheres darüber wisse? »Ich freue mich darüber sehr«, antwortete ich, »Details wüßte ich nicht; beste Grüße an den Herrn Minister!«

An unserem Drehort im Allgäu hörten wir jede Nacht die Bombergeschwader, die in Richtung München flogen. Jeden Abend nach den Aufnahmen mußten wir unsere kleinen Flugzeuge abdecken, denn die Gefahr war zu groß, daß sie beim Abwerfen von Leuchtraketen entdeckt werden konnten.

Eines Morgens kam die Nachricht, daß der Vater von Beppo Brehm in München durch Bombensplitter schwer verletzt worden war, und der Sohn wollte natürlich so rasch wie möglich zu ihm. Also rein mit ihm in die Arado 79, die mir zur Verfügung stand.

Der lange Kerl in Uniform – er war nur für diesen Film von der Wehrmacht freigestellt worden – wußte in der Kiste zuerst überhaupt nicht wohin mit seinen Beinen.

Der Flug auf der mir wohlbekannten Route verlief normal. Anfangs. Doch dann zogen die ersten Schwaden an uns vorbei. Brandgeruch in der Kabine. Kontrolle – nein, in der Maschine war alles in Ordnung. Dann am Horizont – Beppo und ich sahen es gleichzeitig – ein kilometerlanger Feuerstreifen. Darüber schmutzig-braune Rauchwolken, aus denen vereinzelte Kirchtürme ragten.

München brannte.

Sicht gleich Null. Ich flog nach Gefühl dorthin, wo ich den Hauptbahnhof vermutete, und da ich die Stadt seit meinem vierzehnten Lebensjahr gut kannte, flog ich, wenn es unter uns aufriß, der Dachauer und Schleißheimer Straße nach, bis ich die beiden Gaskessel bei Oberwiesenfeld, dem Flugplatz, sah.

Noch während die Maschine ausrollte, sprang Beppo heraus und eilte zu seinem Vater.

München hatte in dieser Nacht einen der schwersten Angriffe erlebt. Schäden und Verwüstungen waren überhaupt noch nicht zu übersehen. Alle wußten nur eins: das große Kühlhaus an der Isar, voll mit Lebensmitteln, brannte. Es war das vierte Kriegsjahr und »essen« hatte Vorrang vor allem.

Tage später hatten wir in Durach einen großen Komparserie-Tag. Männlein und Weiblein waren dafür mit dem ersten Zug aus München gekommen. Man sah ihnen an, wie wenig sie in den letzten Nächten zum Schlafen gekommen waren. In der Mittagssonne packten sie ihre Brotzeit aus.

Was sehe ich da?

Alle haben sie reichlich braungebrannte harte Eier mitgebracht. Sie laden uns ein mitzuessen. Mit einem Lächeln in den müden, abgespannten Gesichtern. Es waren Eier aus dem ausgebrannten Kühlhaus an der Isar.

Nicht »Quax II« war mein letzter Terra-Film, sondern »Sag die Wahrheit«. An ihm drehten wir in den Tempelhofer Ateliers bis April 1945. In jenen Wochen mußten wir nicht nur nachts in den Keller, sondern die Bomberpulks kamen nun auch schon am Tage. Ertönten die Alarmsirenen, wurden die Aufnahmen sofort abgebrochen, und wir Schauspieler hasteten, geschminkt und kostümiert, wie wir waren, in den nächsten Bunker.

Nach der Entwarnung hieß es dann höflich: »Zur Aufnahme bitte!« Und schon hatte man wieder heiter zu sein, wie es die Rolle verlangte.

Vor allem die müden und unausgeschlafenen Kolleginnen taten mir leid, die manchmal so aussahen, daß der Kameramann keine Großaufnahme von ihnen machen konnte. Aber wir drehten.

Schließlich hatte ich die Verantwortung für sechzig Menschen, die nur, solange sie am Film mitarbeiteten, nicht zum Militär oder Volkssturm eingezogen werden konnten.

Bei einigen Kollegen war die Angst größer als die Bereitschaft, nach außen den Anschein einer intakten Produktion vorzugaukeln. Sie reisten ab. Sang- und klanglos. Richtung Süden. Heute der, morgen die. Schließlich war selbst der Schein nicht mehr zu wahren: die Dreharbeiten wurden eingestellt.

Der Russe stand fünfzig Kilometer vor Berlin.

Das hätt' ich fast vergessen ...

Um ein Haar wäre es mir mit der »Feuerzangenbowle« genauso ergangen wie beim »Mustergatten«: Auch diese Rolle – den Pfeiffer mit drei F – wollte ich nicht spielen! Ich hielt mich mit meinen einundvierzig Jahren für zu alt, um noch glaubhaft einen Primaner darstellen zu können. Erst Testaufnahmen unseres Kameramanns Ewald Daub überzeugten mich.

»Die Feuerzangenbowle« hatte am 28. Januar 1944 gleichzeitig in zwei Berliner Kinos Premiere. In der Nacht zuvor hatten 1077 englische Flugzeuge 3715 Tonnen Bomben auf Berlin abgeworfen.

Bei seiner Erstsendung am 26. Dezember 1969 im Fernsehen erreichte der Film eine Einschaltquote von 53 Prozent. Das entspricht damals mehr als 20 Millionen Zuschauern.

Als ich mich entschloß, ins Führerhauptquartier zu fahren, um die Freigabe meines Films zu erreichen, war ich mir nicht im klaren, welches Risiko ich damit einging, denn wenn Goebbels erfahren hätte, daß ich die Freigabe des Films durch Führerbefehl über private Umwege erreicht hatte, wäre das sicher nicht ohne Folgen für mich geblieben. Nun, es ging gut, mir machen solche Alleingänge Spaß, und jedesmal, wenn ich Fotos aus der »Feuerzangenbowle« sehe, freue ich mich, daß ich dazu beigetragen habe, daß das Negativ nicht wie so viele andere in Babelsberg verlorenging, sondern daß der Film ein Klassiker geworden ist.

Heute kann ich es verraten: Das ständige Dementieren und Berichtigen von falschen Behauptungen über mich hatte in den ersten Jahren nach dem Krieg derartig von meinem ganzen Denken Besitz ergriffen, daß ich mich mit dem Gedanken trug, einen Film mit dem Titel »Das Gerücht« zu drehen, in dem ein Mensch von Verleumdungen verfolgt wird, die wachsen und wachsen, sich lawinenartig ausbreiten, die Wahrheit immer mehr verdrängen, bis der Gejagte zum Strick greift. Ich hab' es bei dem Gedanken belassen.

Über unser privates Schicksal beim Endkampf um Berlin spreche ich nicht gern. Vielen, sehr vielen ist Schlimmeres widerfahren. Als ich mir meine Notizen über diese Apriltage 1945 jetzt wieder durchsah, fand ich, daß neben dem Bitteren auch viel Humor in einigen Nebensächlichkeiten steckt. Die Situation hatte etwas von Shakespeareschen Stücken, in denen die Komik erst zur Geltung kommt, weil sie vor tragischem Hintergrund entsteht.

So ist es heute für mich nur noch komisch, daß zehn deutsche Soldaten auf unser Grundstück kamen und der Leutnant ernsthaft sagte: »Wir sind die HKL, die Hauptkampflinie.« Vor ein paar Jahren hatte sie von Narvik bis Athen gereicht, 3000 Kilometer Luftlinie. Jetzt war unser Garten, keine 300 Meter breit, die HKL.

Auch die Begrüßung in ihrer Normalität war in dieser Situation beste Komik:

Er: »Freut mich, Sie kennenzulernen.«

Ich: »Ganz meinerseits. Unter anderen Umständen wär's mir allerdings lieber gewesen.«

Einer der Soldaten kam ganz enttäuscht aus unserem Vorratskeller, fragte: »Haben Sie denn nichts Saures beim Eingemachten?« Wir hatten nicht.

Solche Nebensächlichkeiten bleiben haften, genau wie die Erinnerung, daß Hertha, als wir aus dem brennenden Haus rannten, in ihrer Aufregung nur eine

Handtasche mitgenommen hatte. Inhalt: drei Kerzen.

Das Holzhaus brannte innerhalb weniger Minuten wie eine Fackel. Den Beschuß hatten wir der elfköpfigen HKL zu verdanken, die als erste das Feuer eröffnete. Der Russe erwiderte vom gegenüberliegenden Ufer des Wannsees. Von allen Häusern am Wannsee wurde nur unseres zerstört.

Mit einem Handwagen, auf den wir unsere Habseligkeiten aufgeladen hatten, brachten wir im Laufe von wenigen Wochen neun Umzüge hinter uns, bis wir in Wannsee, im Haus neben dem Bürgermeister, einen vorläufigen Unterschlupf fanden.

17. Ein Salto auf der Landstrasse

Verdächtigungen, Verhöre, Verständnis

Grünwald, im November

»Was? Hauptmann, vielleicht sogar Major soll ich gewesen sein – so ein Blödsinn. Kein Interesse an einer militärischen Karriere!«

»Was stört Sie eigentlich daran? Offizier gewesen zu sein ist doch keine Schande!« Mein Gegenüber spielte dabei mit dem Kugelschreiber und schaute mich reserviert an.

»Nein«, sage ich, »aber dann habe ich meinen Fragebogen falsch ausgefüllt!«

Das war im August 1945, und mein Gegenüber war Captain Kay Sely, englischer Control-Officer, der in Berlin für die englische Besatzungsmacht die Entnazifizierung auf dem Kultursektor unter sich hatte. Er eröffnete mir, daß Denunziationen gegen mich vorlägen. Als ich fragte: »Kollegen?«, nickte er nur. Vom »Offizier Rühmann« hatte er natürlich auch gehört, und obwohl ich ihm mein Soldbuch zeigte – ich war 1941 vier Wochen nach Rechlin eingezogen worden –, aus dem hervorging, daß ich einfacher Soldat gewesen war, fragte er mich ziemlich unverblümt: »Und wo haben Sie Ihr Soldbuch als Offizier?«

Nachdem ich ihm versichert hatte, ich hätte keines und das sei ja auch gar nicht möglich, schüttelte er nur den Kopf: »Bei den Nazis war alles möglich!«

Seine Vernehmungsart war absolut fair, er verlangte lediglich, ich solle ihm Personen benennen und vorbeischicken, die in den Kriegsjahren fast täglich mit mir zusammen waren und bezeugen könnten, daß ich immer in Berlin oder bei Außenaufnahmen gewesen sei.

Also marschierten Mitarbeiter auf, die in meinen Filmen oder am Theater mit mir zu tun gehabt hatten, und bestätigten meine Angaben. Es war ein rührendes Wiedersehen. Viele hätten am liebsten gleich wieder einen Film mit mir angefangen.

Captain Sely hörte sich jeden einzelnen an und machte sich seine Notizen. Er sprach Deutsch, denn er hatte Ende der zwanziger Jahre in München studiert und mich oft auf der Bühne der Kammerspiele gesehen. Ich glaube, er hätte sich manchmal gern mit mir privat unterhalten, aber er hielt Distanz, und ich respektierte das.

Eines Tages rief mich Sely, der inzwischen Major geworden war, an. Er habe endlich einen Zeugen, der mich in Offiziersuniform gesehen und gesprochen hätte. In seiner Stimme war an diesem Tage etwas von der Genugtuung eines Jägers, der ein Wild doch noch zur Strecke gebracht hat. Verständlich. Ich solle mich zur Verfügung halten, er wolle mich mit diesem Zeugen, einem ehemaligen deutschen Oberleutnant, nennen wir ihn »Sommer«, wohnhaft in Berlin, konfrontieren. Herr Sommer behauptete, mit einem Rühmann im Hauptquartier in Rußland, in Winniza, gefrühstückt zu haben, und der Rühmann sei in Hauptmannsuniform gewesen.

Ich fieberte, wirklich, ich fieberte dieser Konfrontation entgegen, denn nun endlich, nach so vielen Jahren, hoffte ich, das Gerücht, ich sei Offizier gewesen, klären können.

Aber Herr Sommer kam nicht. Major Sely hatte ihn einmal, zweimal zu sich gebeten, aber er kam nicht. Schließlich ließ er ihn vorführen und bestellte mich und einige meiner früheren Mitarbeiter zur gleichen Zeit ins Haus in der Schlüterstraße.

Wir mußten uns in einer Reihe im Büro aufstellen, und dem eintretenden Herrn Sommer wurde folgendes eröffnet: »Herr Sommer, Sie haben behauptet, mit einem Hauptmann Rühmann in Winniza in Rußland gefrühstückt zu haben. Hier sehen Sie eine Reihe von Herren, unter denen sich auch Herr Rühmann befindet; zeigen Sie ihn mir.«

Atemlose Stille.

Wir standen und rührten uns nicht.

Mir schien das Ganze von Sely falsch aufgezogen,

denn natürlich würde mich dieser Herr aus meinen Filmen oder von Zeitungsfotos kennen und schnurstracks auf mich zugehen. Doch Herr Sommer defilierte an uns vorbei; beim letzten angekommen, meinte er, Herr Rühmann ist nicht dabei. Sely schwieg. Er tat mir fast leid. Schließlich stellte er mich Herrn Sommer vor.

Sommer: »Der Rühmann in Winiza sah ganz anders aus!«

Sely nach einer längeren Pause, mit Resignation in der Stimme: »Was wollen Sie denn im Zivilberuf werden?«

»Schauspieler.«

Ich glaube, in den Räumen Schlüterstraße 45 ist noch nie so schallend gelacht worden wie nach dieser Antwort.

Major Sely blieb britisch-kühl, verabschiedete sich jedoch zum ersten Mal mit Handschlag von mir und versicherte, dieser Vorfall bedeute für ihn den Schlußstrich unter die Akte Heinz Rühmann. Es stimmte, was ihn betraf, aber nicht für mich. Einerseits war ich froh, daß Sely mit seiner Konsequenz so zielstrebig eine Klärung herbeigeführt hatte, andererseits war ich traurig, denn ich hatte mir den Neubeginn nach dem Krieg anders vorgestellt.

In den ersten Monaten schien auch alles gut anzulaufen, schon im Mai 1945 kamen die ersten Sowjet-Offiziere, um mit mir über den Aufbau des neuen deutschen Films zu sprechen. Vor allem aber fragten sie mich nach der Adresse von Paul Wegener, für den sie sich brennend interessierten und von dem sie alles in Einzelheiten wissen wollten. Er wurde dann auch der Vorsitzende eines Ausschusses, dem auch ich angehörte, der die Voraussetzungen für einen Wiederaufbau der deutschen Filmindustrie schaffen sollte. Doch bevor wir richtig zu arbeiten beginnen konnten, wurde der Ausschuß aufgelöst, und es begann die Zeit der Viermächte-Besatzung, der Fragebogen und Untersuchungskommissionen.

Von den Alliierten erhielt ich dank Selys Eifer rasch meine erste Unbedenklichkeitsbescheinigung. Aber das hieß noch lange nicht, daß ich nun wieder spielen durfte. Erst mußte ich noch den deutschen Entnazifizierungs-Ausschuß passieren, dem sich jeder Deutsche zu stellen hatte, der vor 1919 geboren war.

Es dauerte Wochen, bis ich vorgeladen wurde. So kurz die Wartezeit war, sie kam mir wie eine Ewigkeit vor. Endlich stand ich vor etwa acht älteren würdigen Herren, die an einem Tisch in Hufeisenform saßen. Sie bestätigten, daß ich weder in der Partei noch in einer ihrer Nebenorganisationen gewesen war und auch in keinem Tendenzfilm mitgewirkt hatte.

Einer der Herren fragte mich: »Warum haben Sie denn im Krieg so viele Filme gemacht? Sie hätten sich doch etwas zurückhalten können.«

Ich antwortete: »Ich bin nun mal Schauspieler und spiele gern.«

Darauf entließ man mich. Etwas frostig, aber mit der endgültigen Arbeitserlaubnis. Ich durfte – endlich, endlich – wieder spielen. Was – darüber bestand kein Zweifel: den »Mustergatten«.

Meine Getreuen hatten schon fleißig vorgearbeitet. Da es kaum noch bespielbare Theater gab, wollten wir auf Tournee gehen und in Wirtshäusern und Kinos mit Bühne spielen. Wer es nicht miterlebt hat, kann sich nicht vorstellen, was alles an legalen und halblegalen Schritten unternommen werden mußte, um so kurz nach *diesem* Krieg eine Gastspielreise vorzubereiten, Termine für Vorstellungen abzusprechen, Verpflegung und Unterkunft sicherzustellen, einigermaßen fahrtüchtige Autos und Benzin zu besorgen.

Ich hätte das nie gekonnt. Es war Günter Heidelmann, der zu uns stieß und sich als Tournee-Leiter anbot, der dies alles organisierte; wobei »organisieren« damals eine doppelte Bedeutung hatte.

Heidelmann schaffte es.

Autos mußten her, er brachte einen DKW (noch mit Sperrholzkarosserie) und einen Ford Eifel an, und ich stellte einen Adler-Junior daneben. Die Autos bekamen Anhänger, denn wir mußten ja mit eigenen Dekorationen reisen, die wir so anfertigen ließen, daß sie zusammenlegbar waren und auf unsere Autoanhänger paßten. Obgleich ich das Stück viele hundert Male gespielt hatte, erkannte ich erst jetzt, daß es außer guten Rollen noch einen großen Vorteil hatte: es benötigte nur zwei einfache Dekorationen! Ideal für eine Tournee.

Die Damen schneiderten die Garderobe selbst. Wo sie die Stoffe herbekamen, ist mir heute noch schleierhaft. Ich besaß lediglich ein Jackett und eine Hose, die aber nicht zueinander paßten. Als Billy brauchte ich jedoch einen Smoking, Pyjama, Hausmantel und das nötige Zubehör. Alles Kostbarkeiten. Doch Heidelmann besorgte sie.

Woher? Womit?

Nur er wußte, wo er das Geld herhatte.

Woher hatten *wir* überhaupt Geld? Wovon lebten wir? Es ist mir heute unerklärlich, und auch meine Freunde von damals wissen nicht mehr, wovon wir lebten und die Dekorationen bezahlten. Deutschland im Jahre Null – für uns stimmte dieser Titel des Rossellinifilms wirklich.

Meine Partnerinnen waren Hertha Feiler, Alexa von Porembsky und Ingrid Lutz. Werner Fuetterer spielte meinen Freund, Harald Sawade den Hausfreund, und zwei der Anhänglichsten, Kurt Squarra und Hermann Belitz, waren technisches Personal und standen außerdem im dritten Akt als die beiden Dienstmänner auf der Bühne.

Als ich mir meine Kollegen bei der ersten Probe in einer ruhigen Minute ansah, mußte ich an den alten Hamburger Wandertheaterdirektor denken, der, umringt von seinen Schauspielern, die alle nichts Richtiges anzuziehen hatten, tröstend sagte: »S-peelts man gud!«

Wir probierten in einem Haus, das mir vom russischen Kommandanten in Zehlendorf zugewiesen worden war. Er kannte mich aus Filmen, die er in einem deutschen Gefangenenlager in Ostpreußen gesehen hatte! Als es dann manchmal nachts auf den Straßen unruhig wurde, stellte er eine Wache vor mein Haus.

Endlich war es soweit. Der »Wanderzirkus Rühmann«, wie wir uns selbst nannten, konnte losziehen. Erinnerungen an meine Anfängerzeit bei der Bayerischen Landesbühne wurden in mir wach, als ich unsere schwerbeladenen Autos zum ersten Mal bepackt sah.

Peter, unser Junge, gerade drei Jahre alt, blieb zu Hause, in guten Händen bei seiner »Tita«, Tina Weiss, unserer besten, alten Freundin aus München, die schon meine Mutter aufopfernd gepflegt hatte. Wir wollten in die Altmark, Richtung Stendal, weil es dort noch zu essen gab.

Tourneebeginn, sozusagen die Generalprobe, war in Treuenbrietzen. Warum, wußte wieder einmal nur Herr Heidelmann.

Eines schönen Morgens rollte unser kleiner Theaterkonvoi zur Glienicker Brücke zum sowjetischen Schlagbaum, der Berlin von der Sowjetischen Besatzungszone trennte. Natürlich hatte Heidelmann alle möglichen Ausweise mit Lichtbild, in englisch, französisch und russisch besorgt.

Der Posten kontrollierte sie eingehend. Dann fragte er nach »Direktor«.

Fröhlich wies ich auf mich. Ich mußte aussteigen.

Zweifelnd musterte er mich und dann mein Foto im Ausweis. Dann fragte er: »Artista?« Ich nickte: »Da, da!«

Immer noch mißtrauisch wies er auf die Straßenmitte und befahl: »Salto!«

Ich bedauerte, damit nicht dienen zu können. Er fühlte sich in seinem Mißtrauen gegen mich als Artisten bestätigt und ließ uns mit einem abfälligen »Du nicht Artista« eine Stunde warten.

Mit entsprechender Verspätung trafen wir in Treuenbrietzen ein. Auf dem Marktplatz eine Menschenmenge! Geduldig hatten Hunderte gewartet und bereiteten uns einen begeisterten Empfang.

Wir hatten gemütliche Privatquartiere, und abends war der Saal brechend voll. Nur die ersten beiden Reihen blieben seltsamerweise frei. Heidelmann klärte mich auf: diese Reihen mußten in jeder Stadt und zu jeder Vorstellung für Angehörige der Roten Armee reserviert bleiben – auch wenn weder Offiziere noch Soldaten kamen. Außerdem hatte er jeder Kommandantur Wochen vorher eine russische Übersetzung des Stücks einreichen müssen.

Nach der Vorstellung hatten die Menschen Tränen in den Augen. Eine Mutter, deren Sohn gefallen war, gab mir beide Hände, schluchzte: »Ich habe nie geglaubt, daß ich in diesem Leben noch einmal lachen würde«, und schloß mich in ihre Arme. Auch ich war sehr bewegt und glücklich, wieder auf einer Bühne zu stehen. An diesem Abend habe ich gefühlt, wie sehr dieser Beruf zu meinem Leben gehört.

Doch Treuenbrietzen war nur der Auftakt! Einige Tage später waren wir in der »Kornkammer«, hatten ein Standquartier und bespielten von dort aus einzelne Städte und Städtchen.

Ein Großbauer war uns besonders gewogen und verwöhnte uns mit Fleisch, Butter und Eiern. Eines Tages rückte er nach längerem Herumdrucksen mit der Bitte heraus: Der größte Wunsch seiner Frau sei, mit mir die große Schwips-Szene aus dem zweiten Akt zu spielen. Den Text habe sie heimlich gelernt. Speck, Brot, Butter, Eier – eine Liebe ist der anderen wert, und so wurde an einem spielfreien Tag das Wohnzimmer als Dekoration hergerichtet, das Ensemble und die Angestellten des Gutes bildeten das »Parkett«, und ich murmelte beim Schminken meinem Spiegelbild zwar »Theaterhure« zu, dann aber kam der große, gewaltige Theaterzauber über mich – dieses immer wieder neue, unbegreifliche, überwältigende Wunder –, und ich spielte mit einer märkischen Bäuerin als Dolly die Szene. Wir auf der Bühne und die Kollegen im »Parkett« waren so in Fahrt, daß wir die folgende Szene, wenn Jack und Margaret heimkommen und Aufklärung von mir verlangen, noch dranhängten.

Jack (Fuetterer): »Ich will wissen, was du mit meiner Frau gemacht hast!«

Billy (ich) mit Schwips: »Ist doch nicht meine Schuld, daß die Weiber so verrückt nach mir sind!«

Zu Dolly (der Bauersfrau): »Ich bin eben kein Mann, dem nur eine Frau genügt! Was Dolly?«

Dabei tätschelte ich ihr den prallen Popo.

»Ich verbiete dir, daß du meine Frau betastest!« schreit Jack wütend.

»Betasten? Haha – wir haben noch ganz andere Sachen gemacht – haben wir!«

»Was?« Jack und Margaret sind empört.

Dolly sagt stolz: »Zuerst haben wir ge-ge-gessen und dann ge-ge-getrunken, und dann hat Billy mich kom-kompromittiert!«

»Stimmt!«
»Oh!«
»Aber nur kurze Zeit!« sagt Dolly mit erhobenem Zeigefinger.

Meine Partnerin hatte offensichtlich nicht nur den Text gelernt, sondern muß auch den Film wohl ein dutzendmal gesehen haben, denn sie kopierte auch jede Bewegung meiner Filmpartnerin. Doch hatte sie gut daran getan, die Schauspielerei nur als Hobby und nicht als Beruf zu betreiben.

Die »Gage« für diesen ungewöhnlichen Theaterabend war ein vollgepackter Lastwagen für das gesamte Ensemble mit Kartoffeln, Obst, Wurst und Konserven, einigen Schinken und in einem Verschlag eine Milchziege für unseren Sohn Peter.

Unvergessen bleibt mir ein Zuschauer, der uns in einige Städte nachreiste: Ein junger russischer Offizier, der immer in der ersten Reihe saß und darauf wartete, daß Ingrid Lutz auftrat. Besonders der dritte Akt gefiel ihm, da hatte Ingrid nämlich nur Dessous an, darüber ein weißes Schürzchen; also von vorn ganz normal und von hinten sehr appetitlich. Das Appetitliche wollte der junge Mann ganz genau sehen, er erhob sich vom Sitz, lehnte sich über die Rampe und schaute sich durch ein Vergrößerungsglas die Rundungen der Dame an. Ohne Glas hätte er mehr gesehen!

Eines Abends faßte er sich ein Herz, erschien hinter der Bühne und verlangte »mit Stubbenmädchen ausgehen!« Es war nicht leicht, ihm das auszureden!

Noch lagen einige Wochen mit festen Terminen vor uns, da verlangte eine englische Dienststelle telegraphisch, ich solle sofort die Tournee abbrechen, man wünsche mich dringend in Berlin zu sehen. Kein Wort, warum und weshalb.

Also Abschied nehmen von den Kollegen. Ich sprach einige Worte des Dankes an alle in der Garderobe des Theaters, wir hoben die Gläser, prosteten uns zu in der Hoffnung auf ein baldiges Wiedersehen. Es kam nicht dazu. Diese Tournee, die gerade wegen der tausend Schwierigkeiten zu den schönsten Erinnerungen in meiner Schauspielerlaufbahn gehörte, wurde jäh beendet.

Das hätt' ich fast vergessen ...

Wie langlebig Gerüchte sind, beweist ein Brief aus Berlin, den ich am 20. August 1980 – also fünfunddreißig Jahre nach Kriegsende – erhielt: Ich zitiere ihn ungekürzt, denn nur so ist die blühende Phantasie richtig zu würdigen:

»Ich war als Soldat in Potsdam in der Küche bei der 9. Panzerabteilung als Koch tätig, es war der Monat April 1945 nach dem Großangriff, wer kam an in Begleitung von Heinrich George mit einer schweren Maschine mit Beiwagen, auf dem Kopf einen Luftschutzhelm? Sie beide. Sie baten beide um Essen, es gab Erbsen mit Speck, und sie beide hauten sich den Wams voll und zogen weiter, ein Herauskommen aus Potsdam gab es nicht mehr. Denn die Russen waren schon in der Stadt. Das Motorrad sollte ich als Pfand dabehalten, wofür ich aber keine Verwendung hatte. Ich war verwundet und hatte ein Gipsbein. Wir hatten uns auf Anhieb geduzt, das fand ich sehr nett. Am 2. Mai kam ich in Gefangenschaft, nach einigen Tagen kamen auch Sie beide dorthin. Die Überraschung war groß, als wir uns wiedersahen. Dann kamen auch bald Entlassungen, aber keiner von uns dreien war dabei. Sie, Herr Rühmann, blieben dort, soviel ich weiß, sollten Sie die Kulturgruppen für die Russen übernehmen, aber Heinrich George ging mit mir in Richtung Rußland. Der Weg dahin war grausam, es kam nur die Hälfte an, die anderen blieben auf der Strecke.

Ich hatte Ihnen beiden je DM 500,— gegeben für den Heimweg. Sie haben es geschafft, aber er nicht.

Fassen Sie bitte diesen Brief nicht als Erpressung oder Mahnung auf.

Mit freundlichen Grüßen,
Ihr Verschollener.«

Ich habe den Brief nicht beantwortet. Dabei hätte ich so gern gewußt, woher der »Verschollene« damals bereits D-Mark gehabt hatte.

Zur ersten Sitzung des neuen Magistrats von Berlin war ich als Vertreter vom Film eingeladen. Wir saßen an langen Tischen im einigermaßen hergerichteten Ersatzrathaus, jeder einen Teller mit Wurst und Käse und eine Flasche Wein vor sich. Auf Zurufe hin begab ich mich ans Mikrophon, sagte einige Worte über die Vergangenheit und wie ich mir die Zukunft vorstelle.

Jahre später hörte ich, daß diese Sitzung in Deutschland an vielen Orten über Funk empfangen wurde, und Freunde bekamen auf diese Weise von uns ein erstes Lebenszeichen.

Wie klein die Welt ist, wurde mir wieder einmal so recht klar, als Major Sely mir eines Tages mitteilte, daß er und mein Schwager Otto Bernheim, der nach London emigriert war, zusammen in der gleichen Einheit gewesen waren. Beide hatten über mich gesprochen, und Otto hatte ihm erzählt, was ich für seine Schwester Maria getan hatte.

18. TEA FOR TWO

Was einem Flieger-Narren alles passieren kann

Grünwald, im November

Nach meinen Tagebucheintragungen muß es Sommer 1946 gewesen sein, als mich das Telegramm einer britischen Dienststelle nach Berlin zurückbeorderte. Umgehend.

Diesmal saß ich nicht Major Sely gegenüber, sondern einem anderen englischen Offizier. Der war betont höflich, bestellte Tee und forderte mich auf, aus meiner Vergangenheit zu erzählen. Das tat ich, aber wohl nicht so, wie es sich der Herr gewünscht hatte, denn der Tee wurde kalt und die Stimmung eisig.

Diese Art der Konversation wiederholte sich drei-, viermal. Meine Frau wartete immer im Vorzimmer, denn ich wollte mich wenigstens von ihr verabschieden, falls ich hätte dableiben müssen. Wir konnten uns nicht erklären, was das Ganze sollte! Eines Tages fiel dann der mir unvergeßliche Satz: »Sie haben mich bis jetzt fünf, sechs Stunden nutzloser Unterhaltung gekostet, was halten Sie davon, wenn ich Sie ebensoviele Jahre einsperre?«

Darauf ich: »Was wollen Sie eigentlich von mir?«

Er: »Was hatten Sie im Krieg mit der ›Abwehr‹ zu tun?«

Ich: »Nichts!«

Er: »Sie lügen! Wir haben Flugaufträge auf Ihren Namen gefunden, die den Stempel der ›Abwehr‹ tragen.«

Da war es endlich heraus! Ich erklärte ihm mein harmloses Verhältnis zu jener Abteilung von Admiral Canaris, die mir Flugaufträge aus Gefälligkeit abgestempelt hatte, damit ich ab und zu fliegen konnte!

Er sah mich zweifelnd an. Er konnte nicht verstehen, was ein Flugnarr wie ich alles anstellte, um in die Luft gehen zu können!

Außerdem: woher sollte er wissen, daß Admiral Canaris mich mochte und einige Male seine schützende Hand über mich gehalten hatte?! Als ich ihn dann persönlich kennenlernte, entwickelte sich zwischen uns ein Vater-Sohn-Verhältnis im besten Sinne.

Bei ihm, dem Admiral, waren meine Gedanken, als ich aus weiter Ferne die Stimme des Engländers hörte: »Das ist alles sehr merkwürdig; Sie wurden 1941 Soldat, warum, Sie waren doch ›uk‹ gestellt?«

Ich machte den Offizier darauf aufmerksam, daß die Erklärung dafür längere Zeit in Anspruch nähme und ihn wieder Zeit kosten würde. Mit einer Handbewegung deutete er an, daß ich beginnen sollte. Also erzählte ich:

Bei einem Arbeitsessen von Göring, Udet und einigen leitenden Herren des RLM als Gäste von Admiral Canaris bei »Horcher«, dem bekannten Feinschmecker-Restaurant in der Martin-Luther-Straße kam das Gespräch auf mich, und einer der Adjutanten behauptete: »Der Rühmann erzählt überall, er wäre Jagdflieger.«

Daraufhin soll Göring bemerkt haben: »Das kann er haben!« Winkte dem Adjutanten und gab eine Order, die man, da geflüstert, nicht verstand. Canaris registrierte die Göring-Bemerkung und schickte, kaum in seiner Dienststelle zurück, den Stabsingenieur Friedrich Großkopf zu mir. Der bat mich, nicht viel zu fragen, mich vielmehr sofort in Marsch zu setzen, ich sei zu einem vierwöchigen Lehrgang zwecks Grundausbildung nach Rechlin eingezogen.

In Rechlin in Mecklenburg lag eine Sondereinheit, in der Ingenieuren der Abwehr in einem Schnellkurs die einfachsten Begriffe der militärischen Grundausbildung wie Grüßen, Marschieren, links um, rechts um, usw. beigebracht wurden, bevor sie uniformiert in die Öffentlichkeit durften.

Am Nachmittag traf ich dort ein. Am Abend teilte die Abwehr der von Göring beauftragten Dienststelle mit, ich diene bereits bei einer Luftwaffeneinheit.

Zum ersten Mal blitzte ein Lächeln in den Augen des englischen Intelligence Officers auf. Das Kommando-Unternehmen »Rühmann« der deutschen Abwehr gefiel ihm offensichtlich. Er machte sich mit meiner Frau bekannt, und nun endlich tranken wir Tee zu dritt und sprachen von anderen Dingen. Meine Rolle als »Meisterspion« war beendet.

Von diesen vier Wochen Grundausbildung muß ich berichten, weil... Doch der Reihe nach: Das Ausbildungslager Rechlin unterschied sich in nichts von anderen Plätzen dieser Art. Von der Kleiderkammer erhielt ich älteste, geflickte Sachen und ausgebeulte Schuhe »verpaßt«, die mir in der feinen Absicht überreicht wurden, zu demonstrieren, wie der »letzte Mensch« aussähe. Diese 08/15-Einkleidung sollte noch eine wichtige Rolle spielen, doch davon später.

Jeden Vormittag erhielten wir Grundausbildung: Exerzieren und Grüßen im Kasernenhof, an dessen umliegenden Gebäuden die Fenster stets besetzt waren, wenn ich zum allgemeinen Gaudium »Männchen« machte. Schließlich wurde es dem Kommandeur, der selbst Schauspieler gewesen war, zu dumm, er ließ die »Ränge« räumen. Nachmittags: Geländemarsch. Bis mein Meniskus nicht mehr mitmachte und ich auf einem Fahrrad neben der Kolonne herfahren durfte.

Ernst Udet hatte die Genehmigung erteilt, daß ich auf dem nahe gelegenen Fliegerhorst fliegen durfte. Gefragt nach den Typen, die mich in die Luft nehmen sollten, hat er geantwortet: »Alles, was Flügel hat!«

So konnte ich endlich auch einmal einen »Storch« fliegen, eine Maschine, die auf kürzesten Bahnen starten und landen konnte. Diese Eigenschaften reizten zu Wetten unter Einfliegern. Eine habe ich miterlebt. Bei dieser Wette wurde ein »Storch« knapp vor einem Zaun aufgestellt, und es ging darum, wer das »langbeinige Ding« in kürzester Entfernung über den Zaun starten könnte. Es wurden immer weniger Meter und am Schluß startete einer, der es ganz genau wissen wollte, und die Entfernung war schon gar keine Entfernung mehr! Sekunden später hingen die abgebrochenen langen Beine mit den Rädern im Zaun: »Der erste ›Storch‹ mit einziehbarem Fahrwerk!« rief man dem Piloten zu, der die räderlose Maschine etwas höher zog und den lädierten Vogel dort landete, wo er hingehörte – genau vor der Reparaturhalle! Und natürlich hatte er vorher den Motor so abgestellt, daß die »Latte« quer stand und bei der Bodenberührung nicht beschädigt werden konnte. Fliegerisches Können und Humor!

Wie ich bereits andeutete, kam es während meiner Zeit in Rechlin zu einer Trübung meiner Freundschaft mit Udet, und die schäbige Uniform war mit schuld daran. Aber wie das oft der Fall ist: weder er noch ich waren schuld, sondern, wenn überhaupt, dann wir beide!

Das war geschehen: Nach zwei Wochen Dienst erhielt ich meinen ersten Wochenend-Urlaub nach Berlin. Natürlich in den »Ersten-Mensch«-Klamotten. Udet, der in feucht-fröhlicher Runde davon hörte, ließ mich durch einen Anruf zu sich bitten.

Ich bat, dem General zu erklären, daß ich nur für ein paar Stunden zu Hause sei und mein Aufzug für eine Gesellschaft wirklich nicht geeignet wäre.

Wenige Minuten später erneuter Anruf, es ergehe nun der dienstliche Befehl an mich zu erscheinen.

Auch dem folgte ich nicht. Ich nahm das Ganze nicht so ernst, außerdem kannte ich doch meinen Erni und wußte, daß er mich nur einigen lustigen Damen »vorführen« wollte. Das war mein Fehler. Ich war Soldat und hätte dem Befehl Folge leisten müssen.

Ernst Udet hat mir das nie verziehen. Wie ich später hörte, hat er es als persönlichen Affront aufgefaßt, und selbst bei einem Versöhnungsessen, das Canaris für uns beide bei Horcher gab, blieb er sehr einsilbig.

Canaris, der eine feine Antenne für unterschwellige Spannungen hatte, bemerkte das und war nun seinerseits betont herzlich zu mir. Als er nach meinen Filmplänen fragte, erzählte ich von den Vorbereitungen für »Quax, der Bruchpilot« und erwähnte – mit Blick auf Udet –, daß ich dafür allerdings die Unterstützung des Reichsluftfahrtministerium brauche.

Keine Reaktion von Udet.

Darauf Canaris zu Friedrich Großkopf: »Das wäre doch schön, wenn die Abwehr mal wieder einen Film drehte!«

Doch dazu kam es nicht. Der Film blieb beim RLM, dem Reichsluftfahrtministerium.

Das hätt' ich fast vergessen ...

Wilhelm Canaris war Jahrgang 1887. Seit 1938 leitete er im OKW das Amt Ausland/Abwehr. Der Admiral hat aus seiner geringen Meinung über Hitler nie einen Hehl gemacht. Im Februar 1944 wurde er abgesetzt und 1945 hingerichtet.

Otto Horcher und sein Restaurant standen unter Görings persönlichem Schutz. Göring ermöglichte Horcher auch die Ausreise aus Deutschland im Rahmen einer Europa-Tournee der Scala-Girls. Horcher eröffnete ein Feinschmecker-Restaurant im Berliner Stil in Madrid, das jetzt sein Sohn weiterführt.

Im Fliegerhorst Rechlin traf ich den ersten weiblichen Flugkapitän: Hanna Reitsch. Ihr merkwürdiges Gespräch mit der Flugsicherung bleibt mir unvergeßlich, weil es mir absolut unverständlich war: Der Offizier fragte: »Na, Frau Reitsch, wie möchten Sie's denn heute?« Und die kleine Dame bestellte: »Heute drei, fünf, sieben Millimeter.«
   Später erfuhr ich: Sie flog Flugerprobung mit einer He 111, die vor dem Flügelprofil, also noch vor den Motoren, eine nach vorn spitzzulaufende Metallschiene aufmontiert hatte, mit der sie gegen die Halteseile von Fesselballons flog und sie so durchschnitt. Die Bestellung bei der Luftsicherung hatte der Stärke der einzelnen Seile gegolten, denn Frau Reitsch erprobte und notierte die Zeit des Zerreißens bei den verschiedenen Stärken. Ein sehr riskantes Unternehmen, das höchstes fliegerisches Können verlangte. Nur die kleine, zarte Hanna Reitsch, die auf ihrem Pilotensitz immer ein Kissen in den Rücken und eines unter den Popo schieben mußte, flog diese gefährliche Erprobung!

19. Schuster bleib bei deinen Leisten

Meine Abenteuer als Produzent

Grünwald, November

Es mag ein Spätherbsttag wie der heutige gewesen sein, als 1947 Alf Teichs, der frühere Produktionschef der »Terra« und ich in einen klapprigen Adler-Junior stiegen. Wir hatten eine besondere Entdeckungsreise vor: Wir wollten von Nord nach Süd durch Deutschland fahren, unsere versprengten Autoren und Regisseure aufsuchen, um neue Filmvorhaben zu besprechen.

Filme mit neuen Themen. Immer wieder hatten in den letzten Kriegsmonaten Autoren versichert: »Wartet, bis der Spuk vorbei ist, kommt nach dem Krieg zu uns, wir haben die schönsten Sachen, die jetzt verboten sind, in der Schublade.«

Viele Kanister mit Benzin und einer Art Cognac waren im Kofferraum verstaut. Sie wurden uns kurz vor der Donau zum Verhängnis. Wir gerieten in eine Kontrolle, amerikanische Militärpolizei hielt uns für Schmuggler und goß vor unseren Augen das schöne Benzin und den Schnaps in den Ausguß!

Klug wäre es gewesen, nach diesem Auftakt wieder umzukehren. Bald mußten wir erkennen, daß wir uns die Reise hätten sparen können. Wir trafen kaum Autoren, und Stoffe fanden wir schon gar nicht.

Aber statt aufzugeben, gingen wir in Hannover zu einem Anwalt und gründeten die »Comedia«, eine OHG zur Herstellung von Filmen. Inzwischen habe ich am eigenen Leibe erfahren, was eine Offene Handelsgesellschaft für Folgen haben kann. Damals hatte ich keine Ahnung, ich war absolut unerfahren. Ein Sitz für unsere Firma genügte uns nicht, nein, sie wurde gleich in Berlin, München und Wiesbaden etabliert. Den Aufwand und die Kosten kann man sich vorstellen.

Meine damalige Frau warnte mich: »Laß die Finger davon, du verstehst nichts von geschäftlichen Dingen!« Ich war wie verblendet, meine stereotype Antwort war: »Damals ist viel Geld mit mir verdient worden, das kann ich jetzt selber machen.«

Fünf Jahre später meldeten Alf Teichs und ich Konkurs an. Wir waren mit unseren Filmen mitten in die Währungsreform und die ersten Jahre mit »richtigem« Geld geraten. Für Kinobesuche wurde wenig Geld ausgegeben, und die Amerikaner blockierten mit ihren Großfilmen die besten Aufführungstermine.

Der letzte Absatz könnte mißverstanden und als Entschuldigung gedeutet werden. Lassen Sie es mich klar sagen: Wir haben die falschen Filme zur falschen Zeit gedreht.

»Berliner Ballade«, ein Kabarettfilm von Günter Neumann und R. A. Stemmle mit dem ausgemergelten Gert Fröbe als Otto Normalverbraucher, erhielt Preise und begeisterte Kritiken. Günter Groll schrieb in der »Süddeutschen Zeitung« nach der Premiere: »Langsam scheint sich der betäubte deutsche Film aus den starren Schablonen, aus eiserner Konvention und gußeisernem Pathos zu lösen.« Doch die Kinos blieben leer.

Für den nächsten Film »Der Herr vom andern Stern« gewann ich Heinz Hilpert, den Freund aus alten Berliner Tagen, für die Regie und Werner Egk für die Musik. Aber auch diese satirische Geschichte über Zustände im Nachkriegsdeutschland wollte niemand sehen. Der Hauptdarsteller interessierte offenbar auch nicht mehr – der war ich.

So ging es weiter, kein Film fand Anklang. Von unserem Firmenzeichen – einer lachenden und einer weinenden Maske – blieb schließlich nur noch die letztere übrig. Nach dem Konkurs 1952 zahlte ich bis 1959 die Hälfte meiner sämtlichen Bezüge an die Gläubiger. Es war eine traurige Zeit, wir wohnten auf dem Bavaria-Gelände in München-Geiselgasteig in einem Behelfsheim, das nicht gepfändet werden durfte.

Zweimal in der Woche kam der Gerichtsvollzieher, bis es nichts mehr gab, was er abholen konnte. Ich hatte ja eine Offene Handelsgesellschaft gegründet – wenn wir diese Form nicht akzeptiert hätten, wären unsere Filme von der Bank nicht finanziert worden –, da bleibt einem nur noch ein Anzug. Von meiner Frau habe ich in all den Jahren nie einen Vorwurf gehört.

Heute will ich diese Zeit nicht missen; ich habe sie gebraucht, für meine Entwicklung. Ich habe Menschen kennengelernt, wie sie sind und nicht sind. Ich bin zum Nachdenken über mich selbst gekommen und über meine Art, Theater zu spielen.

Ich habe mich an leise Töne erinnert, die ich früher mal hatte, an Pausen, die herrlichen Pausen, die man im Text machen kann und die so wertvoll sind. Nicht immer nur reden, quatschen, möglichst viele Pointen servieren und dem Applaus und Erfolg nachjagen.

Ich glaube, ich habe versucht, aus dem Negativen, in das ich geraten war, etwas Positives zu machen, und die sechziger Jahre bewiesen es dann auch.

Ich wurde bescheidener, habe meinen etwas zu groß geratenen Hut abgesetzt und in die Hand genommen.

Wie oft bin ich gefragt worden: war der Weg zum Charakterdarsteller schwer? Ich gab meist eine ausweichende Antwort. Ich konnte doch nicht jedem erklären, daß ich mich gehäutet hatte und damit der Wunsch in mir laut wurde nach wertvolleren, reiferen, nachdenklichen und ernsten Aufgaben.

Das Publikum blieb bei dieser meiner Wandlung nicht erstaunt zurück, sondern ging mit. Dafür möchte ich »danke« sagen.

Danke.

Grünwald, einen Tag später

Ich wollte gestern nicht weiterschreiben. Die Erinnerung an diese Zeit schmeckt immer noch bitter. Der finanzielle Offenbarungseid war schließlich auch eine Niederlage des Schauspielers Heinz Rühmann. Einen Schauspieler, der eine Pleite hinter sich hat, beschäftigt man nicht gern; das habe ich fast vier Jahre lang erfahren. Kein Filmangebot. Was sollte ich machen?

Wir mußten leben, unseren Sohn Peter gaben wir in

ein Internat. Das Schulgeld fiel uns oft schwer. Meine erste Frau Maria kehrte aus Stockholm zurück und erwartete von mir eine monatliche Unterstützung in beträchtlicher Höhe.

Als ich das alles später einmal meinem Anwalt erzählte, sagte er nur: »Und da haben Sie sich nicht aufgehängt?!«

Da wurde mir erst klar, in welcher Situation ich damals war. Der liebe Gott und die Natur sind gnädig; sie umgeben uns, wenn's ganz schlimm kommt, mit einem Schutzmantel und einer großen Portion Hoffnung. Und diese Hoffnung hat nicht getrogen.

Heinz Rühmann – der Kassenschreck

»Es kann sehr leicht geschehen, daß bei unseren fleißigen Beliebtheitsuntersuchungen über Schauspieler ein Mann an der Spitze steht, also womöglich noch vor den gegenwärtigen deutschen Lieblingsstars O. W. Fischer und Curd Jürgens – dem das Wesentliche fehlt, um nach der landläufigen Meinung ein sogenannter Publikumsstar zu sein: nämlich die erfolgreiche Liebhabertätigkeit. Dieser Darsteller stand schon einmal ›ganz hoch oben‹ in der Wertschätzung der Kinobegeisterten, aber er befand sich zwischenzeitlich im tiefsten Keller dieser wetterwendischen Gunst. Er gehörte ein paar Jahre lang zu jenen Bejammernswerten, die in der Branche ›Kassenschreck‹ geheißen werden; sein Kummer war sogar größer, denn der Schauspieler besaß obendrein ein paar Millionen Schulden als Folge einer mißglückten Eigenproduktion.
Dieser Schauspieler heißt Heinz Rühmann. Sein Comeback ist wohl das Ungewöhnlichste in der wechselvollen Geschichte des deutschen Films.«

Klaus Hebecker in
»Film-Telegramm«
August 1956

Zuerst jedoch ging ich wieder einmal mit dem unverwüstlichen »Mustergatten« auf Tournee.

Wenige Tage vor der Premiere in Wien brach ich mir den Fußknöchel. Normalerweise Grund genug, die nächsten Vorstellungen abzusagen, aber was war schon normal für mich in diesen Jahren! Ich spielte mit Gipsverband in einem großen Schuh. Schwierig mit einem Gehgips dieser Art zu tanzen, wie ich es im dritten Akt muß. Ich tat's, so gut es eben ging. Die Zuschauer beklatschten es als einen besonderen Gag. Nach der Vorstellung humpelte ich auf zwei Stöcken.

Als Marlene Dietrich zu Besuch nach Deutschland kam, erzählte sie mir von einem Stück, dessen Grundidee mir sofort gefiel: Ein Mann sieht als einziger einen großen weißen Hasen. Im Laufe der Handlung kann er auch seinen Psychiater von dessen Existenz überzeugen. »Mein Freund Harvey« begleitete mich auf der Tournee in viele Städte. Zum ersten Mal spielte ich den Elwood P. Dowd bei Gerhard Metzner im Kleinen Haus der »Kleinen Komödie« in München.

Und dann kam nach langer Zeit wieder ein Filmangebot. Aus Hamburg von Gyula Trebitsch, heute ein guter Freund und immer noch mein Produzent. Der Film hieß »Keine Angst vor großen Tieren«, und ich mußte wieder einmal in einen Löwenkäfig, doch diesmal war ich durch eine Spezialglasscheibe vor den Raubtieren geschützt.

Das war nicht nur mir und der Produktion sehr recht, sondern auch dem Berliner Produzenten-Duo Kurt Ulrich und Kurt Schulz. Die beiden hatten mir nämlich im Anschluß an diesen Film einen Exklusiv-Vertrag für mehrere Jahre angeboten: ich sollte nur in Produktionen ihrer »Berolina«-Film spielen.

Das war ein mutiger Entschluß, den ich beiden hoch anrechnete. Allerdings lagen die Filme, die sie bisher produziert hatten, nicht gerade auf meiner Linie. Aber sie waren durchweg erfolgreich. Die beiden hatten, wie das in der Branche heißt, den »richtigen Riecher« für das, was ankommt. »Grün ist die Heide«, »Schwarzwaldmädel« stammten aus ihrer Produktion.

Obgleich ich es mir in meiner Situation nicht leisten konnte, anspruchsvoll zu sein, spielte ich den Heiklen, Wählerischen, und bat mir Bedenkzeit aus.

Das gefiel dem schnellen Ulrich, der für die geschäftlichen Belange zuständig war, überhaupt nicht. Er führte ein glänzendes Argument an: »Also, nu ham wir so ville Vertrauen zu Ihnen, warum ham Sie denn keen Vertrauen zu uns?« Ich hatte Vertrauen und schloß ab. Ich habe es nicht bereut.

Bei der Berolina, ähnlich wie einst bei der Terra, entstand eine Art Herstellungsgruppe Rühmann, in der der Dramaturg der Firma, Dr. Manfred Barthel, den Ulrich von der Zeitung wegengagiert hatte, und ich Stoffe vorantrieben oder aber Projekte auf die lange Bank schoben. Was haben der Doktor, wie ich ihn immer nannte, und ich in den vielen Jahren heimlich an kniffligen Sachen ausgeheckt, um ans Ziel zu kommen! Menschlich rückten wir auch näher zusammen. »Der Pauker« entstand, »Der Jugendrichter«. Auch »Charleys Tante« spielte ich in dieser Zeit. Ich wollte die Rolle eigentlich viel weniger deftig anlegen, aber bei den Aufnahmen wurde mir bewußt, welche Sperren sich öffnen, wenn ein Schauspieler in Frauenkleider und Stöckelschuhe gesteckt wird. Ich gab »meinem Affen Zucker« wie einst Werner Krauss, als er diese Rolle am Staatstheater spielte.

Doch auch ein leiser Film entstand, über den ich etwas später im Kapitel mit meinen Amerika-Erinnerungen mehr erzähle: »Ein Mann geht durch die Wand.« Es war mein Wunsch, diesen Stoff zu realisieren. Er spielte nicht einmal seine Herstellungskosten ein. Kurt Ulrich hat mich das nie spüren lassen.

Er war beste alte Kintopp-Mischung, wie sie einst in den Büros in Berlins Friedrichstraße zu Hause war. Ein Berliner Schwejk voll Mutterwitz, bei dem man nie wußte, ob seine Reaktionen aus Einfalt oder kaufmännischer Schläue kamen. Ein Musterbeispiel davon erlebte ich, als ein Kollege in seinem Vertrag verankert haben wollte, daß er Mitspracherecht bei der Wahl seiner Partnerin habe. Ulrich sagte zu, ein Passus kam in den Vertrag, der Kollege unterschrieb und las: »Herr XY muß mit seiner Partnerin einverstanden sein.«

Was man doch mit der deutschen Sprache alles machen kann.

Ich habe den beiden »Kuddels« Ulrich und Schulz viel zu verdanken. Mein größter Dank gehört ihnen, weil sie mich für einen Film freigaben, an dessen Erfolg sie nicht glaubten: »Der Hauptmann von Köpenick«.

Das hätt' ich fast vergessen ...

Der gute Riecher der beiden »Berolina«-Produzenten bestätigte sich ein weiteres Mal, als sie für ihren Film »Wenn der weiße Flieder blüht« ein sechzehnjähriges Mädchen engagierten, das noch nie vor einer Kamera gestanden hatte. Es wurde sofort Publikumsliebling Nr. 1: Romy Schneider.

Auch nach dem künstlerischen und geschäftlichen Erfolg des »Hauptmann von Köpenick« schalteten sie schnell und drehten als nächstes einen Kostümfilm mit mir. Es entstand »Der Eiserne Gustav«. Ein Film um den Droschkenkutscher Gustav Hartmann, der mit seiner Pferdedroschke von Berlin nach Paris fuhr, um damit gegen die aufkommenden Benzindroschken zu protestieren. Eine schöne Rolle für mich, mit viel »Sauerkohl« im Gesicht, aber doch mehr ein epischer Stoff, da des Eisernen Gustavs Reise nichts weiter als der rührende Versuch war, mit Sentimentalität gegen den Fortschritt zu protestieren.

Ein Film aus meiner Berolina-Zeit hat bei vielen Eltern eine nachhaltige Wirkung gezeigt, die mich betroffen, aber auch glücklich machte. Ja, beides! Ich spreche von dem Film »Der Jugendrichter«. Noch nach seiner Fernseh-Ausstrahlung baten mich Eltern in langen Briefen um Rat, wie sie einen besseren Kontakt zu ihren Kindern bekommen könnten.

Dieses Vertrauen hat mich geehrt, aber auch belastet, denn es war in jedem Fall mit Verantwortung verbunden. Ich habe alle Anfragen nach bestem Vermögen beantwortet und immer wieder nach einer Erklärung gesucht, warum unter den vielen Schauspielern ausgerechnet mir dieses Vertrauen entgegengebracht wurde. Ich habe keine Erklärung, nur eine Vermutung: Ich könnte mir denken, es liegt daran, daß ich für die Menschen gewissermaßen zur Familie gehöre. Man kann mich auf dem Bildschirm im Alter von dreißig, vierzig, fünfzig, sechzig und siebzig Jahren sehen. So kann sich fast jede Generation mit mir identifizieren. Eine Zeitung schrieb: »Heinz Rühmann – das ist ein Sieg der Menschlichkeit über die Zeit.«

Aber vielleicht weiß einer meiner Leser eine bessere Erklärung ...

20. Der Schuster, der seinen Leisten fand

Der Hauptmann und sein Regisseur

Grünwald, Mitte November

In meinem Arbeitszimmer gibt es mehr Erinnerungsstücke an den Film »Der Hauptmann von Köpenick« als an irgendeinen anderen Film. Ein Ölbild vom Schuster Voigt, das ich besonders mag, weil es die Tragik, aber auch das Verschmitzte in den Zügen dieses vom Schicksal geprügelten Menschen eingefangen hat; eine Holzplastik, von einem bildhauernden Kollegen geschenkt; eine Silbermedaille, die das Bezirksamt Neukölln 1977 mit mir als Hauptmann prägen ließ; kleine Zinnfiguren, aufstellbar, die für fünfzig Pfennig vertrieben wurden, und Berge von Briefen. Dabei war es auch bei diesem Film – wie so oft in meinem Leben – durchaus nicht selbstverständlich, daß ich diese Rolle spielen würde!

Ich drehte bei der »Berolina« in Berlin und ahnte nichts von dem Vorhaben, Zuckmayers »Hauptmann von Köpenick« unter der Regie von Helmut Käutner im fernen Hamburg zu verfilmen. Also blieb es mir auch erspart, das große Rätselraten mitzumachen, wer wohl den Schuster Voigt spielen würde, denn an dieser Besetzung wurde ebenfalls bereits gebastelt. Curd Jürgens war in engerer Wahl. Kein Wunder, nach seinem großen Erfolg in »Des Teufels General«. Hans Albers bot sich an und eine Schar guter und interessanter Charakterdarsteller.

Dann soll in einer Regiesitzung mein Name gefallen sein, der jedoch größtenteils auf Ablehnung stieß. Einer der Herren meinte: »Einem Schauspieler, der kurz vorher ›Charleys Tante‹ gespielt hat, nimmt man den ›Hauptmann‹ nicht ab.«

Käutner sprach das Machtwort: »Ich mach's mit Heinz Rühmann oder gar nicht!«

Der Dichter und sein Hauptmann

»Der unvergeßliche Volksschauspieler Max Adalbert hatte in der ersten Verfilmung von 1931 der Gestalt des umhergetriebenen Schusters vielleicht die wärmsten, menschlichsten Züge verliehen. Der geniale Werner Krauss hatte in einer seiner stärksten Leistungen auf der Bühne die Gestalt ins Dämonische vorgetrieben. Der große Albert Bassermann hatte das Pech, die Rolle in einer verunglückten Hollywood-Produktion unter so mißlichen Umständen spielen zu müssen, daß er seine herrlichen schauspielerischen Mittel nicht entfalten konnte.
Rühmann, unter Käutners glänzender Regie, gab dem preußischen Eulenspiegel im Wilhelm Voigt sein volles Recht und seine tiefere Bedeutung: Lachen und Weinen waren ja immer ganz nah beisammen. Wenn er, nach gelungener ›Köpenickiade‹ auf der Treppe des Rathauses die Soldaten entläßt: ›Für jeden Mann ein Bier und eine Bockwurst‹ – eine der komischsten Stellen der Handlung – geht eine so fundamentale Traurigkeit von ihm aus, daß man sich der Vergeblichkeit aller Flucht des Menschen vor seinem Schicksal schaudernd bewußt wird.«
Carl Zuckmayer

Das war wunderbar, aber ich konnte doch gar nicht! Ich war bei der »Berolina« exklusiv. Wenn Ulrich mich freigab, fiel ihm in diesem Jahr ein Rühmann-Film aus, und inzwischen waren die Verleiher wieder an Filmen mit mir interessiert. Außerdem, wenn »Der Hauptmann« kein Erfolg werden sollte, wirkte sich das auf die nächsten Filme bei Ulrich aus.

Ich bat ihn, mich trotzdem für diesen Film freizugeben. Für diese einmalige Rolle. Er sagte »Ja«, fügte aber hinzu: »Ob det noch interessiert, det war doch 1906.«

1906 war das Stichwort für meine zweite Bitte. Ich wollte gern Freddy Arnold, den Maskenbildner, mitnehmen, weil ich verschiedenste Haarteile brauchte, die nur er knüpfen konnte. Ulrich begriff nicht, oder wollte er nicht begreifen? – »Wat denn, für die paar Pudelhauben (er meinte Perücken) müssen se extra een mitnehmen?« Aber auch Freddy gab er für den Film frei. Wir zogen beide nach Hamburg.

Carl Zuckmayer, Käutner und ich saßen nun tagelang zusammen, studierten Entwürfe von Dekorationen, diskutierten das Manuskript, strichen, erweiterten, besprachen Auffassungen. Vor allem versuchten wir eines herauszuarbeiten: Den Weg der Uniform. Denn beide – der Schuster Voigt und die Uniform – gehen ihren Weg. Beide nach unten.

Beifall von Elbe, Spree und Rhein

»Man schaue sich Rühmann genau an, Auge in Auge sozusagen, und man wird keinen Augenblick lang an den Bruchpiloten Quax denken, man denkt an Grock, an Chaplin, an Charlie Rivel.«
DIE WELT
18. 8. 1956

»Ein rührendes altes Kind, das man von Anfang an in sein Herz schließt.«
KÖLNER STADT-ANZEIGER
17. 8. 1956

»Es ist die Glanzrolle für den schon totgesagten Komödianten Heinz Rühmann, seine beste Interpretation seit Jahren.«
NEUE RUHR ZEITUNG
17. 8. 1956

»Wie er unsicher durch die falsche Weltordnung taumelt, wie er kapituliert und erst still und dann aus der Verzweiflung heraus übermütig wird – das ist eine Sternstunde in der Laufbahn dieses Schauspielers. Rühmann macht keine Faxen. Er ist im besten Sinne tragikomisch. Er ist immer da, gibt nicht nur Gesicht und Stimme her, er spielt ganz, bis in die Füße.«
DER ABEND
1. 9. 1956

»Das ist aber auch ein neuer, großartiger, das Tragische nicht streifender, sondern ständig miteinbeziehender Schauspieler geworden ...
... Kein Zweifel bisher, daß er ein guter Schauspieler ist, jetzt wissen wir, daß er auch ein großer ist.«
                    BERLINER MORGENPOST
                    2. 9. 1956

»Gibt es einen zweiten Akteur, der mit sanftesten Mitteln die Würde der Erbärmlichkeit darstellen kann?«
                    DIE ZEIT
                    4. 9. 1956

Das ist der Weg der Uniform: Am Anfang des Films wird sie beim Hofschneider Wormser dem Hauptmann von Schlettow angemessen. Da dieser seinen Dienst quittieren muß, schwätzt man sie im gleichen Salon dem Oberbürgermeister von Köpenick, Herrn Obermüller, Oberleutnant d. R., auf, der ins Manöver zieht. Seine Frau reißt beim eiligen Anziehen ein Loch hinein. Nun landet sie wieder beim Schneider und wird, geflickt, von Fräulein Wormser zum Ball getragen und mit Sekt begossen. Der Weg zum Trödler ist nicht mehr weit.

Und so ergeht's dem Schuster Voigt: Er hat zwar eine kurze Bleibe bei seinem Schwager Hoprecht und scheint ins bürgerliche Leben zurückgefunden zu haben, wird aber erneut der Heimat verwiesen. Nach Lieskens Tod hält ihn nichts mehr, und nach dem Satz »Ich werd' noch was machen aus meim Leben«, treibt es ihn vor das Schaufenster vom Trödler, und auf dem gemeinsamen Tiefpunkt vermählen sie sich: Die Uniform und der Schuster. Der »Hauptmann« wird geboren.

Wir hatten alles so eingehend besprochen, daß wir, als die Dreharbeiten begannen, so in dem Stoff zu Hause waren, daß Helmut und ich wußten, was wir wollten, ohne im Atelier noch viel darüber reden zu müssen.

Was für ein brillanter Regisseur war Helmut Käutner! Und Autor. Und Schauspieler. Und Kabarett-Texter. Wir hatten seit »Kleider machen Leute« nicht mehr zusammen gearbeitet. Doch nun beim »Hauptmann« erlebte ich ihn wieder. Ein hochbegabter Mann mit großem Einfühlungsvermögen und zarter Hand, die einen führte. Nach großen Szenen, die gelungen waren, kein Hosianna, sondern es ging sachlich weiter. Wenn er etwas zu sagen hatte, geschah das ganz persönlich, ohne das ganze Atelier miteinzubeziehen.

Als wir die Szene mit dem sterbenden Liesken, dem ich aus Grimms Märchen vorlese, beendet hatten, war es erst drei Uhr nachmittags. Ich erwartete jeden Moment den Umzug in eine andere Dekoration zur Weiterarbeit. Aber es blieb still im Studio, niemand rührte sich, dann sagte er leise: »Feierabend.«

In diesem Wort lag alles.

Das hätt' ich fast vergessen ...

Mit dem »Hauptmann von Köpenick« wurden 1956 die Internationalen Filmfestspiele in Venedig eröffnet. Ich flog mit Peter, der damals vierzehn Jahre alt war, mit meiner Maschine zum Lido. Auf dem kleinen Sportflughafen begrüßte mich eine junge, wohlproportionierte italienische Schauspielerin mit Küßchen links und Küßchen rechts. Als sie gegangen war, wollte Peter wissen: »Warum hat die dich geküßt?« Ich erklärte ihm, daß sie eine Vertreterin des Festivalkomitees gewesen war. Peter war zufrieden: »Ach so, bloß ein Double.«

Ein Jahr später lief der Film bei den Internationalen Filmfestspielen in San Francisco. Ich wurde mit dem »Golden Gate« als »best actor« ausgezeichnet.

21. Mein Käfig

»Fröhlich kehrt ein Wandersmann zurück...«

Grünwald, im November

Bei den Aufnahmen für den »Hauptmann von Köpenick« hatte ich das Gefühl, noch isolierter als sonst sein zu müssen, war allein im Hotel in Hamburg und praktisch für niemanden zu sprechen. Einen kleinen Dompfaff hatte ich mir gekauft, der im Hotelzimmer auf mich wartete und den sonst niemand betreuen durfte.

Morgens wurde er von mir versorgt und abends, wenn ich heimkam, herausgelassen; dann saß er glücklich auf meiner Schulter, gab Küßchen ans Ohr und sang: »Fröhlich kehrt ein Wandersmann zurück«. Sein Gehör war so perfekt, daß er sofort zu pfeifen aufhörte, wenn sich ein falscher Ton eingeschlichen hatte, und nochmals von vorn begann.

Auch ich hatte mir im Atelier einen »Käfig« geschaffen. In einer Ecke stand ein Verschlag primitiv mit Tisch und Stuhl, Lampe und Sofa. In diesem Kabuff arbeitete ich in den Drehpausen an der nächsten Szene, ohne in die Garderobe gehen zu müssen. Außerdem höre ich gern die Vorbereitungen und Geräusche für die kommende Einstellung von fern, da ich dadurch in meiner Atmosphäre bleibe. Denn das ist sehr merkwürdig: Während es sonst um mich herum nicht still genug sein kann, zu Hause oder auf Reisen, kann ich in meiner Kabause tief und fest schlafen, während im Atelier gehämmert und geredet wird. Verstummen die Geräusche, wache ich sofort auf, denn dann ist alles vorbereitet für die nächste Aufnahme. Schon klopft es an die Tür, und ich werde in die Dekoration geholt.

Bei Außenaufnahmen ist ein Wohnwagen mein Schneckenhaus. Auch in ihm stören mich keine Geräusche. So habe ich bei Außenaufnahmen auf der Schellingstraße in München im dichtesten Verkehr in meinem Wohnwagen wunderbar geschlafen. Ich bin aber überzeugt, daß ich sofort aufgewacht wäre, wenn ein Polizist die Autos umgeleitet hätte.

Der Wohnwagen ist meine Zufluchtsstätte, in der ich lerne, Besprechungen habe, esse und ausspanne. Bin ich längere Zeit auf Außenaufnahmen, wird mir die wichtigste Post nachgesandt, darunter auch oft sehr persönlich gehaltene Autogrammbriefe. Dann verliert der Wohnwagen seine eigentliche Bestimmung und wird zur Post-Nebenstelle. Meine beiden Getreuen und ich werden eifrige »Pöschtler«. Diese beiden gehören nun schon seit Jahrzehnten zu mir und meiner Arbeit; der eine ist Josef Coesfeld, genannt Jupp, und der andere Herr Schreiber, der aber nicht kommt, wenn man ihn so ruft; er reagiert nur auf »Walter«. Was täte ich ohne sie?

Jupp ist mein Maskenbildner, ein wahrer Künstler seines Fachs. Er hat unzählige Masken, Haarteile, Bärte für mich angefertigt. Uns verbindet seit über fünfundzwanzig Jahren ein freundschaftliches Verhältnis. Er arbeitet nicht mehr, aber aus alter Anhänglichkeit macht er mir noch meine Masken. Bereits wenn das Exposé, die erste Form des Manuskriptes, aus dem man die neue Figur ersehen kann, fertig ist, gehe ich zu ihm, in sein hübsches Häuschen am Waldrand, und dann schließen wir uns in seinem Arbeitsraum im Keller ein, und ich erzähle ihm von meiner Rolle aus die ganze Story des neuen Films oder Theaterstückes. Meist beginnt er dabei bereits zu skizzieren, und ich lasse ihn allein.

Einige Tage später werden die Entwürfe besprochen, und wieder nach einiger Zeit sind die ersten Perücken auf Holzköpfe gestülpt, und wir stehen versunken davor, und im stillen, innerlich, spiele ich schon die Figur und fühle, wie sich aus mir und der Maske *eine* Figur entwickelt. Beim weiteren Arbeiten und Lernen hilft es sehr, daß ich weiß, wie ich aussehen werde. Meine Phantasie kann dadurch arbeiten, und so werde ich mehr und mehr vertraut mit der neuen Figur, ehe ich ins Atelier gehe.

Ein einziges Mal ist es ihm – nein, uns – passiert, daß wir eine Maske machten, die nicht zu verwenden war.

Aus einem sehr anerkennenswerten Grund: sie war zu gut, zu echt! Es war die Stupsnase für den »Schwejk«. Doch lassen Sie mich davon später erzählen.

Jupp ist Rheinländer, Walter Berliner. Die beiden haben einen köstlichen Umgangston miteinander gefunden, und wenn sie merken, daß es nicht meine Konzentration auf die Rolle stört, werden beim An-, Um- und Ausziehen heitere Geschichten und neue Witze erzählt. Kein Tag vergeht, an dem mich nicht mein Garderobier mit einem »Guten Morgen, junger Mann« begrüßt. Wenn wir in Hamburg drehen, wo er zu Hause ist, steht Obst aus seinem Garten auf dem Tisch, und er erkundigt sich, wie es der »Süßen« geht, womit er meine Frau meint.

Während der Arbeit an einem Film, in dem ich einen kinderlieben Ladenbesitzer spielte, der sich auf Reisen begibt, um einem kleinen Mädchen eine ganz bestimmte Spieldose zu schenken, bekam ich von meiner Frau etwas Ähnliches: einen Zwerg mit eingebautem Musikautomaten. Der hing im Wohnwagen am Kopfende meiner Liegestatt. Wenn Walter mich mittags zum Schlafen zugedeckt hatte und die Vorhänge geschlossen waren, zog er an dem Männlein, und es ertönte »Schlafe, mein Prinzlein, schlaf ein...« Walter deutete dann auf das Bild meiner Frau: »Gedenkstunde, junger Mann!«

Der Wohnwagen ist meine Welt, wo immer er steht. Einmal parkten wir, umgeben von Gartenanlagen, denen man die jahrhundertelange Pflege ansah, im Hof eines Schloses in Sussex, Südengland, das Heinrich VIII. Anna Boleyn geschenkt hatte und das heute Lord und Lady Astor gehört. Walter bügelte Kleidungsstücke auf einem Brett, das zwischen zwei Stühle gelegt war, Jupp saß in einem alten Lehnstuhl aus dem Schloß und knüpfte an einem Haarteil, während meine frisch gewaschene Unterwäsche und Strümpfe an einem aufgespannten Strick baumelten. Und das alles vor würdevoll-aristokratischem Hintergrund. Ein Idyll.

»Wie die Zigeuner«, rutschte es mir heraus.

Während der Außenaufnahmen für »Gefundenes Fressen« in München fuhr mich der Firmenwagen eines Morgens in immer vertrautere Gegenden. Dann hielten wir vor meinem Wohnwagen. Er stand ausgerechnet vor dem Mietshaus Schlotthauerstr. 5! Vor jenem Haus, aus dem ich als Junge mit der Schulmappe auf dem Rücken heraus- und hineingerannt war. Vor dieser Haustür wurde ich nun als »Penner« zurechtgemacht.

Zufall? Schicksal? Ich glaube, je älter ich werde, an Schicksal, nicht an Zufälle. So wie Albert Schweitzer: »Der Zufall ist das Pseudonym, das der liebe Gott sich zulegt, wenn er unerkannt bleiben möchte.«

22. Ein Blick zurück

Von A(lbers) bis Z(arah)

Grünwald, November

Unter der heutigen Post war der dicke Brief einer alten Dame aus Offenbach am Main. Sie möchte mir eine Freude machen, schrieb sie, und schicke mir viele Künstlerpostkarten mit Autogrammen, die ihr Mann fleißig gesammelt hatte. Nun sei er nicht mehr, und sie müsse sich von vielem trennen, da sie in ein Altenheim ziehe.

Ein ganzes Schicksal sprach aus diesen wenigen Zeilen. Ich breitete die Fotokarten auf meinem Schreibtisch aus, Erinnerungen wurden wach. Die Bilder bekamen Leben.

Im weißen Arztkittel schaut mich Paul Hörbiger an, mit dem ich eine schöne Zeit während unserer Dreharbeit zu »Lumpazivagabundus« in der Wachau erlebt habe. Mit ihm und Hans Holt, von dem auch ein Foto dabei ist, bin ich am Ufer der Donau entlangmarschiert, zu der Melodie: »Wozu ist die Straße da, zum Marschieren...«

Ein Bild der lustigen Fita Benkhoff ist dabei, mit der ich viel und gern am Theater und auch in Filmen spielte. Daneben Leny Marenbach, Partnerin aus vielen Filmen, und ebenfalls aus Essen. Theo Lingen, Magda Schneider und der unverwüstliche Luis Trenker, der immer schon auf eine urwüchsige Art zu erzählen verstand und dessen Vorrat an Geschichten unerschöpflich scheint.

Karl Ludwig Diehl, ein alter, guter Freund, bei dem ich oft auf der Jagd an der Oder, nicht weit von Berlin, war. Ein Herr, der sich, scheint's, nur zu uns Künstlervolk verlaufen hatte.

Eine Bildkarte ist darunter, die ich seit langem gesucht habe, weil sie mir in den Kriegswirren verloren-

28 Als schlitzohriger Prager Hundefänger in dem Film »Der brave Soldat Schwejk«, 1960.

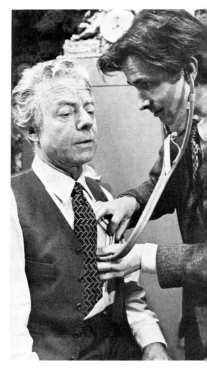

29 Sylvester 1975 Wiener Staatsoper, als Frosch i. d. Operette »Die Fledermaus«, unter H. v. Karajan.

30 Mit Christopher Bantzer in dem Fernsehspiel »Der Pfandleiher«, 1971.

31 Als Buchhalter Kringelein i. d. Verfilmung v. Vicki Baums Roman »Menschen im Hotel«, 1959.

32 Mit Helmut Käutner, der 1956 den Film »Der Hauptmann von Köpenick« inszenierte. ▶

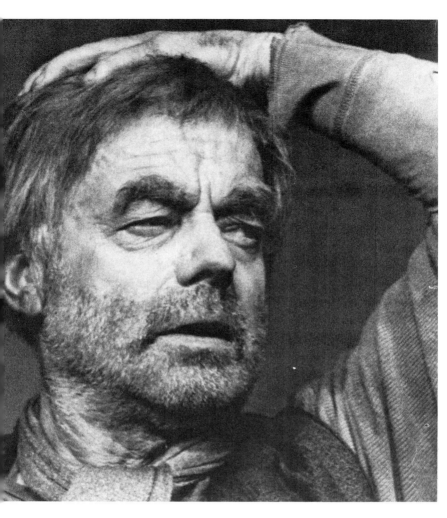

33 In dem amerikanischen Film »Das Narrenschiff« mit Gila Golan u. Michael Dunn, Regie Stanley Kramer, 1965.

34 Mit Rolf Henninger im. TV-Film »Der Tod des Handlungsreisenden« (Arthur Miller), 1968.

35 Als Mick in »Der Hausmeister« von Harold Pinter, Münchner Kammerspiele, 1972.

36 Mit Ernst Schröder i. d. Kortner-Inszenierung v. Samuel Becketts »Warten auf Godot«, Münchner Kammerspiele, 1954.

37 Mit Paul Verhoeven in »Sonny Boys« von Neil Simon, Münchner Kammerspiele, 1974.

8 Mit Fritz Tillmann in dem Fernsehfilm »Endpurt« von Peter Ustinov, 1970.

39 Als Landstreicher Alfred unter Michael Verhoevens Regie i. d. Film »Gefundenes Fressen«, 1977.

40 Mit d. berühmten Clown Oleg Popov in »Stars in der Manege«, Circus Krone, München. Wurde Sylvester '80 v. ZDF übertragen.

41 Als Clown in ein[e] Gala-Wohltätigkeits-Vorstellung, Circus Krone, München.

ging: Erich Ponto aus dem Film »Kleider machen Leute« nach der Novelle von Gottfried Keller.

Wir beide sitzen in einem hohlen Baumstumpf, er – märchenhaft angezogen mit kleinem Hütchen und Feder – in der Rolle eines Puppenspielers, eine winzige Figur über die Hand gezogen. Dieses Foto wirkt noch heute wie aus einer anderen Welt. Der Film wurde während des Krieges auf dem Studiogelände in Prag gedreht, der ganze Ort Goldach war aufgebaut, alles tief verschneit, mitten im Sommer, jedes Requisit mit Liebe ausgesucht, ein Film wie aus einem Guß! Helmut Käutner hat ihn inszeniert.

Ich schaute das Bild lange an.

Erich Ponto mit dem gescheiten, gütigen Gesicht des weisen Puppenspielers, der mir – beziehungsweise dem Schneider Wenzel – den Weg in die Zukunft weist. Er ist mein Vorbild und wird es bleiben!

Er war oft – und dafür bin ich den Theatergöttern dankbar – mein Partner, und nicht selten vergaß ich weiterzuspielen, weil ich davon fasziniert war, wie er es machte. Er »machte« nämlich gar nichts. Es war unnachahmlich. Geringe Klangfärbungen schufen den Charakter, sein Gang, seine Körperhaltung änderten sich.

Er spielte auch in Filmen, die ich inszenierte, und dabei erlebte ich den hohen Grad unserer Übereinstimmung: Ich brauchte nur in eine bestimmte Richtung zu *denken,* und schon setzte es sich in ihm darstellerisch um.

Ich habe viel von diesem genialen Schauspieler gelernt. Da wir beide lieber schwiegen als redeten, haben wir keine großen Worte gewechselt. Aber er hat wohl gefühlt, wie ich ihn mochte und verehrte. Und er hat es still und gelassen mit seinem nur ihm eigenen Lächeln in den Augen zur Kenntnis genommen.

Gleich neben seinem Foto liegt das Bild eines anderen Kollegen, der in einem Regiefilm von mir die Hauptrolle spielte: Hans Söhnker in »Der Engel mit dem Saitenspiel«. Ein leiser, ausgewogener Film, den ich sehr mochte. Leider ist er in den Wirren des Kriegsendes untergegangen.

Während der Dreharbeiten an diesem Film wurde Hans Söhnker ausgebombt. Ich sehe ihn noch freudestrahlend – freudestrahlend! – aus den qualmenden Trümmern seines Hauses kommen, in der Hand einen Anzug! »Heinz, er ist noch da!« rief er mir zu. Er wußte, daß er diesen Anzug in einer abgedrehten Szene getragen hatte und ihn für eine weitere noch zu drehende Szene brauchte, die im Handlungsablauf unmittelbar an die bereits aufgenommene anschloß!

Heidemarie Hatheyer, Heinrich George, Friedrich Kayßler und viele, zu denen ich voll Bewunderung aufsah, waren durch den Brief der alten Dame um mich versammelt.

Auch Albert Matterstock ist vertreten, der unter meiner Regie der Partner von Hertha Feiler in »Lauter Lügen« war. Ein großer, schlaksiger Junge, der damals schon so ganz nebenbei, wie improvisiert zu sprechen verstand. Er nahm in den Pausen Umstehenden immer die Zigarette weg: »Muß mal schnell 'nen Lungenstoß machen.«

Bald ist der Reigen alter Erinnerungen zu Ende; das schöne Gesicht von Zarah Leander schaut mich an. Ich habe ganz früh ihren Anfang in Wien erlebt. Nach einem Drehtag saß ich in einer Bar, bei meinen geliebten Zigeunern, als eine Gruppe Schauspieler hereinströmte. Angeregt, begeistert, in Hochstimmung. Es waren Kollegen, die die Premiere von »Axel an der Himmelstür« feierten. In ihrer Mitte eine junge schwedische Schauspielerin: Zarah Leander. Immer wieder wurde ihr zugeprostet und ihr Erfolg gefeiert. Man wollte die ganze Nacht aufbleiben und auf die ersten Zeitungen warten.

»Rühmann, da müssen Sie hin«, rief mir einer zu, »die Stimme schmeißt Sie um.«

Am nächsten Morgen, nach sensationellen Kritiken, begann ihre Karriere. An diesem Premierenabend war sie *durch* die Himmelstür geschritten. Viele Jahre leuchtete ihr Stern am Film-Himmel.

Einer durfte in diesem Kreis nicht fehlen. Einer, der mich immer als »Kollege von der Sommerbühne« begrüßte, was ich mit einem »Wie geht's, ›großer Kollege‹« beantwortete. Diese Begrüßung war zu einem festen Ritual zwischen uns beiden geworden. Zwischen Hans Albers und mir.

Er war ein Naturereignis. Als Mensch wie als Schauspieler. Schwer, bei ihm die Grenze zwischen beidem zu ziehen. Mit ihm habe ich unzählige heitere Dinge erlebt, die nur aus seiner einmaligen Position am Theater und im Film zu verstehen sind.

Seine Karriere begann am 23. Oktober 1928. Ich weiß das Datum so genau, weil es der Premierentag einer Inszenierung meines Freundes Heinz Hilpert war. »Verbrecher« von Ferdinand Bruckner wurde gespielt, Oskar Homolka sollte die Rolle des stellungslosen Kellners Gustav Tunichtgut übernehmen; ein Mannsbild, das für und von den Frauen lebte. Homolka gab die Rolle zurück, und Hilpert wollte dafür einen bestimmten Schauspieler haben, der Abend für Abend im Varieté der Komischen Oper in Frack und Zylinder aus großer Höhe in ein schmales Wasserbecken sprang. Sein Name: Hans Albers.

Hilpert setzte seine Forderung durch. So kam es, daß der junge blonde Mann als Partner von Lucie Höflich neben Gustaf Gründgens, Maria Fein und Mathias Wieman auf einer Reinhardt-Bühne stand.

Ganz Berlin kam zur Premiere, ganz Berlin stand kopf. Er war großartig, er spielte nicht, er *war* der Weiberheld, der ans Gesparte seiner Bräute ging und der unser aller Mitleid hatte, als er für einen Mord büßen soll, den er gar nicht begangen hat.

Ich war in der Premiere und tief beeindruckt, ohne zu ahnen, daß wir bereits drei Jahre später gemeinsam filmen würden.

»Bomben auf Monte Carlo« hieß unser erster gemeinsamer Film, und auch da mußte er, wie einst im Varieté, ins Wasser springen. Gleich zweimal, denn der Absprung von der Brücke eines Kriegsschiffs, dessen Kommandant er war, wurde im Atelier gedreht, und Hans landete nicht im Wasser, sondern in einem Netz, während der zweite Teil, das Ein- und Auftauchen aus dem Wasser, in Wannsee gedreht wurde. Beide Aufnahmen wurden dann so zusammengeschnitten, daß sie einen einzigen Sprung zeigten.

Bei der Wannsee-Aufnahme bat Hanns Schwarz, unser Regisseur, den blonden Hans, so lange wie möglich unter Wasser zu bleiben, weil er die Kreise brauchte, die sich nach dem Sprung auf dem Wasser bildeten, um langsam darüber abzublenden. Mein Hans tut das auch, kommt schnaufend und außer Atem weit draußen wieder hoch und ruft: »War es gut?« Herr Schwarz brüllt durchs Megaphon: »Ausgezeichnet! Aber wir müssen den Sprung wiederholen!«

»Warum?« will Hans Albers wissen.

Schwarz durchs Megaphon: »Fassen Sie sich mal auf den Kopf!«

Hans tut's und taucht sofort wieder unter. Was war geschehen? Inmitten der Wellenkreise an der Eintauchstelle schwamm das Toupet des blonden Hans.

Die Außenaufnahmen fanden natürlich in Monte Carlo statt. An der Mole lag ein abenteuerlich zurechtgemachtes Fahrzeug, das man mit viel Phantasie für ein Kriegsschiff halten konnte.

Das Drehbuch verlangte, daß mein großer Kollege und ich aus einer Barkasse an Land sprangen und frohgemut schlendernd eine hohe Treppe zum Kai hinaufgingen, im Takt zu Werner Richard Heymanns Melodie: »Das ist die Liebe der Matrosen...« Herr Heymann war zu diesem Zwecke extra aus Berlin angereist, um uns die paar Takte vorzupfeifen; es war ja ein Großfilm!

Wir fanden die Probe schon sehr schön, aber Herr Schwarz meinte: »Machen Sie das noch mal, meine Herren, und ohne diese Operettenbewegungen!«

Große Pause.

Dann sagte der blonde Hans zu mir: »Haben Sie das gehört, Herr Kollege, Operettenbewegungen!« Dann zu unserem Regisseur: »Also, ich will das aber nicht gehört haben, Herr Spielleiter. Für heute ist Schluß. Spielen Sie Ihre Operette alleene!«

Fort waren wir. Wir gingen, so geschminkt und kostümiert wie wir waren, zuerst ins Café gegenüber vom Casino. Dann betraten wir stolz in unserer weißen Offiziersuniform den Roulettesaal, wo ich mit großer Geste einen Hundert-Franc-Chip auf eine Zahl warf. Der

Croupier unterbrach das Spiel, und ich wurde diskret zur Direktion gebeten. Dort fragte man mich ausgesucht höflich, wo ich den Chip herhätte, und ich antwortete wahrheitsgemäß: von einer Freundin in Berlin, er sollte mir Glück bringen. Man lächelte bedauernd: der Chip war schon einige Jahre alt, und jedes Jahr wechselte das Casino die Farbe der Jetons, um »Irrtümer« auszuschalten. Ich erhielt einen schönen neuen Hundert-Franc-Jeton, und man wünschte mir »bonne chance«.

Zwei Minuten später war er weg. Bei meinem sprichwörtlichen Pech im Spiel hatte ich es auch gar nicht anders erwartet.

Schon damals wiederholte sich jeden Morgen, wenn Hans Albers ins Studio kam, das gleiche Spiel: Nach einem kräftigen »Guten Morgen« stellte er die Kasperl-Frage: »Seid ihr alle da?« Darauf die ganze Belegschaft im Chor: »Jaaa!« Hannes war's zufrieden, jetzt konnte er seine Pointe abschießen: »Darum s-tinkt's auch so!«

Gemeinsames Morgengelächter.

Später nahm er noch eine Abend-Variante auf. Nach Drehschluß erklärte er: »So, jetzt wird einer reingelegt!« Prompt fragte einer: »Wer denn?« Und Hannes verkündete triumphierend: »Der Arsch ins Bett!«

Es hatte etwas Befreiendes, seine Freude an der eigenen Pointe zu erleben.

In »Der Mann, der Sherlock Holmes war« ergänzten wir uns, glaube ich, ideal. Er, der Draufgänger in Frack und Zylinder, ich, sein nachdenklicher, zögernder Assistent, als Dr. Watson mit rundem Hut, runden Augen und Geigenkasten.

Mein großer Kollege lernte damals nicht gern und ließ sich seinen Text auf große schwarze Tafeln, »Neger« genannt, mit Kreide schreiben. Stets war einer mit klarer schöner Schrift tätig, um die nächste Szene vorzubereiten.

Die Tafeln standen außerhalb der Dekoration, von kleinen Scheinwerfern angestrahlt, damit sie bei seinen Bewegungen und Gängen immer in seinem Blickfeld waren. Er hatte das Ablesen zur Perfektion entwickelt. Wenn z. B. eine Stelle kam, an der er gern seine blauen Augen blitzen lassen wollte, war die Text-Tafel oberhalb eines Fensters angebracht.

In einer Szene dieses Films verblüffte er uns alle: Er hatte eine längere Rede an die Gangsterbraut, dargestellt von Hilde Weissner, zu richten, vor der er im Frack, den Zylinder in der Hand, stand.

Die Rede legte er perfekt hin. Kein verstohlener Blick auf einen Neger, gelegentlich nachdenkliche Blicke nach unten. Am Ende der Rede warf er seine weißen Handschuhe elegant in den Chapeau claque.

Beifall im Atelier. Hannes genoß ihn, dann zog er lächelnd einen Spickzettel mit seinem Text aus dem Zylinder und zeigte ihn uns voller Stolz.

Der Spaß mit den »Negern« hat sich zwischen uns beiden über Jahrzehnte erhalten. Als ich einmal einen schwierigen Text zu sprechen hatte, empfahl er mir, ihn auf einen »Neger« schreiben zu lassen. Meine Antwort: »Geht nicht, ist ja keiner mehr frei!«

Ein andermal blieb ich in einer seitenlangen Epistel stecken. Hannes meinte: »Herr Kollege von der Sommerbühne, ich würd's mal mit Lernen versuchen.«

In unserem letzten gemeinsamen Film »Auf der Reeperbahn nachts um halb eins« spielten wir zwei alte Freunde, die sich vor Jahren getrennt hatten; der große Hans fuhr noch zur See, der Kleine war im Amüsiergeschäft auf St. Pauli tätig. Nun hatten sich beide wiedergefunden, wollten zusammenbleiben und schmiedeten Pläne. Ein großes Etablissement wollten sie aufmachen, mit Sängern, Artisten, Jongleuren, Ballett, hundert nackten Mädchen!

Der Dialog zwischen uns war einfach:

Ich: »Eine Revue muß her, und die nennen wir...«

Er ergänzt: »... auf der Reeperbahn nachts um halb eins!«

Wir hatten die Szene schon vierzehnmal gedreht, doch ausgerechnet dieser Satz, den er Tausende von Malen gesungen hatte, kam nicht.

Längst war die normale Arbeitszeit überschritten. Geduldig hielten Regisseur Liebeneiner, Kameramann Kurt Schulz und Belegschaft aus. Ich machte einen Vorschlag: »Großer Kollege, ich werde sagen: ... und die nennen wir ›Auf der Reeperbahn‹..., dann brauchen Sie nur zu ergänzen: ... nachts um halb eins!«

»Fabelhaft!« Albers war sofort wieder obenauf und fragte Liebeneiner: »Warum drehen wir nicht endlich?!«

Also: Licht! Ton ab! Die 267 das fünfzehnte Mal, bitte Aufnahme.

Ich: »Eine Revue muß her, und die nennen wir ›Auf der Reeperbahn‹...«

Präzise ergänzt Hans: »...nachts um halb *zwei*.« Strahlend sieht er sich um, überzeugt, die Hürde genommen zu haben.

So etwas gibt es, gibt es bei jedem von uns! Sätze, oft nur Worte, über die ein Schauspieler nicht wegkommt. Wieso? Es gibt keine Erklärung dafür, und das finde ich beruhigend. Es zeigt, mit wieviel Unwägbarkeiten wir in unserem Beruf rechnen müssen.

Von einer Schauspielerin war keine Künstlerkarte dabei. Möglicherweise hat es nie welche von ihr gegeben. Sie hat sich bestimmt nicht viel daraus gemacht, in den zwanziger Jahren in den Schaufenstern der Schreibwarengeschäfte zu hängen.

Sie hat nie gefilmt. Vor vielen Jahren habe ich beim Berliner Rundfunk eine Aufnahme vom »Mustergatten« mit ihr gemacht. Nach dem Krieg meldete sie sich aus Niederbayern, dann später aus dem Bayerischen Wald, wo sie und ihr Mann sich ein Häuschen gebaut hatten, weit fort in der Stille. Beide konnten, nach alldem, was sie in Gefängnissen und KZ durchgemacht hatten, keinen Lärm mehr vertragen. Wir schrieben uns, telefonierten viel und beschlossen, uns wiederzusehen. An ihrem Geburtstag.

Auf der langen Fahrt, fast bis zur tschechischen Grenze, erzählte ich meiner Frau von ihrer Ophelia, ihrer Shawschen Cleopatra mit Werner Krauss, ihrer hinreißenden Pippa von Gerhart Hauptmann, der sie mit seiner Freundschaft auszeichnete.

In einer zauberhaften Landschaft fuhren wir den letzten Hügel hinauf und durch einen Torbogen, der mit seinen schweren Balken und seiner eigenwilligen Form an frühere Besitzungen in Schlesien erinnerte, bis vor ein kleines verträumtes Häuschen, vor dessen Tür sie stand: Else Eckersberg, an der Hand ihres Mannes, Yorck Graf von Wartenburg.

Die Jahre waren vergessen, wir fielen uns in die Arme, die Geburtstagsgeschenke wurden ausgepackt, der Nachmittag gehörte uns. Abends kamen Gäste, dreißig, vierzig. Das Wohnzimmer wurde zum Theater, Stühle in Reihen aufgestellt, auf einem kleinen Podest erleuchteten zwei Kandelaber mit Kerzen den Raum. Blumen in hohen Vasen an beiden Seiten der improvisierten Bühne, an deren Rampe der Hausherr mit dem Textbuch saß.

Seine Frau huschte in die Stille hinein, setzte sich in einen prächtigen Sessel, nur das Licht der Kerzen fiel auf sie. Sie spielte uns »Hanneles Himmelfahrt« vor, auswendig. Mit achtzig Jahren war sie mit junger Stimme das Hannele, entzückend in ihren eckigen Bewegungen, und wir folgten ihr auch in allen anderen Rollen, die sie charakterisierte, atemlos bis zum Ende ...

Danach das Schönste, was einem Schauspieler widerfahren kann: ergriffene Stille. Ich erhob mich als erster, verneigte mich und schloß mich dann dem einsetzenden Beifall an, der kein Ende nehmen wollte.

Wir blieben bis zum nächsten Tag; eine späte, aber um so innigere Freundschaft begann.

Das hätt' ich fast vergessen ...

Zu diesem Kapitel will ich nichts sagen, sondern mich nur entschuldigen. Nämlich bei all jenen Kollegen, mit denen ich gern zusammengearbeitet habe und die ich in meinen Erinnerungen nicht erwähnt habe. Doch wo aufhören, wenn man, wie ich, das Glück hatte, über sechzig Jahre mit drei Generationen von Kollegen zu spielen. Dank an alle – und nun doch noch ein paar Sätze über Else Eckersberg, weil sie mehr in Vergessenheit geraten ist, als viele ihrer Kolleginnen. Nicht durch eigene Schuld, sondern aus politischen Gründen.

Die zwanziger Jahre waren ihre große Zeit. Als 1921 das Theater am Kurfürstendamm mit »Ingeborg« von Curt Goetz eröffnet wurde, spielte sie die Titelrolle, und Herbert Ihering, der so schwer aus seiner Reserve zu bringende Theaterkritiker, jubelte über ihre Leistung:

»Nach den vielen Dilettantinnen, die in Berlin Salondame und Naive spielen, war es eine Erholung, in einer solchen Rolle eine Schauspielerin zu sehen, die gliedern, sprechen und variieren kann.«

Mit Elsa Wagner war sie eng befreundet, und ich erinnere mich, wie diese, nachdem Else Eckersberg den ungarischen Baron von Schey geheiratet hatte, alle Welt fragte: »Was soll ich bloß sagen, wenn man mich fragt, bei wem ich eingeladen bin? Ich kann doch nicht sagen, ich gehe zu Scheys.«

23. Nachdenkliches – federleicht

Verbeugung vor einem großen Autor und Kollegen

Grünwald, Ende November

Das Kalenderblatt von heute hat einen hübschen Spruch:

> *»Das genügsamste Tier ist das Kamel.*
> *Deshalb ist es ja ein Kamel.«*

Leider steht nicht dabei, von wem diese Erkenntnis ist. Da ich es weiß und die Stücke des Mannes, von dem dieser Satz stammt, sehr schätze, nehm' ich den Bleistift und schreib' seinen Namen darunter: Curt Goetz.

In dreien seiner Filme habe ich gespielt: »Dr. med. Hiob Prätorius«, »Das Haus in Montevideo« und »Hokuspokus«. Zuerst hatte ich Hemmungen, die Rollen zu übernehmen, in denen ich den Meister selbst gesehen hatte, von dem eine solche Überlegenheit, ein derartiger Charme, aber auch eine so elegante Ironie ausging, daß es unmöglich schien, die Rollen anders zu gestalten, als er sie gespielt hatte.

Umgestimmt wurde ich erst durch einen Brief seiner Frau, Valerie von Martens, in dem sie schrieb, daß er in letzter Zeit vor seinem Tod betont hätte, daß ich mit meinem Humor und Understatement seine Rollen spielen könne, wenn er mal nicht mehr sei.

»Der Kleene« ist mein Nachfolger, soll er gesagt haben.

Also riskierte es der »Kleene«. Der Professor Traugott Nägler in »Das Haus in Montevideo« war die erste Goetz-Rolle. Sie erinnern sich, der ehrpusselige Professor mit den zwölf Kindern und der dazugehörigen reizenden Frau und Mutter (Ruth Leuwerik), der freudestrahlend verkündet, er habe ein Haus in Montevideo geerbt, bis ihm dämmert, daß es sich dabei um ein Freudenhaus handelt!

Ich hab' den Film vor zwei Jahren noch einmal mit Publikum gesehen. Er lief im Bordkino der guten alten »Europa«, kurz bevor sie am Pier von Montevideo festmachte.

Ich habe mich lange gegen ein Wiedersehen mit alten Filmen gesträubt. Es kann so entlarvend sein. Der Erfolg von einst erscheint bei späterer Betrachtung nicht selten als mit zu äußerlichen Mitteln erkauft. Man wird kritischer mit den Jahren. Mir jedenfalls geht es so. Schwächen von einst, Oberflächlichkeiten im Spiel, schmerzen mich, sehe ich sie Jahrzehnte später, gerade physisch.

Beim »Haus in Montevideo« war das jedoch nicht der Fall. Ein Verdienst der literarischen Vorlage, der klaren Regie und der Besetzung auch kleiner Rollen mit hochkarätigen Schauspielern. Viktor de Kowa, zum Beispiel, mit dem ich nach fast dreißig Jahren in diesem Film wieder zuammen spielte, und der erdverbunden-kräftige Paul Dahlke, der mit einem stummen Blick – aber was für ein Blick! – oft mehr sagen konnte als manch anderer in langen Sätzen.

GOETZ ÜBER RÜHMANN

Als Rühmann aufkam, wurde er schon »der kleine Goetz« genannt. Eine sehr tiefe Verbundenheit und Gleichgestimmtheit band meinen Mann an »seinen kleinen Rühmann«, wie er ihn zärtlich nannte. Aber so wie Rühmann ihm gegenüber schüchtern war und ihm nie deutlich sagen konnte, wie er Curtchen erfaßte und liebte, so war auch Curtchen zu schüchtern, um Rühmann große Komplimente zu machen. So standen sich die beiden stumm gegenüber und wußten doch, wie sehr sie irgendwie zusammengehörten. Mein Mann wußte das vielleicht noch mehr als Rühmann. Die Besetzung mit ihm ist daher 100 Prozent im Sinne Curtchens.

Aus einem Brief, den Valerie von Martens am 5. März 1963 an den Produzenten dieses Films schrieb

---

Zwei vollbesetzte Vorstellungen und eine dritte für die Besatzung! Ich war überrascht, welche Wirkung noch immer von dieser geistreichen Konstruktion und den pointierten Dialogen von Curt Goetz auf das Publikum überging. Nach fast zwanzig Jahren war auch mir manches nicht mehr so geläufig, und ich gehörte mit zu den lautesten Lachern.

Denn bei mir ist das so: Ich lache nicht über mich, sondern über den Schauspieler, der den Professor Nägler spielt, und spreche nicht von mir in der Rolle, sondern von »ihm«. »Schau, was er jetzt macht«, sag ich dann zu meiner Frau, wenn z. B. der Professor in einer köstlichen Szene, in der er seine Tochter an den Mann bringen will, auf den zukünftigen Schwiegersohn zustelzt.

Wenn ein Schauspieler sich voll mit einer Filmrolle identifiziert, dann wird aus der Scheinwelt des Films oder des Theaters die Wirklichkeit.

Nach der Komödienwelt der Leinwand folgte am nächsten Tag die Realität: Meine Frau und ich stehen an der Reling, und vor uns liegt Montevideo. Passagiere eilen an uns vorbei, sie können es nicht erwarten, an Land zu kommen. Einer ruft uns zu: »*Sie* brauchen sich ja nicht zu beeilen, Sie kennen das ja alles schon!«

Einer der vielen, die sich nicht vorstellen können, daß unsere Filmaufnahmen nicht in Montevideo gedreht worden sind! Alles war im Atelier aufgebaut und von Helmut Käutner souverän in einem einheitlichen Stil verbunden worden.

Später, bei einer Stadtrundfahrt mit einem bayerisch sprechenden Fahrer, entdeckten wir in einem Vorort ein Häuschen, das uns besonders gefiel; es lag versteckt, idyllisch in einem Blumengarten, und hinterm Zaun stand ein Schild, das in spanisch und englisch verkündete: »Zu verkaufen«. So mag das Haus ausgesehen haben, das sich Goetzens Professor Nägler vorstellte, als er von der Erbschaft hörte.

Meine Lieblingsrolle unter den Goetz-Figuren war jedoch nicht der Professor, sondern der Dr. Prätorius. Ich spielte ihn unter der Regie von Kurt Hoffmann, und

Lilo Pulver war meine Partnerin. Lilo läßt keine Gelegenheit aus, in die Klamotte auszubrechen und mit ihrer Fröhlichkeit und Spiellaune richtig herzhaft »aufzutragen«. Wenn sie dann mein entsetztes Gesicht sieht, lacht sie in einer Tonstärke, die die Mikrophone klirren läßt, und hält dabei eine Hand auf den Bauch, den sie gar nicht hat.

Die Rolle des Hiob Prätorius bietet einem Schauspieler drei Höhepunkte.

Einmal das Dirigieren von »Gaudeamus igitur« vor dem Studentenorchester, auf das ich mich vom Dirigenten Kurt Graunke vorbereiten ließ.

Dann die große Rechtfertigungsrede von der Ärzteschaft.

Und schließlich – schauspielerischer und inhaltlicher Höhepunkt des Stücks – das Kolleg über die »Mikrobe der menschlichen Dummheit«, das Prätorius im Auditorium der Anatomie vor Studenten und Studentinnen hält.

Aus produktionstechnischen Gründen wurden dieser und einige andere Komplexe in Prag gedreht. Ich hielt also diese Ansprache vor jungen tschechischen Menschen. Sie bekam dadurch einen besonderen Unterton, eine zusätzliche Dimension. Einerseits belastete es mich, diese Botschaft des Humanismus als Deutscher einem solchen Auditorium zuzurufen, andererseits war ich stolz, daß ein deutscher Schriftsteller schon vor vielen Jahren diese Worte gefunden hatte, die ihre Bedeutung für die Welt nicht verloren haben.

Ich kann die schönsten Stellen der Rede noch heute auswendig.

»Ihr wollt also Ärztinnen werden, Kranke gesundmachen. Bravo! – Das macht viel Spaß, solange sie nicht sterben. Aber wo der Arzt ist, ist Krankheit, und wo Krankheit ist, ist Tod.«
(Er tritt jetzt an das Skelett und steht ihm Kopf gegen Kopf gegenüber.)
»Nichts Majestätisches hat dieser Geselle. Kein Mittel ist ihm zu schlecht, keine Mikrobe zu winzig. Nicht, daß wir ihn fürchten – aber es ist unsere Pflicht

als Ärzte, ihn zu hassen. Von ganzem Herzen und von ganzer Seele. In seiner Gesellschaft werdet Ihr Euch Euer ganzes Leben lang bewegen müssen. Und Ihr habt doch nur dieses *eine* Leben! Wißt Ihr überhaupt, wie schön die Welt ist?« (Ein paar Studenten, durcheinander: Jawohl, Herr Professor.)
»Nichts wißt Ihr! Ihr wißt etwas von Atombomben und internationalen Konflikten. Von Völkern wißt Ihr, die, um Heim und Leben zu schützen, sich Regierungen wählten. Und dann haben Sie Ihr Heim zu verlassen und Ihr Leben zu geben, um diese Regierungen zu schützen. Millionen junger Menschen, die nicht kämpfen wollen, bekämpfen Millionen anderer junger Menschen, die ebenfalls nicht kämpfen wollen. Und die Errungenschaften der Wissenschaft scheinen zu keinem anderen Zweck errungen zu sein, als um alles Errungene wieder zu zerstören!
Das ist die Welt von heute!
Aber – kann das Morgen nicht anders sein? Nach dem Gesetz, daß ein Mittel gegen eine Krankheit immer dann gefunden wird, wenn diese Krankheit ihren Höhepunkt erreicht hat, nach diesem Gesetz muß heute oder morgen die Mikrobe der menschlichen Dummheit gefunden werden!«
(Alle trampeln, klatschen.)
»Und wenn es uns gelingt, ein Serum gegen die Dummheit zu finden, dann wird es im Nu keinen Haß und keine Kriege mehr geben, und an die Stelle der internationalen Diplomatie wird der gesunde Menschenverstand treten!« (Sehr nachdenklich.)
»Die Dummheit tot – welche phantastische Perspektive –!«

Ich weiß keinen besseren Schluß für dieses Kapitel.

DAS HÄTT' ICH FAST VERGESSEN ...

Auf einem kleinen Bord in meinem Arbeitszimmer liegt ein Taktstock. Es ist jener, mit dem ich als Prätorius dirigierte ... Manchmal kann ich's nicht lassen: Wenn im

Radio »Gaudeamus igitur« erklingt, juckt es mich in den Fingern. Ich dirigiere dann. Nur für mich allein.

Ich habe in Filmen nach Vorlagen von Friedrich Dürrenmatt gespielt (»Grieche sucht Griechin« und »Es geschah am hellichten Tag«), es hat mich gereizt, meine Leinwand-Version des Kommissar Maigret nach einem Roman von Georges Simenon darzustellen, alles schöne, gehaltvolle Aufgaben, aber in den Figuren von Curt Goetz, da habe ich Brüder im Geiste erkannt.

24. »Der kleine Mensch im Lehnstuhl durt...«

Von der Kunst, ein gescheiter Dummer zu sein

Grünwald, November

»Der brave Soldat Schwejk« ist mir in der Erinnerung der liebste Film. Nicht der »Hauptmann von Köpenick«, wie viele vermuten werden.

Wahrscheinlich liegt es daran, daß ich mit dieser Figur größere Schwierigkeiten hatte als mit dem Schuster Voigt. Den Hundefänger Schwejk, Joseph konnte ich lange nicht in den Griff bekommen, trotz freundschaftlicher Hilfe durch Axel von Ambesser, den Regisseur.

Wir drehten aus verschiedenen Gründen in Wien, und es irritierte mich schon, daß dort die Schwejks nur so auf der Straße herumliefen. Sie konnten alle perfekt bömakeln, während ich es mir erarbeiten mußte. Außerdem klappte es nicht so recht mit der Maske, das heißt, die künstlerische Knubbelnase war zwar wunderschön, machte mich aber fremd. Sie war kein Teil meiner selbst und wurde es auch durch das Spiel nicht. Zuerst glaubte ich, es auffangen zu können, aber als auch nach dem dritten Drehtag die Muster mich nicht befriedigten, sprang ich über meinen Schatten und rief Dr. Barthel an, den ich von der Berolina-Film her kannte und der inzwischen Produktionschef der Gloria-Film geworden war. Ich bat um Wiederholung der ersten drei Drehtage. So etwas war mir noch nie passiert, und ich genierte mich sehr. Doch sowohl der Gloria-Verleih wie Artur Brauner, der Produzent – nach Rückkehr von einer Auslandsreise – waren damit einverstanden. Dafür bin ich heute noch dankbar.

Doch Sprachfärbung und Maske waren nur die äußerlichen Charakteristika dieser einmaligen Figur. Die Kardinalfrage, die sich jeder Schauspieler stellen und beantworten muß, der diese Figur verkörpert, lautet: Ist

Schwejk dumm, oder tut er nur so? Steckt in diesem borstigen Schädel nicht ungeheuer viel Schläue? Ich habe versucht, beides anzudeuten, ein bißchen in der Schwebe zu lassen. Dabei ist mir erstmals richtig klargeworden, wie schwer es ist, einen Dummen zu spielen, der vielleicht gescheiter ist als wir.

Es galt, den schmalen Weg zwischen Dummheit und Hintersinn für die Darstellung zu finden, wenn es gelingen sollte, das Filmpublikum mit der gleichen Frage zu konfrontieren wie die Leser des Romans: Ist Schwejk klüger oder dümmer als wir? Dieser »behördlich anerkannte Idiot« sagt so kluge Sachen wie: »Krieg ist nur für reiche Leute.« Oder eine andere Szene: Er sucht vergeblich die Front, obwohl der Krieg »nebenan« stattfindet, läuft dabei im Kreise und findet so auf einem alten Leiterwagen seine Pfeife mit Tabaksbeutel wieder, die er dort vergessen hatte, und zieht daraus die Erkenntnis: »Es hat alles seinen tiefen Sinn!«

Schwejk Joseph ist eine so schillernde Figur, daß ich nach einer abgedrehten Szene immer traurig war, weil ich sie noch auf vielerlei andere Weise hätte spielen können. Schöne Szenen gab es so viele. Da war jene vom Ende »seines« Oberleutnants Lukas: Um beide tobt die Schlacht. Granaten explodieren. Der Hauptmann und Schwejk haben sich in Deckung geworfen. Der Offizier denkt an sein letztes Mädel in Prag, will solide werden, zwischen ihm und Schwejk spinnt sich der erste menschliche Kontakt an. Der Oberleutnant betrachtet wehmütig seinen Burschen, der ihm ein vierblättriges Kleeblatt überreicht: »Ich möcht' es Ihnen schenken, weil es, hör ich, Glück bringen soll«, da erst sieht Schwejk, daß Lukas sich nicht mehr rührt.

Schwejk nimmt seinen geliebten Oberleutnant auf den Rücken und trägt ihn, ohne verwundet zu werden, durch einschlagende Granaten und Geschoßsplitter aus der Schlacht. Dabei bewahrheitet sich, was Lukas einmal zu ihm gesagt hat: »Schwejk, du bist so blöd, du bist unverwundbar, dich trifft keine Kugel.«

Oder: Schwejk sitzt als vermeintlicher Spion im Gefängnis, und der Priester kommt, um ihm die letzten Stunden zu erleichtern; aber Schwejk begreift das nicht,

sondern tröstet den Geistlichen, weil er glaubt, *der* wäre eingesperrt. Er fragte: »Sind Sie's erschte Mal hier?«
Als es ernst wird und er vor dem Erschießungskommando steht, fragt ihn der Offizier, ob er noch irgendeinen Wunsch habe. Schwejk: »Ja, ich habe eine Verabredung, melde gehorsamst, mit einem gewissen Woditschka um sechs Uhr nach dem Krieg im ›Kelch‹. Vielleicht könnt man ihn wissen lassen, daß ich nicht kommen kann.« Das wird abgelehnt, die schwarze Binde wird ihm vor die Augen gelegt. Im letzten Augenblick holt Schwejk die kleine Blecherkennungsmarke, die er um den Hals trägt, hervor und will sich die Nummer merken, weil er glaubt, sich damit, wenn er im Himmel ankommt, »unnötige Schererereien« ersparen zu können. Er beginnt eine Rede. Drei Wochen hab ich an *dem* gelernt, was jetzt kommt:

Eine Lokomotive in Petschek auf der Bahn am 16er Gleis hat die Nummer 4268 gehabt. Man hat sie wegschleppen sollen nach Lissa an der Elbe ins Depot zur Reparatur, aber es ist nicht so leicht gegangen, weil der Lokomotivführer ein sehr schlechtes Gedächtnis auf Nummern gehabt hat. Da hat ihm der Streckenmeister gesagt, wenn Sie so schwach auf Nummern sind, werd ich Ihnen zeigen, daß es sehr leicht ist, sich jede Nummer zu merken. Schauen Sie: Die Lokomotive hat die Nummer 4268. Geben Sie also acht: Die erste Nummer ist ein Vierer, die zweite ein Zweier. Merken Sie also: vier, zwei. Das ist von vorn vier, geteilt durch zwei und wieder haben Sie vier und zwei nebeneinander.
Wieviel ist zwei mal vier? Acht, nicht wahr? Also graben Sie sich ins Gedächtnis ein, daß der Achter, was in Nummer 4268 ist, der letzte in der Reihe ist. Und jetzt merken Sie sich noch auf irgendeine gescheite Weise die Sechs, was vor der Acht kommt, das ist schrecklich einfach. Die erste Ziffer ist eine Vier, die zweite eine Zwei. Vier und zwei ist sechs. Die zweite vom Ende ist eine Sechs und schon schwindet uns die Reihenfolge der Ziffern nie mehr aus'm Gedächtnis. Wir haben die Nummer 4268 jetzt im Kopf.
Sie können aber zum selben Resultat noch einfacher

kommen: mit'm Dividieren. Wir rechnen uns den Koeffizienten nach dem Zolltarif aus...«
Dem Offizier wird es zu dumm, es erschallt das Kommando: »Achtung, legt an!«
Schwejk, die Binde vor den Augen, steht stramm.
Da geschieht das Wunder. Ein Wachtmeister kommt angeradelt, unterbricht, der Offizier schlägt die Hände zusammen, die Soldaten werfen ihre Gewehre weg.
Brav steht der Soldat Schwejk an der Mauer und wartet auf seinen Tod.
Glocken läuten. Mit wehender Soutane kommt der Pfarrer angelaufen: »Friede, Friede, es ist Friede!«
Schwejk, immer noch die Binde vor Augen: »Was Sie nicht sagen, Herr Kurator. Und weiß man schon beiläufig, wer gewonnen hat?«

Ich ließ mich von diesem einmaligen Text ganz gefangennehmen, dachte nicht mehr so viel über das »Wenn und Aber« nach, gab mich jener Naivität hin, die Schwejk in so reichem Maße besitzt, dachte an Kortner und seinen Ausspruch: »Ein Schauspieler darf nicht denken«, was ich aber im allgemeinen nicht unterschreibe, und summte das Lied vor mich hin, das mir sowieso nicht mehr aus dem Kopf ging, seit ich es als Schwejk bereitwillig und fröhlich bei der Untersuchung den Militärärzten vorgesungen hatte:

> *»Der kleine Mensch im Lehnstuhl durt,*
> *blickt nieder in tiefem Sinnen;*
> *zwei bittre heiße Tränen furt*
> *über seine Wangen rinnen.*
> *Oh, kleiner Mensch,*
> *was weinest du?*
> *was weinest du?*
> *was weinest du...«*

Verschämt bricht Schwejk ab und gesteht: »Weiter weiß ich nicht!«

Ich habe ihn leider nie auf der Bühne gespielt, diese faszinierende, geliebte Figur!

Der Film erhielt dreizehn ausländische Preise und 1961 den »Golden Globe«, den Preis der »Foreign Press

Association of America«, als bester ausländischer Film. Nur drei deutsche Filme erhielten diesen Preis. Einer davon war der »Schwejk«.

Dieser Preis und die anderen internationalen Anerkennungen haben mich besonders gefreut, denn im gleichen Jahr verkündete der offizielle Festredner bei der Verleihung der Bundesfilmpreise: »In Deutschland wurde in diesem Jahr kein Film hergestellt, den man zur Auszeichnung mit dem Bundesfilmpreis überhaupt nur in Erwägung ziehen kann.«

25. Seitensprung nach Hollywood

Meine Filmarbeit in der Traumfabrik

Grünwald, Ende November

Ich öffne die tägliche Post. Briefe aus aller Welt mit schönen bunten Briefmarken. Ich habe nie welche gesammelt, aber immer Verständnis dafür gehabt, daß dies zu einem leidenschaftlichen Hobby werden kann.

An einem Januartag 1964 war unter der Post ein solcher Brief. Er kam aus Los Angeles von Paul Kohner, den ich aus den dreißiger Jahren von Berlin her kannte und von dem ich wußte, daß er eine angesehene Filmagentur am Sunset Boulevard leitete. Der Brief war kurz: der Produzent und Regisseur Stanley Kramer möchte mich sprechen. Dann und dann in den Münchner »Vier Jahreszeiten«. Warum? Weshalb? Kein Wort.

Stanley Kramer sagte es mir in einer sympathisch lokkeren Unterhaltung in Englisch bei unserem Treffen in der Hotelhalle: Er bot mir die Rolle des Juden »Löwenthal« in »Ship of fools« (Das Narrenschiff) an und war nicht davon abzubringen. Ich wollte nämlich nicht. Hollywood war mir unheimlich, fremd und so weit fort; ich spielte in Deutschland schöne Rollen, und ohne den Stoff zu kennen, versuchte ich ihm auseinanderzusetzen, daß ich zweifelte, einen Juden glaubhaft verkörpern zu können.

Er schaute mich verwundert an. »Warum nicht?« fragte er. »Für mich gibt es nur Sie für den Löwenthal.« Wir redeten hin und her, bis er spontan etwas Ungewöhnliches tat: Er lud mich nach Hollywood ein, die Ateliers der »Columbia« zu besuchen, seine Produktion, Menschen und Atmosphäre kennenzulernen, mit dem Drehbuch-Autor zu sprechen, zu bleiben, solange ich wollte, und wenn ich dann noch immer »nein« sagen sollte, wäre er mir nicht böse. Etwas Gescheiteres konnte ihm nicht einfallen. Ich sagte zu.

Mitte März flog ich nach Los Angeles. Im Hotel »Bel Air« las ich mit Walther, dem Bruder von Paul Kohner und als Dolmetscher behilflich, das ganze Manuskript und besprach mit dem Autor Abby Mann einige Änderungen für meine Rolle. Alles vollzog sich in direktem, menschlichem und persönlichen Kontakt. Ich machte Vertrag.

Ostersamstag war ich wieder in München. Ich nahm noch den Bambi für 1963 in Empfang, es war mein zweiter, inzwischen sind es elf, dann verabschiedete ich mich von meinem Flugzeug und dem alten Europa mit einem ausgedehnten Alpenflug ins Salzkammergut und zum Großvenediger.

Drei Monate Amerika! Mit Hertha und meinem Sohn Peter machten wir erste Station bei Freunden in New York. Ich verbeugte mich mit ihr im Deutschen Filmclub nach dem »Jugendrichter« vor einem herzlich applaudierenden Publikum, das uns gar nicht mehr fortlassen wollte; wir mußten jedem die Hand drücken, einige schlossen uns in die Arme und flüsterten etwas wie »Heimat«.

Besonders herzlicher Abschied von »Mäxe« Gruen und seiner Frau. Er leitet das Deutsche Kino in der City und ging ganz in dieser Aufgabe auf. Als das Kino abgerissen wurde, starb er wenig später. Mäxe hatte – wenigstens sprachlich – die nahtlose Verbindung zwischen Deutschland und Amerika gefunden. Er sprach so, wie wir es gelegentlich aus Jux tun: »Drop mal den letter in den Kasten«, »dann drivste um die corner« – erstaunlicherweise verstanden ihn seine Gesprächspartner von Texas bis Vancouver.

In New York hatte ich endlich die Möglichkeit, Alec Guinness auf der Bühne zu sehen. In »Dylan«, einem irischen Stück. Ein hervorragender Schauspieler, dessen Art zu spielen mir wieder einmal bestätigte: nichts machen, nichts machen!

Nach fünf Tagen meldete sich die »Columbia«, man hatte Sehnsucht nach mir. Das Abschiednehmen begann. Viele toi, toi, toi's wurden uns für die kommende Arbeit am Airport nachgerufen, und nach fünf Stunden Flug stiegen wir in Los Angeles in den Firmenwagen, der uns in ein Häuschen nach Brentwood brachte, einem Vorort nicht weit vom Meer. Dessen Besitzer, ein Tonmeister der »Columbia«, hatte beruflich drei Monate auf Hawaii zu tun, genau unsere Zeit. »Es hat alles seinen Sinn«, hätte Schwejk gesagt.

Bei der ersten Ausfahrt am nächsten Morgen war ich verwundert, welches Interesse mir entgegengebracht wurde. Bis ich begriff, daß die Aufmerksamkeit nicht mir galt, sondern dem Mercedes Cabriolet, das mir vom Werk in Untertürkheim während der Dreharbeiten zur Verfügung gestellt worden war. Ich gewöhnte mich daran, daß Mercedes und gar noch ein Cabriolet in Amerika vor Rolls-Royce, Lincoln, Bentley oder Cadillac rangiert.

Ein neues, ein anderes Leben begann! Ein Schwarzer, der als Putzfrau kam, rollte täglich in seinem wackeligen Auto den Berg herab, an dem unser Haus lag, und ließ den Wagen auch bergabwärts stehen, denn er mußte ihn abends fahrbereit haben, und da der Motor nicht von selber ansprang, löste er nur die Bremsen, um das Vehikel in Gang zu setzen. Er brachte Staubsauger, Putzmittel, Tücher, Besen und Schaufel mit, da diese Selbstverständlichkeiten im Haus nicht vorhanden waren. Nichts Ungewöhnliches in Amerika.

Er erzählte furchtbar gern, meist gruselige Geschichten, über die er selbst am meisten lachte.

Wir richteten das Haus mit ein paar Handgriffen nach unserem Geschmack ein. Der Fernseher war nun nicht mehr der Mittelpunkt des Wohnraums, sondern lugte nur noch verstohlen aus einer Ecke hinter Büchern hervor. Wir können's nicht lassen, wir bleiben deutsch.

Das Mädchen an der Supermarktkasse sah mich wie einen Besucher von einem anderen Stern an, als ich bar bezahlen wollte. Sie verlangte partout einen Scheck. Also richtete ich mir ein Konto ein.

Die Tage waren heiß und die Stadt voller Smog, fast wie Nebel, der sich erst gegen Mittag lichtete; es war gar nicht leicht, in der Frühe seinen Weg zu finden. Dafür die Nächte kalt, aber unter den elektrisch beheizten Bettdecken war es mollig warm.

Und dann begann die Arbeit. Eine Woche lang wurde

geprobt. Ich fuhr nun jeden Morgen quer durch die Stadt in den Hollywoodstadtteil Sunset Boulevard, auf den Parkplatz der »Columbia«. Der Wächter wollte immer neue Details an meinem Auto erklärt haben; er war nach einigen Tagen mein Freund, und ich hatte keine Parksorgen mehr.

Ich erhielt einen Ausweis, ohne den niemand in die Studios kommt, bis der Portier mich kannte und mich freundlich grüßend passieren ließ.

Als ich zum ersten Mal meine Garderobe betrat, mußte ich an jenen europäischen Schauspieler denken, der schon einige Tage gedreht hatte und am Morgen seines nächsten Drehtages am Portier vorbei wollte. Der aber hielt ihn zurück und übergab ihm einen Umschlag mit der Restgage. Er war entlassen.

Keine Besprechung mit der Produktion, geschweige denn mit dem Regisseur. Er durfte einfach das Studio nicht mehr betreten.

Schlimm, so »draußen vor der Tür« abgefertigt zu werden.

Oder ist es besser so? Kurz und schmerzlos?

Die europäische Art ist anders: Endlose Diskussionen, Kräche, Beleidigungen; das Resultat ist dasselbe, nur beide Seiten haben sich ihre Verärgerungen von der Seele geredet.

Mein Aufenthaltsraum war hübsch, mit Telefon, Eisschrank, Bett. Auf dem Tisch lag eine Speisekarte des Atelier-Restaurants mit einem »Herzlich Willkommen«-Schreiben der Produktion.

Das Telefon rief zur Probe. Vivien Leigh, Simone Signoret, Oskar Werner, José Ferrer, Michael Dunn, Lee Marvin, die meisten meiner Kollegen waren schon im Atelier; man ist überpünktlich.

Wir saßen an langen Tischen, an der Kopfseite Stanley Kramer mit seinem Stab, und lasen den Text von Anfang bis Ende; es gab viele Fragen, Richtigstellungen, Streichungen, persönliche Wünsche. In dieser Woche wurde die endgültige Fassung des Drehbuchs erarbeitet; jeder erhielt einen Drehplan mit Tagesdispositionen für drei Monate ausgehändigt, und der wurde eingehalten!

Das war nur möglich, weil wir unabhängig vom Wetter waren. Denn Wind und Wellen für unser Narrenschiff, das von Vera Cruz nach Bremerhaven fährt, waren bereits aufgenommen und wurden als Rückprojektion auf den großen Rundhorizont geworfen, wenn eine Einstellung danach verlangte. Das sah absolut echt aus, denn die Wellenbewegungen waren genau der jeweiligen Szene angepaßt.

Von uns ausländischen Schauspielern wurde jede Szene zweimal gedreht: einmal in Englisch, einmal in der jeweiligen Muttersprache. Dadurch war später eine exaktere Synchronisation im Heimatland möglich.

Noch etwas lernte ich bei dieser Arbeit zum ersten Mal kennen: Die Schauspieler kommen schon früh, auch wenn sie erst am Nachmittag oder an diesem Tag gar nichts zu tun haben. Sie bleiben nicht in ihren Garderoben, sondern sitzen im Studio, außerhalb der Dekoration, plaudern leise, trinken Kaffee, den es pausenlos gibt, spielen Karten, während sie den Szenen zuhören, die geprobt oder gedreht werden. So passierte es, daß nach einer langen Szene, die ich mit Michael Dunn spielte, Applaus einsetzte, der durchs ganze Atelier ging, von den Angestellten und Arbeitern übernommen wurde.

Ich muß ein ziemlich dummes Gesicht gemacht haben, bis man mir erklärte, das käme schon mal vor und wäre eine Auszeichnung.

Michael Dunn, mein Hauptpartner, war ein Phänomen. Er war ein Zwerg, genau wie in Katherine Anne Porters Roman beschrieben, er war aber auch – ein einmaliger Fall! – ein exzellenter Schauspieler. Er spielte am Theater in New York skurrile Figuren, vorwiegend Shakespeare-Narren, und muß ein wunderbarer »Grumio«, der Diener von Petruccio in »Der Widerspenstigen Zähmung«, gewesen sein.

Er hatte einen normal großen Kopf mit hoher Stirn, etwas kleineren Oberkörper mit Buckel und kurze Beinchen. Ein Zwerg, kein Liliputaner! Sehr intelligent auf allen Gebieten, wir haben uns in langen Drehpausen anregend unterhalten. Sein Appetit war beneidenswert. Selbst dann, wenn wir vormittags in einer Szene bereits

Essen zu uns nehmen mußten, ging er mittags ins Restaurant, wo er umständlich eine lange Liste von Köstlichkeiten bestellte.

Seine Braut aus New York besuchte ihn während unserer Drehzeit, ein großes, schlankes Mädchen, beide liebten sich sehr. Als sie auf einer Party, die zu Ehren unseres Drehbuch-Autors Abby Mann gegeben wurde, zusammen tanzten, sah das so rührend aus, daß alle die Tanzfläche verließen, sich im Kreis aufstellten und im Takt der Musik klatschten. Am Ende nahm sie ihn hoch, setzte ihn auf die Lehne eines Stuhles, und er unterhielt alle mit hübschen Liedern. Er hatte eine schöne Stimme.

Die Eltern der Braut waren gegen eine feste Bindung. Nicht weil er ein Zwerg, sondern weil er Christ war. Seine Braut war Jüdin.

Michael Dunn wurde leider nicht alt. Vor einigen Jahren ist er gestorben.

Bis in den August hinein arbeiteten wir fleißig, mehrmals bis spätabends. Nur einmal wurden wir früher heimgeschickt. Wir drehten in der zweiten Schiffshälfte, die bei der Paramount aufgebaut war. Für diese Zeit hatte man jeden von uns Schauspielern einen Wohnwagen als Aufenthaltsraum zur Verfügung gestellt. Nach der Mittagspause klopfte Lee Marvin an, um mich zum Trinken einzuladen. Ich erklärte ihm, daß ich noch drehen müsse, doch das tat er mit »Scheißdreherei« ab, nahm mich unter den Arm und tanzte mit mir auf wackligen Beinen über das Gelände. Schließlich schlief er friedlich in seinem Wohnwagen ein.

Stanley brach die Arbeit ab, es war früher Nachmittag. Wir trafen uns auf dem Parkplatz, und ich sagte ihm, wie sehr ich es bedauere, daß er nun seinen Drehplan nicht einhalten könne. Er lächelte: »Ich wollte Lee für die Rolle haben, es gibt keinen besseren; so was ist einkalkuliert, dreimal kann er sich das leisten!«

So war er als Regisseur und Produzent: souverän und großzügig.

Laut Drehplan hatte ich zweimal je eine Woche drehfrei. Was tun mit dieser Zeit in einem fremden, großen Land? Noch bevor ich um Vorschläge bitten konnte, legte mir die Produktion ein Programm mit vielen Möglichkeiten vor. Ihre einzige Bitte: Ich solle mich jeden Abend telefonisch melden, falls eine Umdisposition im Atelier meine frühere Rückkehr notwendig machte.

Ich will hier keine Reisebeschreibung von Amerika geben, aber vielleicht interessiert einige meiner Leser meine Meinung über die bekanntesten Touristenattraktionen:

Disneyland: Ich war beeindruckt vom Aufwand, von der brillanten Technik, von der perfekten Organisation, aber sonst...? Märchen werden hier vermarktet, und das liegt mir nicht. Die liebenswerte Mickey-Mouse ist von der Leinwand heruntergestiegen und gibt in der Budenstraße den Kindern die Hand. Der Zauber ist fort. Das Ganze ist ein einziger Versuch, in eine andere Welt zu entfliehen. Er wird amerikanisch unterkühlt serviert und schwingt nicht in unser Gemüt.

Ganz anders »Marineland of the Pacific«. Ein zoologischer Garten im Wasser. Seine Hauptattraktion: gelehrige Delphine. Neben Hunden sind Delphine meine Lieblingstiere. Auf einer alten griechischen Münze in meiner Sammlung reitet ein Kind auf einem Delphin. Dieses Bild wurde hier im großen Meereswasserbecken Wirklichkeit: Auf einer Schräge, die vom Wasser aufs Land führt, wird ein roter Teppich ausgebreitet. Der Delphin beobachtet das alles interessiert. Die Musik bricht ab, ein Pfiff, und unter atemloser Stille verläßt das große Tier mit einem gewaltigen Sprung sein eigentliches Element und landet zu Füßen seines geliebten Herrn und Meisters, der ihn streichelt und ihm bedeutet, ins Wasser zurückzukehren.

Doch der Delphin denkt gar nicht daran, »redet« ununterbrochen auf seinen Gebieter ein, bis dieser seinen weißen Anzug auszieht, den Delphin, der sich nicht selbst umdrehen kann, wendet und mit ihm gemeinsam die Schräge hinunterrutscht. Im Wasser überbieten sich beide beim Schwimmen und Tauchen in elegantester Manier, begleitet von hinreißender Musik und dem im Takt geschlagenen Applaus des Publikums. Die Menschen sind, außer sich vor Freude, von den Sitzen aufgesprungen, die Kinder stehen auf den Stühlen! Das muß man gesehen haben!

San Francisco: Eine Stadt für Europäer. Im Fairmont-Hotel fuhren wir mit dem Lift an der Außenfront des Hotels hoch in unser Stockwerk. Mal was anderes. Die »Cable Car«, das Lieblingsspielzeug der Einwohner, ist seit über hundert Jahren die Verbindung von den Hügeln zur Innenstadt. An der Endstation hilft jeder mit, den Wagen auf der Drehscheibe umzudrehen, damit er wieder in umgekehrter Richtung starten kann. Das alles geschieht unter Lachen und Fröhlichsein. In dieser Stadt ist man gut gelaunt!

Leider kamen wir nicht dazu, über die Golden Gate-Brücke zu *gehen,* dabei hätte ich ganz gern gewußt, wie sich mein Preis als »Best Actor« unter den Schuhsohlen ausnimmt. Im Ernst: es muß ein einmaliger Blick von der Brücke auf die Stadt sein.

Die Autostraße nach Las Vegas führt durch Wüstengebiet. Für das Auto ist air-condition notwendig, und ein Wassersack, der im Luftstrom vor dem Kühler befestigt wird, Vorschrift. Die Wüste ist schön und überhaupt nicht eintönig. Dafür sorgen schon die Hügel und Täler. Erstaunlich auch, was alles im Sand wächst. Grashalme und verformte Sträucher ragen bizarr gegen den Himmel. Jede Pflanze hat in dieser Welt ihre ganz besondere Bedeutung.

Las Vegas: Schon die Empfangshalle des Hotels gleicht einem Spielsalon. Neben der Rezeption stehen bereits die ersten Spielautomaten, »one arm bandits«, Geld klappert an allen Ecken. Wir wollten noch in den Pool springen, aber der wird Punkt 18 Uhr geschlossen. Um diese Zeit darf nur noch gespielt werden!

Nach einer perfekten Show im Sand's Hotel, die mit einem Dinner verbunden war, wagten wir einen Bummel durch die quirlige Stadt, mit dem Erfolg, daß wir durch den Lärm aus Hupen, Musik und Verkehr, verbunden mit der Lichtreklame, die durch alle Vorhänge dringt, nicht schlafen konnten. Aber wahrscheinlich will man dies in dieser Spiel- und Showstadt erreichen. Pausenlose Unterhaltung.

Grand Canyon: Die Stille, die uns die nächsten beiden Tage umfing, tat gut. Nach dem imposanten Grand Canyon war uns der Bryce Canyon besonders ans Herz gelegt worden. Zu Recht, wie wir uns bald mit eigenen Augen überzeugen konnten.

Gegen Abend standen wir am Rande dieser einmaligen Landschaft. Weiß-rötliches Gestein ist vom Wind zu tausend Spitzen geformt worden, Kirchtürmen gleich. Man senkt die Stimme, flüstert nur noch in diesem gewaltigen Dom.

Von einem erzähle ich immer wieder, wenn ich gefragt werde: wie finden Sie Amerika? Von der Gastfreundschaft. Sie übertrifft alle europäischen Vorstellungen. Menschen, die man soeben erst kennengelernt hat, werden für ein Wochenende eingeladen, alles ganz zwanglos. Auch uns standen Tür und Tor offen. Jeden Abend hätten wir auf eine andere Party gehen können. Eine Hoffnung allerdings erfüllte sich nicht: meine Englisch-Kenntnisse konnte ich nicht erweitern. Meist wurde deutsch gesprochen.

Beim Wiedersehen mit alten Bekannten aus Berlin, München und Wien mußten nicht selten erst Barrieren abgebaut werden, die sie zum Schutz, aber auch aus Bitternis errichtet hatten. Zuviel Schreckliches hatten sie erleben müssen. In vielen Gesprächen mischten sich Freude und Tränen.

Einige erzählten, sie seien voller Heimweh gleich nach Kriegsende wieder nach Deutschland zurückgekehrt. Aber sie waren in ein fremdes Land gekommen. Sie hatten nicht mehr gefunden, was sie damals verlassen mußten. Jene, die mir dies sagten, sprachen nur noch englisch.

Ich ahnte, was einige dachten: da kam einer aus Deutschland, hatte eine schöne Rolle in einem großen Film, einer, dessen Karriere in einer Zeit begann, die für sie mit Angst und Verfolgung verbunden war. Ich verstand diese Überlegungen und sprach offen über die

Vergangenheit, in der viele – und sicher auch ich – zu oft Scheuklappen getragen und die Ohren verschlossen hatten. Meist lockerte sich nach diesem Eingeständnis die fühlbare Spannung.

Erstaunlich, wie gut man über alles und jeden aus früherer Zeit Bescheid wußte. Einzelheiten kannte, und uns Daheimgebliebene in zwei Lager, pro und contra, teilte.

Eines jedoch wollte keiner zur Kenntnis nehmen: die Spaltung Deutschlands. Für sie gab es noch immer nur *ein* Deutschland, ihre Heimat.

Halt! Eine große Ausnahme: Marta, die Witwe Lion Feuchtwangers. Sie kannte unsere Situation ganz genau. Schließlich war ihr Mann nach den Verfolgungen unter Hitler, nach dem Kriege, in die Ost-West-Spannungen geraten. Sie lebt in einem alten, schloßartigen Haus am Rande von Los Angeles, umgeben von vierzigtausend – es können auch mehr sein – Büchern, Erstausgaben, handgeschriebenen Bibeln, Wiegendrucken und kostbaren Bildern. Eine faszinierende, blitzgescheite Frau mit klaren, fast indianischen Zügen und streng anliegendem, grauem Haar. Sie muß bildschön gewesen sein.

Studenten besuchen sie, arbeiten in der Bibliothek, die zweite, die ihr Mann zusammengetragen hat, nachdem die erste auf der Flucht in Frankreich verlorengegangen war.

Für ihre zupackende Art, mit der sie sich überall und bei jedem Respekt zu verschaffen weiß, ist folgendes Erlebnis typisch:

Als sie eines Abends heimkommt, sieht sie die Fenster erleuchtet. Sie geht durch die hellen Räume und trifft in der Küche einen baumlangen Kerl, der gerade eine Flasche Whisky leert. Er schnauzt sie an, fragt barsch, was sie hier wolle. Darauf sie: »Das frage ich Sie, ich bin die Besitzerin und wohne hier.«

Ein Wort gab das andere, schließlich übernahm Marta Feuchtwanger die Gesprächsführung: »Ich mache Ihnen folgenden Vorschlag, Sie übernachten heute hier in einem meiner Gästezimmer und morgen frühstücken wir zusammen. Dann verschwinden Sie, ich lasse Ihnen dreißig Minuten Vorsprung; danach verständige ich die Polizei, das muß ich, sonst bekomme ich von der Versicherung die Schäden nicht ersetzt, die Sie durch das Aufbrechen von Türen, antiken Kommoden und Schränken angerichtet haben!«

Der Einbrecher war von der Präzision der Anordnungen und der drahtigen Entschlossenheit dieser zierlichen Frau so überwältigt, daß er wider Willen eine Verbeugung andeutete, die Einladung annahm und minutiös einhielt.

Kein Anruf holte mich vorzeitig von der Rundreise zurück, alles verlief wie geplant, und ich war pünktlich zu den letzten Drehwochen wieder im Columbia-Atelier in meiner Garderobe. Gegen Ende der Zusammenarbeit wollten mich einige meiner amerikanischen Kollegen in einer filmtragenden Rolle in einem deutschen Film sehen, denn der »Löwenthal« war nur – wie die meisten Figuren im »Narrenschiff« – eine Charge. Auch deutsche Schauspieler, die schon Jahrzehnte in Hollywood lebten, wollten nach langer Zeit wieder einmal einen deutschen Film sehen.

Ich besorgte eine Kopie des Films »Ein Mann geht durch die Wand«, in der Hoffnung, daß auch jene, die nicht Deutsch verstanden, der Handlung würden folgen können, da der Regisseur Ladislao Vajda vieles bildhaft aufgelöst hatte.

Als ich den Film wiedersah, fiel mir erstmals auf, welch starken Anteil die Musik an seiner Wirkung hat. Die vielen stummen Passagen, die Herr »Buchsbaum« mit seiner Fähigkeit, durch die Wände zu gehen, durchwandert, fordern den Komponisten geradezu heraus, in Musik umzusetzen, was der Held, nachdem er seine ungewöhnliche Fähigkeit entdeckt hat, empfindet: Erstaunen, Betroffenheit, aber auch Stolz über diese einmalige Gabe. Franz Grothe hat das alles mit großem Einfühlungsvermögen musikalisch ausgedrückt. Es wirkt wie durchkomponiert.

Eine schöne Aufgabe für einen Schauspieler, etwas auszudrücken, was keiner von uns kann: durch Wände gehen. Ich erinnere mich, wie Vadja vor einer schwierigen Aufnahme zu mir sagte: »Ja, nun muß ich Sie allein lassen, jetzt kommen Sie als Schauspieler an jene

Grenze, die uns anderen verschlossen ist. Ich rekapituliere kurz, was bisher geschehen ist: In Ihrer Küche war Kurzschluß, Sie wollten den Hausmeister holen, tapsen im Dunkeln durch Ihre Zimmer, finden die Wohnungstür nicht und stehen plötzlich im Treppenhaus. Ratlosigkeit bei Ihnen, bis Sie erkennen: Sie können durch Wände gehen! Und diese Großaufnahme möchte ich jetzt von Ihnen machen.«

Ich bat, nicht lange zu probieren, sondern gleich zu drehen. Ich fühlte wieder dieses Alleinsein, allein mit mir und meiner Phantasie; ich bin dann sehr einsam.

Ich versuchte, all das zu spielen, was mich bewegte, vor allem auch die Angst, die Herrn Buchsbaum überkommt, denn er möchte gar nicht durch Mauern gehen können. Er ist ein kleiner, gradliniger Mensch, und diese Gabe verwirrt ihn. Ich war sehr glücklich bei diesen Aufnahmen, und mich störten auch die starken Kopfschmerzen nicht, die sich oft bei mir einstellten, wenn ich schwierige Szenen zu spielen habe.

Von alldem wußten die Kollegen, die den Film in Hollywood sahen, nichts. Doch einigen schien es ebenso zu gehen wie mir, als es hell wurde, brauchten wir eine Weile, um uns aus der versponnenen Welt des Herrn Buchsbaum zu lösen und uns wieder in der präzisen amerikanischen Umgebung zurechtzufinden.

Pünktlich, wie alles bei dieser Produktion, lagen am letzten Tag zwei Rückflugtickets in meiner Garderobe. Unser Peter hatte bereits drei Wochen zuvor zurückgemußt. Mein erster Weg in München, kaum daß die Koffer ausgepackt waren, führte mich zum Flughafen, zu meiner Maschine. Blitzsauber stand sie da. Ein Zettel steckte über dem Armaturenbrett:

An den Chefpiloten der D – ECME
Lieber Papi,
viel Spaß und guten Flug mit unserer frisch gewaschenen Maschine.
Cowl-Flaps sind open wegen Wasser abtropfen. Ca. 1½ h Sprit rausgeflogen (vor dem Flug Innsbruck getankt)
In Liebe
Dein Biba

Mir kamen die Tränen. Tränen der Freude. Peter, mit dem als Co-Pilot ich so schöne Stunden am Himmel verlebt hatte, ließ mich mit dieser herzlich-sachlichen Notiz wissen, daß er in den drei Wochen, die er früher aus Hollywood abgeflogen war, seine Flugprüfung gemacht und bestanden hatte! So waren wir immer miteinander. Ohne viel Gerede weiß einer vom anderen, daß er sich auf ihn verlassen kann.

Das ist viel.

DAS HÄTT' ICH FAST VERGESSEN ...

Zur Premiere von »Ein Mann geht durch die Wand« war Peter in der Nachmittagsvorstellung. Als er nach Hause kam, fragte ich ihn, wie denn die Vorstellung besucht war. Peters Antwort war die eines Sohnes, der seinem Vater nicht weh tun will: »Paps, es war sehr schlecht ausverkauft.« Von allen meinen Filmen mag er diesen Außenseiter am liebsten. Das freut mich, genauso wie es mich freut, daß er nicht, wie das oft in Schauspielerfamilien der Fall ist, sich auf der Bühne oder im Film versucht hat, sondern mein (und sein) Hobby zum Beruf machte: die Liebe zur Technik. Ich bin stolz auf seinen Dr. Ing. und finde es herrlich, daß er als Kind, nachdem er mich einmal auf der Bühne gesehen hatte, seinen Eindruck in die Frage packte: »Machst du jeden Abend so 'n Quatsch?«

Beim Sport hatten wir keine solche »Verständigungsschwierigkeiten«. Wir segelten zusammen, spielten Golf und flogen gemeinsam. Nur als er vor zwei Jahren mit dem Surfen begann, habe ich ihn allein gelassen.

26. Ein Abschied, der ein Anfang war

Der Sohn seines Vaters

Grünwald, im November

Der erste Schnee! Er wird nicht liegenbleiben. Aber das Jahr neigt sich seinem Ende zu. Was war, war. Unwiderbringlich. Das Leben ist da anders. Es ist ein ständiges Nehmen und Geben zwischen uns Älteren und den nachfolgenden Generationen. Was war, wird neu durchs Weitergeben. Ein ständiges Fließen. Heute z.B. bekam ich einen Brief von einer zwölfjährigen Gaby aus Westfalen, darin schreibt sie:

»... auch Ihr letzter Film (Gefundenes Fressen) hat mir sehr gut gefallen. Ich hatte gehofft, daß Alfred (ein Stadtstreicher) in das Flugzeug steigt. Und jetzt kommt meine Frage: Wieso tat er das nicht? Niemand konnte mir das richtig erklären, und deshalb hoffe ich, daß Sie es mir erklären können. In der Hoffnung, daß Sie mir antworten, will ich mich jetzt verabschieden. Herzliche Grüße an Ihre Frau!«

Ich schrieb der Gaby, daß Menschen wie »Alfred« nichts so sehr hassen wie den Winter, der vor der Tür steht, und daß er eine große Enttäuschung erlebte, weil ihn seine jugoslawische Freundin verlassen hat. Einerseits möchte er fort, aber schon in der Wartehalle auf dem Flughafen sitzt er unter lauter fremden Menschen aus einer anderen Gesellschaftsschicht, zu denen er keinen Kontakt hat und denen er wahrscheinlich auf der Insel auf Schritt und Tritt begegnen würde. Alfred ist sehr feinfühlig, das haben wir im Film an einigen Stellen beobachten können, und auf dem Gang zum Flugzeug verläßt ihn der Mut zu dieser Reise, die er sich so sehnlichst wünschte; er hat nicht mehr die Kraft, ein neues Leben anzufangen. Er hat auch wohl Angst davor, und so geht er im ersten Schneetreiben seinen gewohnten Gang, zu seinem alten geliebten Schlafsack unter der Isarbrücke. Den kennt er, und in dem wird er wohl auch sterben.

Hoffentlich versteht das die Gaby mit ihren zwölf Jahren; vielleicht antwortet sie.

Pointen, die in die Tiefe fallen

Ihn einen Komiker zu nennen, ist eine Falschmeldung. Man zögert sogar, diesen großen Schauspieler als einen solchen zu bezeichnen, denn sein Spiel besteht ja gerade darin, daß er es nicht zur Schau stellt, und seine Größe ist es, daß er klein erscheint, so klein, ganz klein, noch kleiner, mikroskopisch klein. Innerhalb dieser kaum mehr wahrnehmbaren Dimension bleibt doch Spielraum für reichste Nuancierungen und Schattierungen, und er offenbart sie überlebensgroß im Spiegel der Kunst. Rühmann läßt seine Pointen fallen, aber nicht unter den Tisch, sondern in jene Tiefe, wo Heiterkeit und Traurigkeit einander im Unendlichen berühren. Er ist der einzige Darsteller komischer Rollen, der nicht zum Übertreiben neigt, sondern sich unvorstellbare Exzesse des Untertreibens leistet. Wo andere bewußt ihre Wirkungen setzen und unterstreichen, scheint er immer wieder aufs peinlichste überrascht, betreten, verwundert und verwundet, wenn man über ihn lacht. Er findet es sogar nicht komisch, daß man ihn komisch findet, das ist das Allerkomischste an ihm, der selbst dann ein großer Künstler wäre, wenn er nicht auch noch zu allem anderen das größte Kunststück der Welt fertigbrächte: Österreicher vor dem Charme eines Preußen kapitulieren zu lassen.

Hans Weigel
1951. Aus: »Tausend und eine Premiere«.

Ich denke gern an diesen »Alfred« und an die Arbeit im Milieu der Stadtstreicher mit Michael Verhoeven als Regisseur. Der Stoff war schon 1974 geboren worden, als ich mit Michaels Vater, Paul Verhoeven, die »Sonny Boys« in Hamburg spielte. Dieses Stück von Neil Simon um zwei alternde Schauspieler von gegensätzlichem Temperament, das wie eigens für uns beide geschrieben schien. Es war sein Wunsch, daß wir dieses Zusammenspiel auch einmal im Film erproben sollten. Er und ich als zwei Clochards, sprich Penner. Mit seinem Sohn als Regisseur.

Ein Exposé wurde entwickelt, das mir gefiel, weil es den »Alfred«, also meine Rolle, noch am Scheidewege zeigte, von dem aus jede Entwicklung möglich war.

Dann sah ich Paul einige Monate nicht. Erst an einem Samstag im März, bei der Gedenkfeier in den Kammerspielen für die verstorbene Therese Giehse begrüßten meine Frau und ich unseren Freund hinter der Bühne. Er war aufgeregt und spielte mit der Papierrolle für seine Rede. Ich versuchte, ihn zu beruhigen, und sagte ihm, wie sehr ich mich auf die neue Vorstellungsserie »Sonny Boys« freute, und daß wir uns später auf der Probe sehen würden. Er nickte nur.

Bei der Feierstunde saßen wir zusammen in der ersten Reihe im Parkett. Pauls Vorredner mischte politische Parolen in seine Ansprache, was Paul sichtlich mißfiel. Er spielte noch nervöser mit seinem Manuskript, bis er auf die Bühne mußte.

Er begann ruhig und konzentriert. Als er die »Kunst der Pause«, die Frau Giehse besonders beherrschte, hervorhob und selbst eine Pause machte, wirkte dies zuerst wie ein Beispiel für diese schwierige Kunst, doch die Pause wurde länger und länger, dann fiel seine Brille auf das Tischchen, an dem er saß, und er sank in sich zusammen.

Sein Sohn Michael war mit einem Sprung über den Orchestergraben bei ihm, aber es war zu spät. Der Vorhang fiel.

Auf Wunsch seines Sohnes blieb er bis zum späten Nachmittag aufgebahrt auf den geliebten Brettern seines alten Hauses. Schöner kann man seinen Vater nicht ehren!

Dann wurde die Abendvorstellung aufgebaut. Theater und Leben gingen weiter.

Michael und ich arbeiteten, ohne viele Worte zu verlieren, weiter am Manuskript im Sinne seines Vaters, der bei uns war. Michael nahm die Vorbereitungen sehr ernst. Er übernachtete sogar, um das Milieu besser kennenzulernen, mit seinem Assistenten im Männerheim.

Ich habe mit meinen Freunden aus dem Haus in der Pilgersheimerstraße – darum werden sie auch »Pilgersheimer« genannt – nur gute Erfahrungen gemacht. Zuerst waren sie mißtrauisch, weil sie abwarten wollten, wie ich die Rolle spiele; aber als sie damit einverstanden waren, haben wir beim gemeinsamen Mittagessen oder im Schlafraum viel miteinander gesprochen. Sie boten mir Zigaretten oder Schnupftabak an, und einer brachte mir einen Becher Kaffee, den er von seinen paar Groschen im Automaten gezogen hatte.

Morgens um 8 Uhr müssen sie das Haus verlassen, und erst ab 16 Uhr läßt man sie wieder herein, Alkohol dürfen sie nicht bei sich haben. Ihre Kleidung wird in einem Sammelraum im Keller aufgehoben, und sie bekommen eine Art Hausanzug oder Pyjama für die Stunden im Heim.

Einige Zimmer wurden mir gezeigt, in denen die »Elite« wohnt, zuverlässige Männer, die tagsüber ihrem Beruf nachgehen, nur zu zweit oder zu dritt im Raum schlafen und über einen eigenen Schrank und Waschgelegenheit verfügen. Sie kommen jeden Abend ins Heim.

Eine Übernachtung kostet zwei Mark. Wer einen Sonderausweis besitzt und über kein Geld verfügt, schläft umsonst und bekommt am nächsten Tag noch ein Frühstück. Typisch für sie ist der Plastikbeutel, in den sie alles stopfen, was sie besitzen. Nur im Winter suchen sie Schutz unter Dach und Fach, sonst schlafen sie unter den Brücken.

Ich glaube, daß man mich in meinem ausgefransten Mantel während der Aufnahmen in den Straßen Münchens für einen dieser Penner gehalten hat. Obgleich es keine leichte Arbeit war, freute ich mich jeden Tag auf die Aufnahmen. Ich glaube, daß alles, was wir taten, im Sinne von Michaels Vater war, der sicher aus seinem Himmelsfenster zusah. Vielleicht hat er gelächelt.

Man hat mich oft gefragt, warum ich so gerne Figuren

am Rande der Gesellschaftsordnung darstelle, vielleicht deshalb, weil ich in ihnen die Erfahrung meines Lebens ausdrücken kann, gerade auch die Niederlagen und Nackenschläge. Von einem gewissen Alter an habe ich das alles nicht mehr verdrängt, sondern in meinen Rollen verarbeitet. Um den Menschen klarzumachen, daß Trauer und Schmerz zu unserem Leben gehören. Jeder Schauspieler sollte versuchen, dieses mit seinen Mitteln auszudrücken.

Nicht nur auf der Bühne und im Film, sondern auch im Alltag bin ich immer wieder bereit, an den guten Kern in jedem Menschen zu glauben. Wie richtig das ist, habe ich oft erlebt. Lassen Sie mich einen Fall von vielen erzählen. Er ereignete sich während eines Urlaubs auf Sylt.

Um am Wattenmeer entlangzulaufen, hatten wir unseren Wagen an der Vogelkoje abgestellt. Als wir zurückkamen, war eines der Ausstellfenster eingedrückt, und ein kleines schwarzes Täschchen war weg, in dem ich alles Wichtige an Papieren und natürlich auch Geld aufbewahrte. Die Polizei machte mir wenig Hoffnung. Die Zahl der Wageneinbrüche stieg von Saison zu Saison. Zwei Wochen später fand eine Berliner Familie die Tasche in den Dünen. Etwas ramponiert und von Mäusen zerfressen und natürlich ohne Geld. Der Fall war für mich erledigt.

Vier Jahre später war ein Brief mit dem Stempel »Justizvollzugsanstalt Wilhelmshaven« unter meiner Post. Ich las ihn aus Neugier als einzigen, obgleich in einer knappen Stunde mein Flugzeug nach Paris ging, wo ich mehrere Wochen zu drehen hatte. Der Brief lautete:

> ». . . Der Grund meines Schreibens mag Ihnen vielleicht als Bagatelle erscheinen, mich belastet er aber nach wie vor sehr, ich meine den Vorfall im Sommer 1975 auf der Insel Sylt, als ich aus Ihrem BMW die Umhängetasche samt Inhalt entwendet habe.
> Bitte glauben Sie mir, Herr Rühmann, die Sache tut mir aufrichtig leid, ich will auch gar nicht erst nach Entschuldigungen suchen, denn ich weiß selbst, daß es keine Entschuldigung dafür gibt, aber allein der

Gedanke daran, gerade von Ihnen eventuell als Verbrecher abgestempelt worden zu sein, ist mir, obwohl Sie mich nicht kennen, unerträglich. Aus diesem Grunde bitte ich Sie, mir die Chance zu geben, zumindest den finanziellen Schaden, der Ihnen entstanden ist, im Rahmen meiner momentanen finanziellen Möglichkeiten wiedergutzumachen.
Ich erlaube mir, erst mal 30,— DM beizulegen, und verbleibe in der Hoffnung, keine Fehlbitte getan zu haben

Hochachtungsvoll!«

Während der Arbeit in Paris kam ich nicht dazu, den Brief zu beantworten. Als ich Wochen später nach München zurückkehrte, lag bereits ein zweiter Brief des jungen Mannes, ganze siebenundzwanzig Jahre alt, bei der Post. Er hatte mein Schweigen als Einverständnis zu seinem Vorschlag angesehen und pünktlich zwei Wochen später diesen zweiten Brief mit einem Zwanzig-Mark-Schein geschickt.

Bevor ich mich mit der anderen Post beschäftigte, steckte ich den Schein in einen Umschlag und schrieb, daß ich seinen guten Willen für die Tat nähme, und wünschte ihm ein erfolgreiches, besseres Leben auf dem rechten Weg. Ich hoffe, der junge Mann hat es geschafft.

All jenen, die das Schicksal hartherzig gemacht hat, darf ich einen Satz zurufen, den ich zum ersten Mal von meiner Frau gehört habe: »Schenke, vergiß es, und es wird zu dir zurückkommen.«

27. Da ging mir der zweite Knopf auf

Von der Leinwand zum Bildschirm

Der Entschluß, nicht mehr zu filmen, sondern fürs Fernsehen zu arbeiten, ist mir nicht leichtgefallen. Ich fühlte mich mit dem deutschen Film, der um seine Existenz kämpfte, in einer Art Nibelungentreue verbunden. Der entscheidende erste Schritt wurde mir dadurch erleichtert, daß ich mit dem »Tod des Handlungsreisenden« beginnen konnte, eine von mir schon in Wien im Akademie-Theater gespielte Rolle, die ich sehr liebte.

In Wien hatte ich mir die Rolle des Willy Loman in ausführlichen Proben gemeinsam mit dem Regisseur Paul Hoffmann erarbeitet. Da er ebenfalls ein Schauspieler der leisen Töne ist, wurde es eine Zusammenarbeit, die Freude machte und die mir auch eine Wiener Zeitung nicht trüben konnte, die sich am Premierentag etwas ganz Besonderes hatte einfallen lassen: Sie brachte das Bild meines Vorgängers in dieser Rolle vor etlichen Jahren mit der Unterschrift: Unvergessen als Willy Loman Anton Edthofer. Wie sagte doch Fritz Kortner – selbst Wiener – mit entsprechender Betonung: Wien bleibt Wien!

Den Bühnen-Loman spielte ich 1961, den Fernseh-Handlungsreisenden 1968. In beiden Fällen war Käthe Gold meine Partnerin. Käthe und ich dachten uns: Wir haben das schon gespielt, den Text kennen wir, Filmerfahrung besitzen wir auch ein bißchen, es wird ein leichtes Arbeiten werden. Wir hatten die Rechnung ohne die Fernseh-Technik und ohne den Regisseur gemacht. Vier Kameras rückten uns gleichzeitig auf den Pelz! Dies bot jedoch, wenn man sich daran gewöhnt hatte, den Vorteil, wie auf der Bühne lange Szenen durchzuspielen.

Der Fernseh-Regisseur Gerhard Klingenberg ging an Arthur Millers Stück und die Rollen mit einer anderen Konzeption heran. Er betonte in seiner Fernsehfassung das Soziale, und von mir verlangte er, daß das Menschliche bis an die Grenze der Belastbarkeit ausgespielt wurde. Käthe und ich waren nach den Proben immer ganz geschafft, aber glücklich, sahen uns bedeutungsvoll an, und in unseren Augen war zu lesen: ach, sooo ist das!

Durch diese Arbeit hatte ich auf meine alten Tage wenigstens einmal erlebt, wie es ist, wenn man an einer ernsten, großen Aufgabe unter zwei verschiedenen Regisseuren arbeitet.

Nein, ich muß mich berichtigen. Noch ein zweites Mal war dies der Fall. Beim »Hauptmann von Köpenick«. Zuerst im Film unter Helmut Käutner, dann auf der Bühne unter August Everding. Die Voraussetzungen waren allerdings verschieden. Käutner hatte ein Drehbuch als Vorlage, Everding das originale Theaterstück. Trotzdem sehr interessant für mich, die Unterschiede in der Arbeit des Schauspielers für den Film und in derselben Rolle für die Bühne zu erleben.

Beim Film sind immer nur Kurzstrecken zu spielen. Man muß sofort präsent sein. Die Szenen werden nicht nach Drehbuchablauf, sondern in einer Reihenfolge gedreht, die sich nach ökonomischen Erwägungen richtet. Morgens spielt man die Sterbeszene, am Nachmittag in der gleichen Dekoration eine heitere Episode. Da heißt es umschalten! Nicht nur innerlich, sondern auch äußerlich, wenn man morgens alt und grau, nachmittags dagegen jung und fröhlich ausschauen muß.

Anders am Theater. Auf der Bühne kann man in drei Stunden ein Schicksal aufbauen und kontinuierlich gestalten. Man kann sich warmspielen!

Ich habe den Schuster Voigt am Theater anders gespielt als sechs Jahre zuvor im Film. Mit mehr Härte, mehr Verbitterung, mehr Auflehnung gegen die Obrigkeit. Mein Bühnen-Voigt ließ seine Herkunft deutlicher erkennen: ein Zuchthäusler, der sechsundzwanzig Jahre gesessen hatte und der entschlossen ist, den Kadavergehorsam, der im Staat herrscht, für seine privaten Zwecke auszunutzen. Diese andere Auffassung drückt sich schon im Ton aus, in dem Voigt zu seinem Schwager sagt: »Ich häng an meine Heimat, genau wie du, aber erst solln sie mir mal drin leben lassen, in de Heimat, dann kann ich auch sterben dafür.«

Dem Schauspieler geht es mit Rollen so wie dem Leser mit Büchern. Auch ein Buch liest man beim zweiten Mal mit anderen Augen als beim ersten Mal.

Doch ich schweife ab, wollte doch vom Fernsehen berichten. Am Anfang dieses Buches schrieb ich über die sogenannten Fernseh-Specials – ein schreckliches Wort –, in denen drei bis vier Kurzfilme zu einer Stunde zusammengefaßt sind. Ich war lange der Ansicht, daß sie dem Publikum gefallen, weil es reizvoll ist, denselben Schauspieler hintereinander in mehreren Aufgaben zu sehen. Heute bin ich nicht mehr davon überzeugt. Ich glaube, diese Form hat sich überlebt, weil sie zu oft angewandt wurde. Die meisten Menschen vor den Fernsehschirmen wissen nach der letzten Episode nicht mehr, was in der ersten geschah.

Natürlich, wir Schauspieler verkleiden uns gern, schlüpfen behende in die verschiedensten Figuren, können jedoch unser eigenes Ich nicht verleugnen. Es schimmert immer durch.

Eine seltene Sternstunde des Fernsehens, wenn es durch einen genialen schauspielerischen Zugriff gelingt, den vollen Zauber über eine Stunde lang zu entfalten. Aber Genies sind selten. Gott sei Dank!

Noch etwas anderes macht die Specials problematisch: das Zeitkorsett, in das sie gezwängt werden. Es müssen vier Geschichten sein! Es muß sechzig Minuten dauern! Wie gefährlich, wie töricht! Ich sage, lieber eine etwas kürzere Sendung und allgemeines Bedauern über das frühe Ende als zwei Minuten zu lang sein! Diese vertrackten zwei Minuten haben schon oft den Erfolg gekostet.

Bis zu diesem Zeitpunkt hat sich das Publikum amüsiert, doch dann verliert sich das Interesse, die Zuschauer schalten ab. In Erinnerung bleiben die unbefriedigenden zwei Minuten! Sie bestimmen den Gesamteindruck. Die alte Theaterweisheit: »Was gestrichen ist, kann nicht durchfallen« – das Fernsehen sollte sie ebenfalls beherzigen. Ich persönlich – aber das ist wirklich meine ganz persönliche Meinung – halte die Einstunden-*Lesungen,* die Gyula Trebitsch und ich aus der Taufe gehoben haben, für künstlerischer und interessanter. Das mag damit zusammenhängen, daß ich erst im Alter einen Weg gefunden zu haben glaube, wie ich mit meiner an Umfang nicht sehr großen Stimme eine Vorlesung interessant gestalten kann.

Jahrzehntelang habe ich alle Angebote für Lesungen abgelehnt. Mit einer Ausnahme: Juni 1945 las ich in einer literarischen Matinee im »Haus der Kultur der Sowjetunion« Unter den Linden Gogols Geschichte »Die Nase«. Aber das war kein künstlerischer Versuch, sondern Broterwerb im nacktesten Sinn des Wortes.

Heute weiß ich, daß es nicht auf die Größe, sondern auf die Modulation der Stimme ankommt und auf das Mitleben mit dem, was man liest. Ich will damit sagen: Ich lese den Text und erlebe gleichzeitig bildhaft, was er aussagt. Dabei darf man nicht überpointieren oder ins Theaterspielen kommen. Der Satz als Satz hat ja schon seine Aussage.

Es ist eine eigene Kunst und faszinierend, mit kleinen stimmlichen Mitteln, Bruchteilen von Verzögerungen, Phantasie und mutigen Pausen der jeweiligen Erzählung *das* mitzugeben, was sie braucht. Aber eben wirklich nur das, nicht mehr!

Und es ist ein Unterschied, ob man vor der Fernsehkamera liest, mit der Möglichkeit, den Text durch Bilder zu illustrieren, oder vor einer unmittelbaren Zuhörerschaft, die, eingestimmt auf diese Lesestunde, erwartungsvoll Platz genommen hat. Ich habe beides getan, und jedes hat seinen eigenen Reiz. Es wäre ungerecht, einem vor dem anderen den Vorzug zu geben.

Im Fernsehen habe ich »Reineke Fuchs«, das Vers-Epos von Johann Wolfgang von Goethe, gelesen, eingeblendet die vermenschlichten Tierfiguren von Wilhelm von Kaulbach. Ich habe sie in ihren verschiedenen Charakteren stimmlich zu unterscheiden versucht. Ich habe mir gesagt: Wer liest schon – außer vielleicht in der Schule – »Reineke Fuchs« aus eigenem Antrieb? Aber wenn man bereits vor dem Bildschirm sitzt, läßt man sich vielleicht von Text, Klang und Bild einfangen und genießt die »mißlungenen Hexameter«, wie Goethe sie nannte.

In ihnen stecken auch für die heutige Zeit hintergründige Anspielungen, im zwölften Gesang zum Beispiel! Reineke hat den Wolf im Zweikampf besiegt und wird vom König zum Kanzler des Reiches ernannt. Nehmen Sie nur die schönen Schlußsätze:

»Denn so ist es beschaffen, so wird es bleiben und also Endigt sich unser Gedicht von Reinekens Wesen und Thaten.
Uns verhelfe der Herr zur ewigen Herrlichkeit! Amen.«

Als nächste Fernseh-Lesung folgte »Herr und Hund« von Thomas Mann. Sein kluger Essay über die Verbindung von Mensch und Tier. In der unvergleichlichen Sprache des Dichters. Nach Tagen im Atelier folgten Außenaufnahmen, bei denen mich mein damals noch junger ungarischer Hirtenhund begleitete. In seiner Liebe und Anhänglichkeit führte er getreulich aus, was das Manuskript von ihm verlangte.

Schließlich, als dritten Streich, Wilhelm Buschs unsterbliche Bilderposse »Max und Moritz«, die John Halas mit der Musik von Peter Thomas zum Leben erweckte.

Wie anders sind dagegen Lesungen vor einem Zuhörerkreis. Vor Beginn ist man vom Lampenfieber gepackt, wie vor einer Premiere. Jedenfalls geht es mir so, wenn ich zur Adventszeit in der Sankt Michaelis Kirche in Hamburg lese. Da gibt es keine Bühne, kein Studio, keine Rampe, keine Trennung zwischen dem Publikum und mir, eben eine Kirche und eine wunderschöne dazu. Die Stimme fällt ohne Kontrolle in ein Nichts. Angst überkommt mich, ob ich die Menschen mit meinen Worten erreichen, ansprechen kann.

Dazu die exponierte Position. Ich sitze in der Nähe der Kanzel, sehr allein, an einem kleinen Tisch, über mir ein riesiger Christbaum mit Hunderten von Kerzen, die zuerst nur glimmen; aber wenn Orgel und Chor geendet – zuletzt erklang: »Es ist ein Ros' entsprungen...« – und die biblische Geschichte nach dem Lucas-Evangelium beginnt »Und alsbald war da bei dem Engel die Menge der himmlischen Heerscharen«, werden die Kerzen heller, um bei der Stelle: »Ehre sei Gott in der Höhe und Friede auf Erden den Menschen seines Wohlgefallens« in voller Kraft vor dem dunklen Mittelschiff der Kirche zu erstrahlen. Erst jetzt kehrt Ruhe in mir ein.

Es ist etwas Einmaliges für mich, in dieser Stimmung, die auf mich übergeht, im Michel auf meinem Stühlchen zu sitzen, und zweitausend Menschen, die sich ebenfalls vom Advent einfangen lassen wollen, sind still bis zum Schluß, an dem ich ihnen Manfred Hausmann mit auf den Weg gebe:

> »Trüb verglimmt der Schein, da der Abend naht,
> und ich geh allein den verschneiten Pfad,
> der, vom Hang gelenkt, mit gelindem Schwung
> hin und her sich senkt in die Niederung...
>
> Reif erknirscht und Schnee unter meinem Schuh.
> Weg, auf dem ich steh, dir gehör ich zu!
> Wer des Lichts begehrt, muß ins Dunkel gehn.
> Was das Grauen mehrt, läßt das Heil erstehn.
> Wo kein Sinn mehr mißt, waltet erst der Sinn.
> Wo kein Weg mehr ist, ist des Wegs Beginn.«

Das hätt' ich fast vergessen ...

Solange ich denken kann, habe ich Weihnachten »Friede auf Erden und den Menschen ein Wohlgefallen« gesungen und mit mir wahrscheinlich die meisten meiner Leser. Wir haben falsch gesungen, behaupten die Bibel-Philologen, die richtige Übersetzung lautet »... und den Menschen *seines* Wohlgefallens«. Ich lern ja gern, aber ob ich mich daran noch gewöhnen werde? Ich hab' meine Zweifel.

Nicht nur im Film muß man sich innerlich und äußerlich in kurzer Zeit umstellen können. Es gibt auch Theaterstücke, die ihren Reiz daraus beziehen, daß der Hauptdarsteller in jedem Akt in einer anderen Maske erscheint. Eines dieser Stücke – »Es bleibt in der Familie« von Louis Verneuil – habe ich gespielt. Ich beginne als Großvater und werde von Akt zu Akt jünger. Gott sei Dank hat das Stück nur drei Akte, so daß mir ein Auftritt im Matrosenanzug erspart blieb! Auch so gab es Überraschungen genug. In Bern zum Beispiel. Ich war gewohnt, daß es zu Beginn des zweiten Akts, wenn ich, blitzschnell umgezogen, dreißig Jahre jünger auf die Bühne komme, Beifall gibt. Nichts davon in Bern. Schweigen. Also sage ich meine ersten Sätze, plötzlich eine Frauenstimme aus dem Parkett: »Desch isch er ja o!« Prasselnder Beifall.

28. Ein Rabbi in New York

Zwischen Hudson und East River

Grünwald, 1. Dezember

Ich arbeite an meinem alten Stehpult; vor mir liegt ein kleines, weißes Seidenkäppchen, das mir vor Monaten, als ich mich für meinen nächsten Film vorbereitete, in einer Synagoge in München von einem Unbekannten geschenkt wurde. Es war sehr heiß im Raum, er sah, daß ich einen dunklen, schweren Hut aufhatte, und er reichte mir das Käppele mit der Bitte, es aufzusetzen und zu behalten.

Es begleitete mich nach New York, zu meiner Arbeit für den Fernsehfilm »Ein Zug nach Manhattan«. Ich spiele einen jüdischen Kantor, der eines Morgens aufwacht und seinen Glauben an Gott verloren hat. Er sieht die Welt mit neuen Augen und wundert sich, daß er nicht schon früher erkannt hat, wie schonungslos sie ist, diese Welt voller Kriege, Unrecht, Mord und Erpressung. Einem Fremden gesteht er seine Verzweiflung:

»Wie ich eines Morgens aufwachte, da dachte ich mir, wie traurig geht es doch zu in dieser Welt. Ich sehe nichts und höre nichts als Elend und Traurigkeit. Und nachts war mein Kopf wie eine Trommel.
Gott, Gott, Gott. Was für ein Gott ist das, der das alles geschehen läßt? Ich wachte auf mitten in der Nacht, und in meiner Verzweiflung versuchte ich zu beten. Und in der Dunkelheit des Raumes fand ich einen Augenblick Frieden. Aber sie kamen wieder, die Trommelschläge – Was für ein Gott ist das? Was für ein Gott ist das? Was für ein Gott ist das?
Morgen beginnen die hohen Feiertage, ich kann nicht vorbeten und nicht vorsingen.«

Mit dieser Verzweiflung im Herzen macht er sich auf den Weg zu seinem Rabbi. So beginnt der Film. Auf dem Weg durch New York findet er ihn dann wieder, seinen Glauben. Wie – das möchte ich Ihnen nicht verraten, das hat der Autor so dichterisch, fast märchenhaft gestaltet, und trotzdem wurzelt alles, was nun geschieht, im Alltag und berührt uns unmittelbar. Es kann jedem von uns jeden Tag passieren, ist vielleicht schon passiert.

Paddy Chayefsky hat die Geschichte von Kantor Leon Sternberger vor dreißig Jahren geschrieben, aber es gibt Geschichten, die stimmen immer, und manche bekommen erst im nachhinein ihre tiefere Bedeutung. Dies ist so eine Geschichte. Heute aktueller als 1952.

Paddy Chayefsky lebte in New York und besuchte mich bei den Außenaufnahmen. In meinem Wohnwagen führten wir eine anregende Unterhaltung über vieles, was uns bewegte, und als ich merkte, daß wir in künstlerischen Dingen auf der gleichen Wellenlänge dachten, fragte ich ihn, ob er nicht mal etwas für mich schreiben wolle. Er versprach es. Zu früh wurde ihm die Feder aus der Hand genommen.

Er stimmte mit mir überein, als ich ihm erzählte, wie ich diesen Kantor spielen wollte. Als Durchschnittsrabbi, ganz realistisch, ein wenig weltfremd. Das ist der Vorteil im Alter: daß man alles weglassen, daß man sich so sehr in einen anderen Menschen hineinversetzen kann, daß es keiner besonderen Anstrengung zur Charakterisierung mehr bedarf. Ich hoffe, ich habe dies durchgehalten, bei den Atelieraufnahmen in Hamburg und bei den Außenaufnahmen in New York.

Ich habe gern in dieser einmaligen Stadt gearbeitet, die man entweder liebt oder haßt. Viel Zeit blieb mir allerdings nicht, mich für das eine oder andere zu entscheiden, denn wenn ich mal einen freien Tag hatte, mußte ich meine langen Texte lernen.

Abends in meinem Hotel war ich noch ganz taub vom Lärm in den U-Bahnschächten. Aber das amerikanische Theater interessierte mich, und so besorgten wir uns Karten für einige Aufführungen auf dem schwarzen Markt, denn alle bedeutenden Inszenierungen sind auf Monate im voraus ausverkauft. Das unerträglichste an

Kitsch war für mich das Musical »Annie«. Ein Zuckerguß nach dem Rezept: Man nehme ein Waisenkind, einen alten, herrenlosen Hund, Präsident Roosevelt im Rollstuhl, und als krönender Abschluß rollt ein geschmückter Weihnachtsbaum mit Geschenken beladen auf die Bühne. Und das im Hochsommer! Die Taschentücher haben Großeinsatz.

Meiner Frau, der die Stadt zwischen Hudson und East River neu war, gefiel fast alles. Sie versuchte immer, sich auf englisch zu verständigen, aber das Zimmermädchen im Hotel stammte aus Stuttgart, der Abteilungsleiter eines Lebensmittelgeschäftes aus dem Elsaß und eine Verkäuferin im Kosmetik-Shop war Schweizerin. Bei Bloomingdale, einem Riesenwarenhaus, erledigte sie ihr Soll an Spaziergängen, zu denen sie aus Sicherheitsgründen im Central Park nicht kam.

Einmal nach den Aufnahmen fuhren wir noch zum River-Café, am Fuße der Brooklyn Bridge. Es liegt direkt unten am Fluß, gegenüber von Manhattan.

Es war gegen 18 Uhr, und drüben in den Hochhäusern gingen die ersten Lichter an, die Sonne stand blutrot hinter der Freiheitsstatue und schickte ihre letzten Strahlen in einen türkisgetönten Himmel. Im Café war es zu laut geworden; wir gingen auf die Terrasse.

Das Farbenspiel hatte seinen Höhepunkt erreicht. Die Häuser hoben sich nur noch als Silhouetten vom hellen Himmel ab, aber jetzt war jedes Fenster erleuchtet, die Fackel in der Hand der Freiheitsstatue blitzte auf. Das alles vor einem unwirklich gefärbten Streifen am Horizont.

Kitsch? Was echt ist, kann kein Kitsch sein!

Immer wieder mußten wir hinsehen.

Noch vom Parkplatz aus starrten wir hinüber, konnten uns nicht losreißen.

Ich wünschte mir nicht, daß es gemalt würde; in Musik müßte man es setzen!

Leise fuhren wir ab. Wir wollten nicht stören...

Wir beendeten die New York-Aufnahmen mit einem Riesenwirbel am Times Square. Ich mußte von einer Straßenseite zur anderen gehen und auf einer Rettungsinsel haltmachen. Dort stand auch die Kamera, und um sie herum wie ein Knäuel – auch auf der Straße zwischen fahrenden Autos – zehn bis fünfzehn Reporter. Polizisten waren Gott sei Dank nicht zu sehen; die wußten wohl, daß wir keine Dreherlaubnis hatten.

Und das alles in der »rush hour«! Die Aufnahme mußte sehr schnell »in den Kasten«, das Licht war gerade ideal. Alles lief nach Plan, da schießt, während die Kamera läuft, ein junger Schwarzer, vom Menschenauflauf angelockt, auf mich zu, schüttelt mir die Hand, lacht mich an und ist nicht wegzubringen.

Von unserem herbeisausenden Produktionsleiter gefragt, ob er mich kenne, sagte er »nein«.

»Warum stören Sie uns dann?«

»Man kann nie wissen«, sagte er lächelnd, »heute kann ich ihm noch die Hand geben, später nicht mehr. Vielleicht wird er mal Präsident!«

Das war ein charmanter Abschied von Amerika. Müde, aber zufrieden, saßen wir abends in der 707, und wenige Stunden später, morgens um sechs Uhr in Hamburg, schlossen uns unser Produzent Professor Trebitsch und seine Tochter Katharina, die inzwischen ihr Staatsexamen gemacht hatte, in die Arme.

Morgens sechs Uhr früh! Wo gibt es denn das noch?

Alte Welt – Neue Welt. In solchen Gesten zeigt sich der Unterschied.

Dabei hatte Gyula Trebitsch uns erst vor einer Woche in New York besucht, am zweiten Drehtag, der zufällig auch unser Hochzeitstag war. Andere Produzenten führen Ferngespräche und fragen, wie es geht. Er aber gibt einem durch seine Anwesenheit die menschliche Wärme, und sein Interesse gilt allem, weit über das Berufliche hinaus. Wir kennen uns seit »Köpenick«, den er 1956 in der Real-Film drehte, die ihm und Walter Koppel gehörte. Seit sieben Jahren, angefangen mit unseren Lesungen, Portraits, Specials, Geburtstagssendungen, arbeite ich nur noch bei ihm. Seine Produktion in Hamburg ist für mich eine Oase; da fühle ich mich wohl. Bei Hanna Pröhl, die eigentlich Gertrud heißt, weiß ich alles Dramaturgische in besten Händen. Sie findet immer wieder interessante Stoffe für mich und besorgt auch solche Rechte, die eigentlich nicht zu bekommen sind.

Wir alle kennen uns so gut, daß es nicht mehr vieler Worte bedarf. Ich komme in Fuhlsbüttel an, fahre ins Atelier, und es wird gearbeitet. In der Umgebung Gleichgesinnter.

Jedesmal nach der Landung überreicht mir mein Produzent eine Hamburger »Hummel-Hummelfigur« mit den Wassereimern. In der Größe einfühlsam der jeweiligen Aufgabe angepaßt, die vor mir liegt. Ein Riesenmann ist auch dabei, der war wohl für etwas ganz Besonderes! So stehen sie gestaffelt, siebenundzwanzig an der Zahl, am Fenster meines Arbeitszimmers.

Danke schön, Gyula Trebitsch!

Das ging mir durch den Kopf, als wir, New Yorker Staub noch an den Schuhen, vom Flughafen ins Hotel fuhren. Die Straßen schienen enger und die Häuser kleiner geworden. Aber die Binnenalster mit ihren Lichtern war die gleiche, vertraute Kulisse. Wir waren zu Hause. Schön.

Du wirst doch nicht sentimental werden, Heinrich? (So steht der Name im Paß.) Die Atelieraufnahmen warten auf dich, schnell ins Schwimmbad und dann ins Bett!

29. Unterwegs nach allen Himmelsrichtungen

Ost, West, Nord, Süd – mit meinen Augen

Grünwald, 3. Dezember

Wo ist das Jahr geblieben?
Die Zeit läuft immer schneller. Die Tage werden kürzer. Im Jahr und im Leben. Ich habe mir vorgenommen, nicht nur jeden Tag, sondern jede Stunde zu genießen. Die Gegenwart voll auszukosten, die Erinnerung nur als Würze darüber zu streuen.

Wenn ich zum Beispiel in einer Zeitung einen Artikel über Paris lese, erinnere ich mich an meine Arbeit in französischen Studios. Seltsam, daß keiner der beiden Filme, die ich dort drehte, ein Erfolg wurde. Weder in Frankreich noch bei uns.

PARIS:

Das erste Mal war ich 1954 in Paris und Nizza für die Dreharbeiten zu dem Film »Escale à Orly« (»Zwischenlandung in Paris«), von dem nichts Besonderes zu vermelden ist, nur, daß er nicht gefiel. Das alte Lied! Die Produktion wollte ganz auf Nummer Sicher gehen und hatte, nach dem Motto »für jeden etwas«, alles, aber auch alles, in das Manuskript hineingepackt: Liebe, Spannung, Humor, Kriminalistik, Rauschgift, Mitleid mit armem, schwerhörigem Onkel, den ich spielte. Das Publikum wußte nicht mehr, woran es sich halten sollte. Die Rechnung ging nicht auf.

Mein zweiter Paris-Ausflug erfolgte zehn Jahre später. Der Film, in dem Fernandel und ich die Hauptrollen spielten, hieß in Frankreich »La bourse et la vie« (»Geld *und* Leben«), bei uns »Geld *oder* Leben«. Im Französischen signalisierte das kleine Wörtchen »und« bereits, daß es sich um eine heitere Geschichte handelte, während unser Titel eher zu einem Krimi paßte. Ich mußte meine Rolle, einen pedantischen Buchhalter, in Französisch spielen, wegen meines Akzents hatte man den Buchhalter »Schmidt« getauft und aus ihm einen Elsässer gemacht.

Täglich paukte ich mit einem französischen Schauspieler meinen Text. Harte Arbeit: Ich spreche Englisch sowieso besser, aber bei dem Sprechtempo, das Fernandel vorlegte, wäre ich auch mit besserem Französisch kaum mitgekommen. Er war reizend, versprach vor jeder Aufnahme, diesmal bestimmt nicht so schnell zu sprechen. Daran hielt er sich auch. Bei den ersten drei Worten!

In den Drehpausen erzählte er gern unanständige Witze, deren Pointen mir übersetzt werden mußten. Mittags verschwand er oft als einziger, um ausführlich zu dinieren. Auch wenn er dann leicht ermüdet war, entging ihm nichts im Atelier. Stand eine Gruppe redend beieinander, war er auch schon da.

Angenehm empfand ich die Drehzeit in französischen Ateliers. Sie beginnt elf Uhr vormittags und endet zwanzig Uhr abends. Die erste Stunde vergeht mit Besprechungen, Einleuchten und Schminken, das ist für Schauspieler, die doch durchweg Nachtmenschen und Morgenmuffel sind, ideal. Mittags wird nur ein Sandwich gegessen, und die Hauptszenen liegen am Nachmittag. Doch auch diese angenehme Drehzeit, die gute Atmosphäre im Atelier nutzt nichts, wenn – wie bei den beiden Filmen – die Handlung zu konstruiert ist.

HONGKONG:

Meine Frau und ich sitzen in einer DC 10 der Lufthansa im Anflug auf Hongkong. Wir schweben über ein Vorgebirge, das aus dem Meer wächst. Von der untergehenden Sonne ist alles in goldenes Licht getaucht. Wir haben den Eindruck, die Maschine landet im Wasser, dann aber berühren die Räder doch noch den äußeren Rand der Piste, die weit in die Bucht hinausgebaut ist. Wir sind in Hongkong.

Eine Stunde später stehen wir am Fenster unseres Zimmers im Peninsula-Hotel auf der Halbinsel Kowloon. Es ist dunkel geworden, wir können uns nicht sattsehen an den unzähligen Lichtern der gegenüberliegenden Hauptstadt bis hinauf zu den Hügeln. Es ist ein Anblick von solcher Schönheit, daß man seinem Mitbetrachter etwas schenken möchte, als Dank für das gemeinsam Erschaute.

Für den nächsten Morgen stand für mich Unterricht auf dem Stundenplan. Diesmal Unterricht in Akupunktur. Wir gingen zu Fuß, ließen uns durch die Straßen treiben, inmitten fröhlicher Menschen, die scheinbar kein Ziel hatten. Der Menschenstrom riß nicht ab, wurde eher dichter und schob uns auf die Fähre, die nach Viktoria hinüberfährt. Kein Gedränge, überall Höflichkeit und Gelassenheit.

So empfing mich auch der Leiter des Akupunktur-Institutes, ich konnte bei der Behandlung von Patienten mit Silbernadeln zusehen. Morgen muß ich das tun! In dem Film »Das chinesische Wunder« spiele ich einen Professor dieses Jahrtausende alten Heilverfahrens.

In dieser Rolle hatte ich auch einige chinesische Sätze zu sprechen, die ich – so genau bin ich nun mal – bereits in München bei Herrn Hwang gelernt hatte. Doch der Lehrer, mit dem ich in Hongkong die Sätze repetierte, sprach die Worte ganz anders aus. Ein neuer Lehrer wurde geholt. Erfolg: Er bot mir eine dritte Möglichkeit der Aussprache an. Noch bevor ich dazu kam, meinen chinesischen Text im Film zu sprechen, war ich auf dem besten Weg, Professor der chinesischen Dialekte zu werden.

Meine Hongkong-Aufnahmen begannen mit einer Fluchtszene. Ich werde von Banditen gejagt, die auf mich schießen. Natürlich schießt man im Film nicht wirklich, sondern bringt explosive Ladungen versteckt an einer Wand an, vor der ich vorbeirenne. Immer wenn ich mich einer solchen Ladung nähere, wird diese durch ein Funksignal gezündet. Man versicherte mir, das sei absolut ungefährlich und im Film habe es den gleichen Effekt wie echte Einschüsse. Das Gegenteil war der Fall, die Explosion erfolgte zwar seitlich von mir, aber die

Holzsplitter flogen mir um die Ohren und ins Gesicht. Ich blutete stark. Ein Arzt mußte mich behandeln. Für diesen Tag hatte ich Drehschluß.

Aber am nächsten Morgen stand ich wieder vor der Kamera, wieder vor derselben Mauer. Nur diesmal war die andere, unversehrte Gesichtshälfte der Kamera zugewandt! »The show must go on.«

Fünf Tage später, auf dem Rückflug, warteten wir in Frankfurt auf die Anschlußmaschine. Uns gegenüber las ein Herr in einem Boulevardblatt die Schlagzeile: »Rühmann nach Schußwechsel in Hongkong blutüberströmt zusammengebrochen.« Der Herr legte die Zeitung zur Seite, schaute ungläubig zu mir, las noch einmal, schaute wieder. Schließlich beruhigte er sich, er hielt mich wohl für einen anderen.

Für meinen Arpad gab es solche Zweifel nicht. Mit einem Satz war er abends bei mir im Bett und nicht bereit, auch nur einen Millimeter zu weichen.

KREUZFAHRT:

Für Seereisen habe ich mich nie interessiert. Das viele gute Essen, die begrenzte Bewegungsmöglichkeit an Bord hielten mich davon ab, und das Ausgeliefertsein den anderen Passagieren gegenüber erinnerte mich an Situationen in Eisenbahnzügen: Ich befinde mich im Abteil, die anderen Mitreisenden auf dem Gang, einer hinter dem anderen, und sie schieben sich langsam vorwärts, um durch das Fenster einen Blick auf das »Wundertier« zu erhaschen. Bemerkungen wie »Warum so ernst?« und »Lachen Sie doch mal« fallen, und ich komme mir vor wie im Zoo; Freigehege, ohne Gitter! Einmal erlaubte ich mir, die Vorhänge vom Abteil zuzuziehen, wütende Reaktionen: »Was denkt sich denn der eingebildete Lümmel!«

Mitte Februar 1981 habe ich dann doch an einer Schiffsreise teilgenommen. Mit der »MS Europa« von Acapulco über Feuerland nach Montevideo. An Bord sollte es ein kleines Rühmann-Festival geben, mit einigen meiner Filme, zwei Leseabenden und – na, wie könnte das fehlen – einer Autogrammstunde.

Für vier Wochen wurde eine Kabine unser Zuhause. Schnell paßten wir uns dem neuen Rhythmus an und versuchten, den Verlockungen zu entgehen, die auf den Tabletts der Stewards von sieben Uhr früh bis elf Uhr nachts hinter uns hergetragen wurden. Nachdem die Mitreisenden festgestellt hatten, daß ich so aussah, wie ich aussehe, und so spreche »wie im Film« und nicht unbedingt auf Kronleuchtern herumturne oder auf den Händen ins Restaurant gehe, normalisierte sich auch für mich der Bordalltag. Gelegentlich lagen kleine Aufmerksamkeiten auf meinem Liegestuhl. Ich wurde verwöhnt.

Da unter meinen Filmen, die im Bordkino liefen, auch der »Kapitän« war, hieß ich bald der »Kapitän«, und der wirkliche Kapitän, Michael von Neuhoff, begrüßte mich mit »Herr Kollege«. Wir waren vierhundert Passagiere, darunter viele Alleinstehende. Alle bemüht freundlich zueinander, doch wie viele bittere Schicksale mögen sich hinter diesen Masken der Verbindlichkeit verbergen! Dort lag jemand im Liegestuhl und wischte sich verstohlen die Augen; an einer bestimmten Stelle der Reling lehnte jeden Tag zur gleichen Zeit eine alte Dame und blickte wehmütig auf das Wasser.

Warum waren sie an Bord? Warum sind sie auf Reisen? Wollten sie, mußten sie von zu Hause weg? Ich sehe mir die Menschen an und mache mir meine Gedanken. Sie liegen in ihren Liegestühlen, viele lesen, andere haben Bücher auf dem Schoß liegen und sind darüber eingeschlafen. Vielleicht wollten sie sich alle über das Glück informieren, das es in der Welt geben soll. Ich sehe Titel über »Herz« und »Seele«, »Gibt es ein Jenseits?«, »Durchs Dunkel zum Licht!« Beneidenswert, wer in dieser Welt, mit oder ohne Kirche, seinen Glauben gefunden hat und innerlich ruhig und ausgeglichen ist. Diese Menschen haben andere Gesichter.

Zu dem Ersten Offizier hatte ich bald ein herzliches Verhältnis. Er führte mich in die Regionen, die man sonst nicht zu sehen bekommt. Ein Laufen und Gehen und emsiges Arbeiten unter der Wasserlinie. Hier pulsiert das wirkliche Leben im Schiff! Unvergessen die zwölf Chinesen, die von fünf Uhr früh bis zehn Uhr abends mit Bergen von Wäsche an den Maschinen stehen. Sie legen Wert auf ein eigenes Essen aus eigener blitzsauberer Küche.

In Callao (Peru) lag unsere »Europa« drei Tage. Lange Ausflüge nach Machu Picchu, der geheimnisvollen Inkastadt in 2500 Meter Höhe, waren geplant. Ich hatte etwas anderes vor. Ich wollte endlich mit eigenen Augen eines der großen Rätsel auf unserer Erde sehen: die Scharrbilder auf der Hochebene von Nazca, deren Alter nicht zu bestimmen ist und die nur aus der Luft zu erkennen sind.

So saß ich wieder einmal in einem Flugzeug, diesmal am Doppelsteuer einer Piper-Aztek. Der Pilot, der sich mit Gustave vorstellte, wies in 8000 Fuß Reisehöhe galant auf das Steuer und brüllte – es war dröhnend laut im Cockpit – er wisse, daß ich auch fliege, und ich solle 150 Grad halten. Ab gings übers offene Wasser Richtung Wüste.

Nazca hat einen Landeplatz für Sportflugzeuge. Ohne Piste, aber mit einer reizenden Groundess, die uns wie alte Bekannte begrüßte. Ihr Vater war Japaner, die Mutter Peruanerin. Eine gute Mischung!

Mit einer einmotorigen Cessna flogen wir in einigen hundert Metern Höhe eine Zeichnung nach der anderen ab, die hier in den Boden der Pampa oder in die Steilhänge eingeschürft sind. Wann? Von wem? Niemand weiß es. Sie sind von großer Schönheit und Gleichmäßigkeit. Der große »Condor« oder der »Affe« mit seinem riesigen, in Kreisen gelegten Schwanz. Oft grenzen sie an geometrische Figuren, Dreiecke, Vierecke oder schnurgerade Linien, von denen einige bis zu sieben Kilometer parallel nebeneinander verlaufen.

Eine der Figuren, »die Spinne«, ist sechsundvierzig Meter lang! Wie haben Menschen diese überdimensionalen Zeichnungen in den Boden geschart, da sie sich danebenstehend doch keinen Überblick verschaffen konnten, denn alle Figuren sind nur von oben, vom Himmel aus, zu erkennen. Erst als Menschen fliegen konnten, wurden diese Zeichnungen entdeckt. Aber sie wurden früher geschaffen! Warum? Es heißt, Priester hätten sie angelegt für die Götter, die im Himmel wohnen. »Wir glauben an Euch, seid uns gnädig, kommt zu uns!«

Auch Frau Dr. Reiche, eine deutsche Mathematikerin und Geographin, deren Lebenswerk das Studium dieser Phänomene ist, weiß keine eindeutige Antwort. Beim Mittagessen erzählte sie von den Geheimnissen der Wüste. Ich hatte den Eindruck, daß sie sich zwar über unseren Besuch freute, aber uns auch gern verabschiedete, um weiter eifersüchtig über ihre geliebten »Kinder« der Pampa zu wachen und mit Hand und Besen den hellen Kieseluntergrund der Scharrlinien frei zu fegen, wenn sie der Wind wieder einmal verweht hatte. Gern hätte ich die Figuren aus der Nähe betrachtet, aber es wären Tagesmärsche gewesen.

Beim Rückflug saß ein nachdenklicher Co-Pilot neben Gustave am Steuer. Tief bewegt und aufgewühlt. Ich hatte heute eines der unerklärlichen Rätsel dieser Erde gesehen.

Raue See. Nach Valparaiso wurde es kühler, und wir wurden vom Decksteward in Decken gepackt. Windstärke sechs bis sieben. Der Anker schlug gegen die Bordwand, wenn der Bug des Schiffes tief in die aufgewühlte See tauchte. Alle Veranstaltungen wurden abgesagt. Erst in den Kanälen, die zur Magellanstraße führen, wurde es ruhiger, eine milchige Sonne lugte ab und zu durch dichte Wolken, Regenschauer fegten über die »Europa«. Information über alle Lautsprecher: »Die ersten Gletscher in Sicht!«

Da waren sie. Gigantische Formationen in Weiß und schimmerndem Blau. Mit Zacken und Türmen, die oft in den Wolken verschwanden. Eiskolosse, bis zu achthundert Meter hoch. Ihr Schmelzwasser ergießt sich in mehreren Wasserfällen ins Meer und bildet dort einen eigenen Süßwassersee, der sich in einer wie vom Lineal gezogenen Linie vom Salzwasser abhebt.

Von vielen Seiten hörte ich Bedauern wegen des schlechten Wetters. Ich war genau gegenteiliger Ansicht: Nebel und Regenschauer unterstrichen den großartigen Eindruck. Solches Wetter gehörte zu diesem grandiosen, imponierenden Naturereignis. Wir schauten und schwiegen.

Nazca und Feuerland – Eindrücke, durch die man sich seiner Winzigkeit so recht bewußt wird.

RUSSLAND:

1977: Eine Woche lang waren meine Frau und ich Gäste der Filmfestspiele in Moskau. Mein Film »Gefundenes Fressen« lief auf dem Festival. Das falsche Thema am falschen Platz! Stadtstreicher gibt es in russischen Städten nicht, deshalb ließen die im Film angeschnittenen Probleme die Zuschauer kalt. Warum hat das niemand vorher festgestellt?!

Es waren lange, etwas mühsame Tage, geprägt von Etikette, Vorschriften und Ausweisen. In der Erinnerung weit fort, etwas verschwommen, wie hinter einer Barriere. Gern hätte ich mich in den freien Stunden mit Regisseuren und Schauspielern unterhalten, ihre Art zu arbeiten kennengelernt, gefragt, wie weit ein Schauspieler mitdenken darf, ob er eigene Vorstellungen verwirklichen kann oder ganz von der Regie abhängig ist? Es kam nicht dazu. Theaterferien! Vergeblich suchte ich auch Oleg Popov, den großen Clown, er erholte sich am Schwarzen Meer. Aber wir gingen in einen kleinen festgebauten Circus und bereuten es nicht! Wir sahen hervorragende Artisten, jeder gut für eine Hauptnummer bei uns.

Einen ganz anderen Eindruck werde ich nie vergessen: Sagorsk, den heiligen Wallfahrtsort. Auf langen Bänken im Freien schlafen dort die Pilger, todmüde von langer Wanderschaft, ab und zu geweckt von Glockenläuten, das zu den Kirchen ruft.

Wir erlebten einen Gottesdienst mit den herrlichen Stimmen der Geistlichen. Tiefe Gläubigkeit auf allen Gesichtern. Unvergeßlich.

Am letzten Tag unseres Aufenthalts flogen wir nach Leningrad, um die Kunstwerke der »Ermitage« zu sehen. Aber sie war geschlossen. Dennoch – oder gerade deshalb – wurde es kein vergeblicher Abstecher. Wir fuhren nach Peterhof, in das Schloß des Zaren mit den vergoldeten Figuren im Park. Auf einmal lief meine

Frau, die schon die ganze Zeit von einer merkwürdigen Nervosität gewesen war, zum Wasser hinunter.

Um zu verstehen, was dann geschah, muß ich einfügen, daß die Wiege meiner Frau im Baltikum stand. Viel hat sie mir aus ihrer Jugend erzählt, vom nahen Riga, in dem Einkäufe gemacht wurden, von der Weite des Landes, vom langen Winter, ab und zu unterbrochen durch Besuche von Freunden und Familien, die stundenlang mit dem Schlitten unterwegs gewesen waren. Es wurde gut gegessen und getrunken, und nachts entschloß sich der Besuch nur schwer heimzufahren. In Hut und Mantel wurde er zur allerletzten »Celu Kaja« (unübersetzbar, wörtlich »Fuß auf den Weg«) noch einmal ins warme Zimmer gebeten, so war es Sitte, und dann gab es noch einen »allerletzten«, und daraus wurden drei Tage. Schöne, einmalige Gastfreundschaft!

Langsam, in sich versunken, kam meine Frau vom Meer zurück. Sie hatte ihre Hände in die Wellen getaucht. Sie sollten ihre Grüße durch den Finnischen Meerbusen in die Rigaer Bucht bringen.

Grüße an die Heimat.

Das hätt' ich fast vergessen...

Natürlich sind diese Berichte nur eine kleine Auswahl meiner Reise-Eindrücke. Ich habe versucht, jene auszuwählen, die ein wenig von meiner Arbeit oder von meinen persönlichen Berührungspunkten draußen in der Welt widerspiegeln.

Von einer Reise habe ich mir Notizen gemacht, sie dann aber nicht in dieses Kaleidoskop eingeordnet, weil sich an sie Überlegungen knüpften, die den Rahmen eines Reiseberichts sprengen. Andererseits zeigen gerade diese Gedanken, daß man in fremder Umgebung, unter anderen Staatsformen zu Anregungen kommt, die nicht entstehen, wenn man zu Hause bleibt.

Diese Reisenotizen stammen aus Südafrika:

Mit einem festlichen Abendessen in kleinem Kreis verabschiedeten sich die Flieger von Swasiland von mir. Als besondere Geste wurde ich in den Fliegerclub aufgenommen, Certificate Nr. 150 mit Wimpel und Anstecknadel. Eine Anerkennung für einen Europäer. Ich bin stolz auf diese Mitgliedschaft.

Zwei Deutsche, die in Johannesburg leben, hatten uns eine Einladung nach Südafrika geschickt. Sie sei als »Dank für die vielen Jahre der Freude« aufzufassen, die ich ihnen mit meinen Filmen bereitet hätte, schrieben sie mir.

Die Begegnung mit der deutschen und der österreichischen Kolonie war mit Filmvorführungen verbunden. Es lief »Der Kapitän« und am letzten Abend »Der Jugendrichter« im Altenheim. Eine bewegende, zu Herzen gehende Vorstellung, die von diesem besonderen Publikum geprägt wurde. An diesem Abend war die Reaktion im Parkett stärker als die Aktion auf der Leinwand. Den beiden Vorstellungen schlossen sich Diskussionen an, die weit über das Filmische hinausgingen.

Sollte man uns Schauspieler nicht öfter als Sendboten in die Welt hinausschicken? Wahrscheinlich würde sich dadurch vieles einfacher von Mensch zu Mensch klären lassen.

Auf vielen Auslandsreisen habe ich dies erlebt, immer wieder ist es mir bestätigt worden. Schon bald nach dem letzten Krieg, als einem der ersten in Holland, Belgien, Frankreich, Schweiz, ČSSR, Dänemark, Schweden, Israel, aber auch in Moskau und New York, bis heute, wenn ich mit Menschen spreche.

30. Als »Gastarbeiter« in Wien

Meine Gastspiele an der Oper

Grünwald, 1. Advent

Der erste Schnee. Ein Jahr neigt sich dem Ende zu, bald ist Weihnachten, die »stillste Zeit im Jahr«, wie Heinrich Waggerl sagt, den ich sehr mag. Die stillste Zeit ... Auch ich bin im Alter stiller geworden. Stiller, aber nicht einsam! Die Zeit ist zu kostbar, um sie mit falschen Dingen zu verschwenden. Auf das Aussuchen und Abwägen des Richtigen kommt es jetzt an. Und darauf, daß man offen und bereit ist für das Unerwartete. Das sind keine großen lebensverändernden Dinge, oft sind es nur kleine Anstöße, wie zum Beispiel das Telegramm, das ich vor zwei Jahren erhielt:

> »Darf ich mir die Anfrage erlauben, ob Sie, sehr verehrter Herr Rühmann, die Partie des »Frosch« in der Oper zu Silvester 1975 und 1. Jänner 1976 in den traditionellen Aufführungen der »Fledermaus« zu spielen Freude hätten. Verzeihen Sie vorerst die Telegrammform, bei Geneigtheit Ihrerseits erlaube ich mir die persönliche Vorsprache. Ihr sehr ergebener Direktor Rudolf Gamsjäger, Staatsoper Wien«

Da es am 1. April eintraf, hielten wir das Ganze für einen Scherz.
Es war keiner!
Mitte April saß der Herr Direktor persönlich bei uns am Frühstückstisch und nannte eine Gage, die ich akzeptierte. Meine Frau meinte: »So viel für so 'n bißchen!« Der Direktor und ich überhörten das vornehm, aber seitdem bin ich bei finanziellen Verhandlungen vorsichtig mit der Dame.
Die Besetzung des »Frosch« ist für alle Opernhäuser ein Problem. Sie haben meist niemanden für diese

Sprechrolle im Ensemble, deshalb müssen sie Kontakt zu Schauspielern aufnehmen, jenen armen Menschen, die nicht singen können.

Für uns Schauspieler ist der »Frosch« eine dankbar-undankbare Rolle. Er kommt erst im dritten Akt, nach der großen Pause. Das Publikum hat also viel Zeit, sich auf dieses komische Mannsbild zu freuen. Und das ist die Gefahr! Meist sind dadurch die Erwartungen zu hoch geschraubt, denn nach gut zwei Stunden Gesang und mitreißender Musik, die der Frosch-Darsteller in seiner Garderobe mithört, muß er sich nun mit ein paar Sätzen sprachlich und schauspielerisch durchsetzen.

Bei meinem Frosch-Auftritt an der Wiener Staatsoper kam noch hinzu, daß vor mir ausschließlich österreichische Kollegen, viele mit klangvollen Namen, diese Rolle gespielt hatten. Ich war der erste »Piefke«, wie die Österreicher uns Deutsche nennen, der den Frosch in Wien gab. Im Herbst bekam ich Hemmungen und bat das Theater, mich von meinem Vertrag zu entbinden; wollte nicht als Deutscher in angestammte Rechte anderer eindringen. Wie schön, daß man mich überredet hat, die Rolle doch anzunehmen.

Wien, am 14. Jänner 1976
Sehr geehrter Herr Rühmann!

Es ist uns ein aufrichtiges Bedürfnis, Ihnen unsere grenzenlose Bewunderung auszudrücken und Ihnen für alles Schöne, das Sie uns schon beschert haben, zu danken. Mein Mann und ich sind seit Jahren regelmäßige Stehplatzbesucher der Oper, aber etwas Sensationelleres als Ihren »Frosch« haben wir noch nicht erlebt! Vor Auftritten größter Opernstars waren wir nicht ähnlich aufgeregt als vor dem Ihren. Und unsere Erwartungen wurden noch bei weitem übertroffen! Es ist die Meinung des gesamten Stammpublikums, daß Sie sämtliche österreichische »Frosch«-Darsteller in den Schatten stellen. Selbst anfängliche Skeptiker sind restlos bekehrt und versäumen keine »Fledermaus«. Kein anderer Schauspieler vermag so in seinen Bann zu ziehen, mit ähnlich sparsamen Gesten

so enorme Wirkung zu erzielen. Und diese Wirkung hat mit den Jahren um nichts verloren, alle haben wir gestaunt, mit wie wenig Spuren die Zeit an Ihnen vorbeigegangen ist!
Ganz glühende Verehrerinnen sind auch unsere beiden kleinen Töchter, die einen Rühmann-Film im Nachmittagsprogramm jeder Kindersendung vorziehen. Jede trägt ein Bild von Ihnen in ihrer Handtasche, und ihr größter Wunsch ans Christkind war eine Rühmann-Platte, die sie jetzt jeden Tag glückselig hören.
Wir hoffen innig, daß Sie auch wieder einmal mit einer größeren Verpflichtung nach Wien kommen werden, und wünschen Ihnen von ganzem Herzen Gesundheit und noch viele schöne Jahre des schauspielerischen Wirkens.
In aufrichtiger Verehrung und Hochachtung
Familie Hegenbart

Ich fertigte mir eine eigene Fassung an und stellte mich gleich mit dem ersten Satz als »Gastarbeiter« vor. Eine Bemerkung, die einigen Jubel auslöste.

Mein »Frosch« war nur leicht alkoholisiert, er ergeht sich in einer komisch-philosophischen Auseinandersetzung mit seiner für ihn etwas zu groß geratenen Außenwelt. Er genießt seine Position als Gefängniswärter, ohne zu merken, daß er selbst hinter Gittern ist. Er wird nie laut, bleibt leise, und leise stimmt er auch das »Dui-Du« an, zusammen mit seinem Direktor, den er verehrt. Als der die ihm angebotene Bruderschaft ausschlägt, versteht mein »Frosch« die Welt nicht mehr. Ein trauriger Hanswurst, gefangen in seiner kleinen Welt! Ich bin glücklich, daß ich ihn spielen durfte.

November 1974 spielte ich mit Paul Verhoeven »Sonny Boys« bei Boy Gobert im Thalia-Theater Hamburg. An einem spielfreien Abend waren meine Frau und ich Gäste im Haus Everding, der zu dieser Zeit Intendant der Hamburger Oper war. Vor dem Essen fragte August Everding den zehnjährigen Cornelius, den drittältesten seiner vier Jungen: »Willst du die Tischrede halten?« Cornelius stand auf, sprach unbefangen, nachdem er

42 Als Pfeiffer mit drei f in der 2. Verfilmung von Heinrich Spoerls Roman »Die Feuerzangenbowle«, 1944.

43 Erste Filmrolle als ungeratener Sohn von Margarete Kupfer i. d. Stummfilm »Das deutsche Mutterherz«, 1926.

44 Mit Willy Fritsch u. Oskar Karlweis i. d. UFA-Film »Die Drei von der Tankstelle«, 1930.

45 In der Inszenierung von »Charleys Tante« in den Münchner Kammerspielen, 1928.

46 Mit Viktor de Kowa u. Paul Henckels i. d. Film »Die Finanzen des Großherzogs«, 1934. Regie: Gustaf Gründgens.

47 Als Dompteur in dem österreichischen Film »Der Mann, von dem man spricht«, 1937.

48 In dem Film »Fünf Millionen suchen einen Erben«, Regie: Carl Boese, 1938. ▶

49 Mit Heli Finken-
zeller in dem Film »Der
Mustergatte«, Regie:
Wolfgang Liebeneiner,
1937.

50 Mit Leny Marenba
in der Verfilmung von
Heinrich Spoerls Roma
»Wenn wir alle Engel
wären«, 1936.

1 Mit Angela Salloker in dem Shaw-Stück »Androklus und der Löwe«, Deutsches Theater, Berlin, 1936/37.

52 Mit Hans Leibelt, Maria Bard u. Paul Henckels i. d. Stück »Der Bridgekönig«, Staatstheater/Kleines Haus, Berlin, 1938.

53 Unter der Regie von
Heinz Hilpert in Molières
»George Dandin«,
Deutsches Theater,
Berlin, 1934/35.

uns beide in aller Form begrüßt hatte, und endete: »Ich danke Ihnen nicht nur, daß Sie heute abend bei uns sind, sondern vor allem dafür, daß unser Vater bei der Gelegenheit mal zu Hause ist.« Beide Damen schlossen ihn in die Arme. Er hatte ihnen aus dem Herzen gesprochen.

Es wurde ein Abend prallgefüllt mit Schauspielergeschichten und Fachsimpelei. Einer der Söhne wollte wissen, ob es für mich auf der Bühne eine Möglichkeit gebe, frühzeitig zu erkennen, wie aufgeschlossen und zum Mitgehen bereit an diesem Abend das Publikum ist. Ich erzählte ihm, daß es fast in jedem Stück solche Kontrollstellen gibt. In »Sonny Boys« zum Beispiel gibt es ziemlich am Anfang eine Szene, in der ein Teekessel pfeift. Wenn ich dann statt zum Teekessel ans Telefon gehe, den Hörer abnehme und frage: »Wer ist da?« und es lacht niemand, dann weiß ich, daß ich es an diesem Abend schwer haben werde.

Mich wiederum interessierte, was den Hausherrn an der Oper faszinierte, ihn, der doch seit Jahrzehnten dem Schauspiel mit Haut und Haaren verhaftet war.

August Everding meinte, das könne er mir am besten an einem Sonntagvormittag in der Oper selbst zeigen. Am günstigsten wäre es in der Staatsoper in München, die er zur nächsten Spielzeit übernehmen würde. »Dann zeig ich Ihnen den ganzen Betrieb.«

»Kann ich meine Frau mitbringen?«

»Natürlich, nicht nur Ihre Frau, wir laden noch einige dazu ein – Menschen aus dem Publikum, die sich dafür interessieren, was sich auf und hinter der Bühne abspielt.«

Das war der Anfang. Die Idee für eine Matinee »Rund um die Oper« war geboren. Am 14. Februar 1978 wurde es ernst, der Chefdramaturg Klaus Schultz besuchte mich und lud mich ein, bei dieser Matinee mitzumachen und jenen Herrn aus dem Publikum zu spielen, der fragt und fragt und fragt, stellvertretend für alle im Parkett.

Ich sagte zu, weil es mich interessierte. Everding, Schultz und ich bauten nun Satz für Satz für eine eineinhalb Stunden-Informationsschau auf. Filmaufnahmen zeigten die Werkstätten, und auf der Bühne gab es Kostproben vom Opernbetrieb eines Tages von früh bis spät: Technische Details, Ensembleproben, Beleuchtungseffekte, Kostüme, Schmink- und Maskenvorführung, das Ballett tanzte »Dornröschen«, der Gefangenenchor aus »Nabucco« erklang, und den Schluß bildete das Finale aus dem 4. Akt des »Figaro«.

Als mich einmal ein Parkwächter vor der Vorstellung fragte: »Sie, san Sie der Rühmann von früher?«, flocht ich das zur allgemeinen Heiterkeit in meine Begrüßung mit ein. Auch seine Antwort auf meinen Hinweis, daß ich an der Oper zu tun hätte, verschwieg ich nicht. Er meinte skeptisch: »Aber sicher doch nur aushilfsweise.«

DREI FRAGEN AN HEINZ RÜHMANN

Frage: Vertragen Sie Kritik?
Antwort: Ja, meistens.
Zusatzfrage: Wann nicht?
Antwort: Dann, wenn ich nicht schon vorher selbst auf meinen Fehler gekommen bin. Das ärgert mich. Aber wer hat das schon gern?!

Frage: Sind sie schwierig?
Antwort: Nein, Anspruchsvoll! Nicht nur anderen gegenüber, auch gegen mich. Ich bin kein Genie. Ich muß sehr fleißig sein, muß mir alles erarbeiten. Ich bin ein Schauspieler, der über Stück und Rolle nachdenkt, dazu brauche ich einen Bereich in meinem Leben, der nur mir allein gehört.

Frage: Glauben Sie an ein Leben nach dem Tode?
Antwort: Dieser ganze komplizierte Mensch für ein einziges kurzes Leben? Nein, das wäre zu wenig.

Alle, die sonst hinter den Kulissen beschäftigt sind, treten an diesem Sonntagmorgen aus dem Schatten ins Licht auf die Bühne, erläutern ihr Handwerk. Kommen zum ersten Mal mit dem Publikum, für das sie jahrelang im verborgenen gearbeitet haben, in Berührung. Der

Dramaturg plaudert über seine Aufgaben, der Abendspielleiter spricht von seinen Nöten, der Sänger erzählt, wie er eine Partie vorbereitet, der Schauspieler Rühmann singt mit im Chor. Mit Begeisterung! Alle sind mit großem Ernst und Hingabe bei der Sache.

Wir auf der Bühne und alle im Parkett sind in diesen Stunden eine große Familie. Ich empfinde das sehr stark. Am Ende bei den Schlußvorhängen stehen wir alle zusammen auf der Bühne, bis zum letzten Bühnenarbeiter, und verbeugen uns.

Seit vier Jahren läuft diese Matinee, dreimal im Jahr. Immer ausverkauft, ohne Handzettel und besondere Reklame. Das Schönste: immer viel Jugend im Parkett! Die Staatsoper München ist die einzige Bühne, an der diese ausgefallene Idee gepflegt wird. Begonnen hat diese Isar-Spezialität bei einem Abendessen an der Alster.

31. CLOWNS UNTER SICH

Ein Versuch, Unsagbares auszudrücken

Grünwald, zweiter Advent

Bei uns »Fischen« ist es eigentümlich, es kommt manches auf uns zu, an das wir nur gedacht, das wir uns gar nicht einmal gewünscht haben, vielleicht haben wir nur davon geträumt. Es kann Jahre zurückliegen, fast hätte man es vergessen...

Doch dann, mit einem Mal, ist es da. Ich denke dabei an nichts Materielles, sondern an Menschen, zu denen man eine Verbindung suchte, ich denke an eine geistige Brücke zu einem Gebiet, das einem bislang verschlossen war und zu dem man bis zu diesem Moment keinen Zugang fand.

Fremde Menschen ordnen sich auf einmal in unseren Kreis ein, so, als hätten sie schon immer dazugehört, als wäre es nie anders gewesen.

Oder: Ein Manuskript flattert mir auf den Tisch über ein Thema, das ich seit langem realisieren wollte. Geschrieben von jemandem, der mich nicht kennt, aber mit einer Rolle wie für mich geschneidert.

Wieso fange ich gleichzeitig mit meiner Frau denselben Satz an?

Warum steige ich plötzlich zu ihr in den Wagen und fahre mit, obgleich ich ganz etwas anderes vorhatte? Und sie hatte sich mein Mitkommen so gewünscht.

Bei Fischen ist das so.

Auch die Welt um mich hat sich verändert. Heute sehe ich eine Blume anders. Ihre vollkommene Zartheit wird mir erst jetzt so recht bewußt.

Der Sternenhimmel bedeutet mir mehr, viel mehr als früher. Ich erschrecke bei dem Gedanken, wie weit die Unendlichkeit reicht, und frage mich, was wohl hinter der Unendlichkeit kommt?

Das alles – Gedanken und Gefühle – wird zu einer Bereicherung in meinem Leben. Ein Reichtum, der dem Alter vorbehalten ist.

Warum steht Oleg Popov, der große Clown, plötzlich vor mir, einem unter Hunderten in einer Circus-Vorstellung, setzt mir seinen großen Hut auf und lacht mich an? Weiß er, daß ich ihn in Moskau gesucht habe? Weiß er, daß ein Clown für mich die Erfüllung meiner schauspielerischen Wünsche ist? Ein Clown, der sich nur durch Gesten und Mimik ausdrücken kann und darf! Ohne Sprache. Mit einem kleinen Köfferchen und seinem Musikinstrument reist er durch die Welt und wird überall verstanden. Das hat für mich etwas von Vollkommenheit.

Zeit meines Lebens habe ich auf die Idee gehofft, auf die Philosophie, die einer Clownsfigur erst den geistigen Hintergrund gibt. Durch Popovs Geste war die Erinnerung an meine Suche nach dem richtigen Hintergrund für einen Clown wieder wachgeworden.

Jahre vergingen. Im Fernsehen hatte ich ohne Maske, nur mit Hütchen und weißen Handschuhen, einsam in einem Lichtkegel stehend, das Chanson vorgetragen:

> »Er wollte alle Menschen immer
> lachen machen
> und machte selbst ein trauriges
> Gesicht.
> Er konnte auch die komischsten
> Sachen machen,
> aber selber gelacht hat er nicht.«

Wieder erlebte ich, daß mich mein Publikum bei diesem Schritt in ein neues Feld nicht im Stich ließ. Viele spürten, daß etwas von mir darin mitschwang. Unbekannte schrieben: »... Es war, als ob er uns etwas Trauriges, Endgültiges mitzuteilen hätte ...« »... Mit diesem Lied hat er sich selbst, sein eigenes Wesen, preisgegeben ...« Die Identifikation mit der Figur – war sie erreicht? War der Traum vom Clown im Alter für mich doch noch Wirklichkeit geworden? Fast schien es so, eine Steigerung war kaum noch denkbar. Doch bei uns »Fischen« ist das seltsam, da geht es immer noch ein Stückchen weiter ...

Eines Tages wird aus heiterem Himmel bei mir angefragt, ob ich bei einer Wohltätigkeitsvorstellung im Circus Krone mitmachen wolle? Ein Wunsch von Popov läge vor, mit mir zusammen eine Clownnummer zu bringen. Ich sagte zu, wenn Popov wirklich käme, woran ich zweifelte.

Er kam.

Er kam mit seiner Frau und zwei Freunden, brachte Kostüme, Schuhe, die berühmten karierten Mützen für uns beide mit, und wir probten bei einem russischen Freund in Grünwald. Aus einem kleinen Büchlein las er mir die verschiedensten Nummern vor, die er anzubieten hatte, Freund Raspini übersetzte. Wir nahmen nichts davon, sondern schufen aus Einfällen und Phantasien eine neue, nachdenkliche Clownerie.

Ich will versuchen, unseren Auftritt zu erzählen:

»Im halbverdunkelten Circus traten wir wie Zwillinge auf. Zu einer zauberhaften Melodie, die Popov dem Kapellmeister vorpfiff, der sie dann gleich mit vollem Orchester spielte. Im Takt schlenderten wir Hand in Hand in die Arena.

Eisiger Wind kam auf, wir froren entsetzlich, pufften uns mit den Schultern an, um warm zu werden, rieben die Hände aneinander, und Oleg breitete schützend ein Tuch über unsere Schultern.

Plötzlich sahen wir in der Mitte der Arena einen gelben Lichtkreis. Die Sonne! Wir schlichen hin und breiteten das Tuch in diesem Sonnen-Lichtfleck aus. Jeder von uns versuchte, in die Wärme zu kommen. Ich ergatterte den besten Platz, doch da holte Popov einen Besen und fegte die Sonne zu sich und legte sich in ihre Strahlen. Nun saß ich frierend am Rande, weinte und winkte ihm, mit der Sonne wieder zu mir zu kommen. Popov fegte die Sonne zurück, wir saßen nebeneinander auf seiner Decke, die die Sonnenstrahlen auffing, und freuten uns. Doch nun wurde es uns zu warm, wir wischten den Schweiß vom Gesicht, erhoben uns und betrachteten die Sonne, die auf das leere Tuch schien.

Oleg gab mir ein Zeichen, mit Blick zum Publikum, und wir beide hoben vorsichtig die Decke mit dem Sonnenschein auf, trugen sie an den Rand der Manege, wippten ein paarmal hin und her und schleuderten dann die Decke mit der Sonne ins Publikum. Plötzlich wurde es strahlend hell im Circus: Sonne für alle!«

An diesem Abend erst war mein Traum vom Clown Wirklichkeit geworden. Ich hatte die Idee und die Philosophie gefunden, durch die eine Clownsfigur ohne ein Wort für alle verständlich wird. Ich hatte sie gefunden im Zusammenspiel mit einem anderen, der weder meine noch ich seine Worte verstand! Zufall? Ich glaub' nicht mehr an Zufälle.
    In Moskau hatte ich Popov gesucht.
    Im Circus hatte er mich gesucht.
    Zwei Jahre später arbeiteten wir zusammen als Clowns.
    Bei Fischen ist das so.
    Auch wenn sie keine Clownsmaske tragen...

*Maskenzug eines
Schauspielers*

Heinz Rühmann auf der Bühne, im Film und im Fernsehen.

Auf den folgenden Seiten sind die wichtigsten Stationen
– Bühne, Film und Fernsehen – in einer chronologischen Dokumentation zusammengefaßt, die Heinz Rühmanns Weg als Schauspieler markieren. Sie wurde in Zusammenarbeit mit Heinz Rühmann von einem Redaktionsteam erstellt, das sich an dieser Stelle für die Unterstützung und alle Informationen bedankt, die es durch Bühnen, Publikationen, Produktionen und Privatpersonen erhielt. Die Aufstellung kann keinen Anspruch auf Vollständigkeit erheben, da wichtige Unterlagen durch Kriegseinwirkung verlorengingen.

(Zeichenerklärung: B = Bühne, F = Film, TV = Fernsehen, o. D. = Datum nicht mehr zu ermitteln, ub = unbekannt)

1920

B 21. Juni *Breslau*
»Rose Bernd« von Gerhart Hauptmann (Thalia-Theater). Kindsmörderin-Thema vor sozialem Hintergrund. R. spielte einen Arbeiter. Regie: wahrscheinlich Walter Franck.

B 2. Aug. *Breslau*
»Die Büchse der Pandora« von Frank Wedekind (Lobe-Theater). Lulus Ende als Straßendirne. R. spielte den Schweizer Privatdozenten Dr. Hilti. Regie: ub.

1921

B 7. Juni *Hannover (Residenztheater)*
»Des Meeres und der Liebe Wellen« von Franz Grillparzer. Liebestragödie. R. spielte den Leander, der die zur Ehelosigkeit verpflichtete Hero liebt. Hero war die mütterlich-heroische Hilde Knoth. Regie: ub.

B 25. Juni *Hannover (Residenztheater)*
»Don Juan und Faust« von Christian Dietrich Grabbe. Konflikt zwischen Faust (geistig) und Don Juan (sinnlich) und beider Untergang. R. spielte Don Octavio, der bereits im ersten Akt im Duell mit Don Juan getötet wird. Regie: Dr. Friedrich Walkhoff, der das Stück neu bearbeitet hatte.

B 16. Juli *Hannover (Residenztheater)*
»Ein Sommernachtstraum« von William Shakespeare. In dieser romantischen Komödie spielte R. den Puck, Diener des Elfenkönigs, der die Verwirrungen anstiftet. Wahrscheinlich war R. der erste männl. Puck in Deutschland. Regie: ub.

B o. D. *Hannover (Residenztheater)*
»Leonce und Lena«, Lustspiel von Georg Büchner. Freilichtaufführung. R. als Leonce. Weitere Besetzung u. Regie: ub.

B 15. Sept. *Hannover (Residenztheater)*
»Der Hüttenbesitzer« von Georges Ohnet. Französisches Schauspiel. R. in der Rolle des Oktave. Regie: Carl Wilhelm Burg.

B 19. Okt. *Hannover (Residenztheater)*
»Das tapfere Schneiderlein«. Nach dem gleichnamigen Märchen. Kindervorstellung. R. in der Hauptrolle. Regie: ub.

B 24. Okt. *Hannover (Residenztheater)*
»Der Raub der Sabinerinnen« von Franz und Paul von Schönthan.
Ein Schwank um den Schmieren-Theaterdirektor Striese. R. spielte
den Sterneck. Regie: Robert Preuß.

B 7. Dez. *Hannover (Residenztheater)*
»Die Tänzerin« von Melchior Lengyel. Ungarisches Salonstück. R.
spielte den Laszlo. Regie: Carl Wilhelm Burg.

B 31. Dez. *Hannover (Residenztheater)*
»Frau Holle«. Kindervorstellung. R.'s Rolle und Regie unbekannt.

1922

B 22. Jan. *Hannover (Residenztheater)*
»Das Tal des Lebens« von Max Dreyer. Frivol-pikanter Schwank. R.
als Ammenkönig. Regie: Carl Wilhelm Burg.

B 1. Febr. *Hannover (Residenztheater)*
»Beethoven« von W. Weber-Brauns. Rührstück um Beethoven. R.
spielte den Sohn des Köhlers, Theo(dor) Lingen seinen Bruder. Beethoven war Rudolf Platte. Regie: Carl Wilhelm Burg.

B 26. April *Hannover (Residenztheater)*
»Femme X« (»Die fremde Frau«) von Alexandre Bisson. Franz. Verwechslungs-Lustspiel. R. spielte den Kellner Viktor, der nur einen
Auftritt hatte. Regie: ub.

B 14. Okt. *Bremen (Schauspielhaus)*
»Der Mustergatte« von Avery Hopwood. Zum ersten Mal R. als Billy
Bartlett. Kein besonderer Erfolg, nur 17 Aufführungen. Regie: ub.

B o. D. *Bremen (Schauspielhaus)*
»Wilhelm Tell« von Friedrich von Schiller. Schüleraufführung. R.
spielte den jugendlichen Liebhaber Ulrich v. Rudenz. Regie: ub.

1923

B o. D. *Bayerische Landesbühne (Tournee-Theater)*
»Der Schwarzkünstler« von Emil Gött. Neuromantisches Stück. 27
Aufführungen. R. in der Titelrolle, Regie: ub.

B o. D. *Bayerische Landesbühne (Tournee-Theater)*
»Was ihr wollt« von William Shakespeare. R. spielte den Junker Bleichenwang. 27 Aufführungen. Regie: ub.

B Aug. *Schauspielhaus München*
»Traumulus« von Arno Holz und Oskar Jerschke. Schülerdrama. Adolf Wohlbrück als v. Zedlitz, R. als Schüler Spartacus. Regie: ub.

B 8. Sept. *Schauspielhaus München*
»Schneider Wibbel« von Hans Müller-Schlösser. Posse aus der Zeit Napoleons. In der Titelrolle als Gast Ludwig Schmitz. R. spielte den Schäng. Regie: ub.

B 26. Okt. *Schauspielhaus München*
»Des Esels Schatten« von August von Kotzebue. Lustspiel. Fortsetzung von: »Die deutschen Kleinstädter«. R. spielte den Eselstreiber Anthrax. Regie: Hanns Merck.

B 5. Nov. *Schauspielhaus München*
»Pflicht« von P. Krauß. Dramatische Eintagsfliege. R. spielte den Sohn eines Majors. Regie: Rudolf Hoch.

B 17. Dez. *Schauspielhaus München*
»Maria Stuart« von Friedrich von Schiller. R. spielte nur eine Nebenrolle. Regie und Titelrolle: Hermine Körner.

B 20. Dez. *Schauspielhaus München*
»Robert und Bertram« von Gustav Raeder. Posse mit Gesang. R. spielte eine Nebenrolle, den Michel. Regie: Hermine Körner.

1924

B 8. Jan. *Schauspielhaus München*
»Die Ehre« von Hermann Sudermann. Schauspiel um Klassengegensätze. R. spielte eine Nebenrolle (Stengel). Regie: H. F. Gerhard.

B 26. Jan. *Schauspielhaus München*
»Die Siebzehnjährigen« von Max Dreyer. Erotisches Schauspiel. R. spielte den Frieder, der sich zum Schluß aus Ekel über die erotischen Verwirrungen erschießt. Regie: Curt Elwenspoek.

B 2. Febr. *Schauspielhaus München*
»Rosenmontag« von Otto Ernst Hartleben. Tragödie gegen Standesdünkel. R. spielte den Diesterberg. Regie: ub.

B 8. März   *Schauspielhaus München*
Zwei Einakter von Curt Goetz. In »Der Lampenschirm« spielte R. den Erfurt, in »Hund und Hirn« den Tittori. Regie: Otto Stoeckel.

B 15. Mai   *Schauspielhaus München*
»Kolportage« von Georg Kaiser. Mischung aus Volksstück und Hintertreppenspaß. R. spielte den Liebhaber Eric. Regie: Hanns Merck.

B 6. Juni   *Schauspielhaus München*
»Die Mary« von Siegfried Geyer. Schüler-Drama. R. spielte einen Gymnasiasten. Regie: Hanns Merck.

B 9. Aug.   *Schauspielhaus München*
»Die Erwachsenen« von dem Gerichtsberichterstatter Sling. R.'s Rolle unbekannt. Regie: Hanns Merck.

B 17. Sept.   *Schauspielhaus München*
»Kollege Crampton« von Gerhart Hauptmann. In der Titelrolle Paul Wegener als Gast. R. als Strähler war Wegeners Partner. Regie: wahrscheinlich Paul Wegener.

B 4. Okt.   *Schauspielhaus München*
»Der Nebbich« von Carl Sternheim. R. in der Titelrolle dieser Satire. Regie: Rudolf Hoch.

B 21. Okt.   *Schauspielhaus München*
»Der dunkle Punkt«. Lustspiel von Ludwig Kadelburg und Rudolf Presber. R. spielte eine der Hauptrollen (Dühnen jun.). Regie: ub.

1925

B 23. März   *Schauspielhaus München*
»Der eingebildete Kranke« von Molière. In der Hauptrolle Max Pallenberg als Gast. R. als Cléanthe (Liebhaber). Regie: Ludwig Jubelsky.

B 24. April   *Schauspielhaus München*
»Mister Pim will nicht sterben« von Alan Alexander Milne. Engl. Komödie. R. als Brian Strange. Regie: ub.

B 1. Mai   *Schauspielhaus München*
»Die Lore« von O. E. Hartleben. Lustspiel. Käthe Dorsch als Gast in der Titelrolle. R. spielte eine wichtige Nebenrolle (»Der Kleine«). Regie: ub.

B 14. Dez. *Kammerspiele, Augustenstraße, München*
»Max und Moritz« nach Wilhelm Busch von Leopold Günther. Kindervorstellung. Regie: Felix Gluth.

B 31. Dez. *Kammerspiele, Augustenstraße, München*
»Zu ebener Erde und erster Stock oder Die Launen des Glücks« von Johann Nestroy. R. spielte den Monsieur Bonbon, eine Nebenrolle. Regie: Rudolf Hoch.

1926

B 17. Jan. *Kammerspiele, Augustenstraße, München*
»Der mutige Seefahrer«. Ein längst vergessenes Stück von Georg Kaiser. R. spielte einen Jüngling. Regie: Hans Schweikart.

B 2. Febr. *Kammerspiele, Augustenstraße, München*
»Kopf oder Schrift« von Louis Verneuil. R. spielte einen Jüngling. In der Hauptrolle Maria Bard. Im Pyjama kam sie vom Schnürboden. Regie: Otto Falckenberg.

B 9. Febr. *Kammerspiele, Augustenstraße, München*
»Der fröhliche Weinberg« von Carl Zuckmayer. R. als Weinhändler. Es spielten: Kurt Horwitz, Otto Framer, Dorothea Wieck, Joseph Eichheim, Maria Herbot. Regie: Albrecht Joseph.

B 23. März *Kammerspiele, Augustenstraße, München*
»Das Extemporale« von Hans Sturm und Moritz Färber. R. spielte einen Primaner. Regie: Rudolf Hoch.

B 4. Mai *Kammerspiele, Augustenstraße, München*
»Der Schlafwagenkontrolleur« von Alexandre Bisson. Franz. Schwank. Regie: Robert Forster-Larrinaga.

B 22. Mai *Schauspielhaus München*
»Der Glückspilz« von Gustav Rickelt. Lustspiel. R. als Provisor Wachtel. Regie: Rudolf Hoch.

B 1. Juni *Schauspielhaus München*
»Kollege Crampton« von Gerhart Hauptmann. Gastspiel Albert Bassermann. R. spielte wie beim Wegener-Gastspiel den Strähler. Regie: Rudolf Hoch.

B 5. Juli *Kammerspiele, Augustenstraße, München*
»Mein Freund Teddy« von Rivoire/Besuard. Franz. Schwank. R. als Diplomatenjüngling. Regie: Richard Révy.

F 26. Juli   *Alhambra, Berlin*
»Das deutsche Mutterherz« (Stummfilm). Untertitel: »Das Hohelied der deutschen Mutterliebe.« Sentimentales Rührstück. Darsteller: Margarete Kupfer, Ellen Kürti, Leon Epp. R. als ungeratener Sohn, der seine Mutter schlägt. Regie: Geza von Bolvary.

B 14. Juli   *Kammerspiele, Augustenstraße, München*
»Ein idealer Gatte« von Oscar Wilde. Schauspiel. R.'s Rolle unbekannt. Regie: Arnold Korff.

B 1. Aug.   *Kammerspiele, Augustenstraße, München*
»Der Igel« (2. Titel: »Das Ekel«) von Toni Impekoven und Hans Reimann. Lustspiel. R. als Hilfslehrer. Außerdem: Hans Leibelt. Regie: Max Brückner.

B o. D.   *Kammerspiele, Augustenstraße, München*
»Der Reigen« von Arthur Schnitzler. R. als »junger Herr«. Es kam zu Krawallen. Falckenberg ließ ein Netz vor die Bühne spannen. Regie: Robert Forster-Larringa. (Im Theaterarchiv keine Bestätigung für die Aufführung.)

B 19. Sept.   *Kammerspiele im Schauspielhaus (Maximilianstraße)*
»Dantons Tod« von Georg Büchner. Eröffnungsvorstellung. R. als junger Herr (Nebenrolle). Regie: Otto Falckenberg.

B 2. Okt.   *Kammerspiele im Schauspielhaus (Maximilianstraße)*
»Gefallene Engel« von Noel Coward. Gesellschaftskomödie. R. Hauptrolle. Regie: Robert Forster-Larringa.

B 29. Okt.   *Kammerspiele im Schauspielhaus (Maximilianstraße)*
»Mensch und Übermensch« von George Bernard Shaw. Diskussionsstück. R. als Chauffeur Straker. Regie: Robert Forster-Larringa.

B 27. Nov.   *Kammerspiele im Schauspielhaus (Maximilianstraße)*
»Die Durchgängerin« von Ludwig Fulda. Lustspiel. R. in einer Hauptrolle als Harry Schneider. Regie: Robert Forster-Larringa.

B 25. Dez.   *Kammerspiele im Schauspielhaus (Maximilianstraße)*
»Neidhardt von Gneisenau« von Wolfgang Goetz. Historisches Schauspiel. R.'s Rolle unbekannt. Regie: Otto Falckenberg.

B 31. Dez.   *Kammerspiele im Schauspielhaus (Maximilianstraße)*
»Die letzte Hexe«, Autor unbekannt. R. spielte den Sohn des Weinwirts. (Gastspiel Konrad Dreher) Regie: Otto Framer.

1927

B 5. Febr.   *Kammerspiele im Schauspielhaus, München*
»Theo macht alles« (2. Titel »Theodore & Co.«) von Nancey/Armont. Franz. Lustspiel. R. als Theo, Neffe des Senators. Regie: Richard Révy.

B 25. Febr.   *Kammerspiele im Schauspielhaus, München*
»Der dreimal tote Peter« von Sling. Kriminalgroteske. R. als Salontiroler. Außerdem: Therese Giehse, Hans Schweikart, Maria Bard, Kurt Horwitz, Richard Révy, Otto Framer. Regie: Otto Falckenberg.

B 15. März   *Kammerspiele im Schauspielhaus, München*
»Die zwei Abenteurer« von Otto Zoff. R. als Frank Archer. Regie: Otto Zoff.

B 12. April   *Deutsches Theater/Kammerspiele Berlin*
»Lockvögel« von Russel/Medcraft/Mitchell. Lustspiel. Hauptrolle Hans Brausewetter. R. in der zweiten Hauptrolle. Regie: Robert Forster-Larrinaga.

B 28. Mai   *Deutsches Theater/Kammerspiele Berlin*
»Papiermühle« von Georg Kaiser. Lustspiel. Hauptrolle Otto Wallburg, Grete Mosheim, Lothar Müthel. R. als Bertin, ein Provinzknirps. Regie: Berthold Viertel.

B 8. Juni   *Theater in der Josephsstadt, Wien*
»Théodore & Co.« (2. Titel »Theo macht alles«) von Nancey/Armont. Franz. Schwank. R. als Theo. Regie: Iwan Schmith.

B 18. Juli   *Kammerspiele im Schauspielhaus, München*
»Mädel von Heute« von G. Davis. Lustspiel. R. als Astworth jun. Regie: Richard Révy.

B 24. Juli   *Kammerspiele im Schauspielhaus, München*
»Der Mustergatte« von Avery Hopwood. Lustspiel. R. als Billy Bartlett. Regie: Richard Révy.

B 7. Aug.   *Kammerspiele im Schauspielhaus, München*
»Monsieur Helene« von Siegfr. Geyer/Frank. Lustspiel. R. in der Hauptrolle als Stubbs. Regie: Robert Forster-Larrinaga.

B 9. Aug.   *Festpielhaus Salzburg*
»Ein Sommernachtstraum« von William Shakespeare. Maria Bard als Puck, R. als Flaut (Thisbe). Regie: Max Reinhardt.

B 11. Aug.   *Kammerspiele im Schauspielhaus, München*
»Papiermühle« von Georg Kaiser. Lustspiel. R. als Bertin wie in Berlin. Regie: Hans Schweikart.

B 3. Sept.   *Kammerspiele im Schauspielhaus, München*
»Kukuli« von A. Jager-Schmidt. Lustspiel. Gastspiel von Carola Neher. R. als Guy. Regie: ub.

B 13. Sept.   *Kammerspiele im Schauspielhaus, München*
»Fuhrmann Henschel« von Gerhart Hauptmann. R. als Kellner George, der von Hanne Schäl (Berta Drews) verführt wird. Regie: Max Werner Lenz.

B 20. Sept.   *Kammerspiele im Schauspielhaus, München*
»Der Hexer« von Edgar Wallace. Kriminalstück. R. als Hackitt. Mehr als 75 Aufführungen. Regie: Robert Forster-Larrinaga.

B 5. Nov.   *Kammerspiele im Schauspielhaus, München*
»Liebes Leid und Lust« von William Shakespeare. Lustspiel. R. als Schäfer Schädel. Regie: Otto Falckenberg.

B 6. Nov.   *Kammerspiele im Schauspielhaus, München*
» Die Buhlschwester« von J. M. Reinhold Lenz nach Plautus. R. als Landjunker v. Bauchendorf. Regie: Otto Falckenberg.

B 20. Nov.   *Kammerspiele im Schauspielhaus, München*
»Früchtchen« von G. Gignoux/J. Théry. Franz. Lustspiel. Gastspiel Erika v. Thellmann. R. als Lady Hudsons Sohn. Regie: ub.

F 2. Dez.   *Picadilly, Berlin*
»Das Mädchen mit den fünf Nullen« (später »Das große Los«; Stummfilm). Drehbuch: Bela Balazs.
Darsteller: Elza Temary, Marcel Salzer, Adele Sandrock, Elsa Wagner, Paul Bildt, Veit Harlan, R. in einer Nebenrolle. Regie: Kurt Bernhardt. Lustspiel um einen Lotteriegewinn. R.s Rolle, ähnlich wie auf der Bühne in »Lockvögel«, ein Provinzjüngling.

B 14. Dez.   *Kammerspiele im Schauspielhaus, München*
»Peripherie« von Frantisek Langer. Schauspiel um einen ungesühnten Mord. R. in der Hauptrolle des Bartänzers Franci, der den Mord beging. R.'s erste ernste Rolle bei Falckenberg. Regie: Otto Falckenberg.

1928

B 8. Jan. *Kammerspiele im Schauspielhaus, München*
»XYZ« von Klabund. R. spielte einen Hochstapler. Außerdem: Ruth Hellberg, Wolfgang Keppler, Joseph Eichheim. Regie: Robert Forster-Larrinaga.

B 9. Febr. *Kammerspiele im Schauspielhaus, München*
»Charleys Tante« von Brandon Thomas. R. in der Hauptrolle als Lord Fancourt Babberley. Seine Partner: Wolfgang Liebeneiner und Will Dohm. Regie: Rudolf Hoch.

B 6. März *Kammerspiele im Schauspielhaus, München*
»So und so, so geht der Wind« von Fritz Knöller. Schwäbische Komödie. Mit Gina Falckenberg. R.s Rolle unbekannt. Regie: Otto Falckenberg.

B 19. März *Kammerspiele im Schauspielhaus, München*
»Du wirst mich heiraten« von Louis Verneuil. Franz. Schwank. R. als Etienne mit Maria Bard als Partnerin. Regie: Max Werner Lenz.

B 31. März *Kammerspiele im Schauspielhaus, München*
»Einbruch« von Ralph Arthur Roberts und Arthur Landsberger. Gaunerkomödie. R. als Fassadenprinz. Regie: Kurt Reiß.

B 24. April *Deutsches Theater/Komödie, Berlin*
»Die Kassette« von Carl Sternheim. Komödie um Besitzgier, die alle Liebeslust abtötet. R. als Fotograf Seidenschnur. Außerdem Adele Sandrock. Regie: Wolfgang Hoffmann-Harnisch.

B 22. Mai *Kammerspiele im Schauspielhaus, München*
»Der Geisterzug« von Arnold Riddley. Lustspiel. R. als Teddy Daekin. Außerdem: Will Dohm, Ruth Hellberg, Berta Drews, Kurt Horwitz. Regie: Theo Frenkel jun. (Gast aus London).

B 20. Juli *Kammerspiele im Schauspielhaus, München*
»Kleine Komödie« von Siegfried Geyer. R. als Bastian. Außerdem: Hans Schweikart, Richard Révy, Maria Bard, Wolfgang Liebeneiner. Regie: Julius Gellner.

B 9. Aug. *Kammerspiele im Schauspielhaus, München*
»Fräulein Josette, meine Frau« von P. Gavault/R. Charvay. Franz. Lustspiel. R. als Panard, seine Partnerin: Maria Bard. Regie: Hans Schweikart.

B 12. Sept. *Deutsches Theater/Komödie, Berlin*
»Eltern und Kinder« von G. B. Shaw. Komödie. R. als Bentley Summerhays. Partner: Otto Wallburg, Marlene Dietrich, Else Heims, Paul Hörbiger, Oskar Sima. Regie: Heinz Hilpert.

1929

B o. D. *Deutsches Theater, Berlin*
»Walzertraum-Operette«. Weitere Angaben fehlen.

B 15. Febr. *Deutsches Theater, Berlin*
»Die lustigen Weiber von Windsor« von William Shakespeare. Mit Werner Krauss, Marianne Hoppe, Eduard von Winterstein, Leonard Steckel, Matthias Wieman, Gustaf Gründgens, Lucie Höflich, Ida Wüst. R. als Junker Schmächtig. Regie: Heinz Hilpert.

B 2. Mai *Deutsches Theater/Kammerspiele, Berlin*
»Aufgang nur für Herrschaften«. Lustspiel von Siegfried Geyer. R. spielte einen Kellner. Regie: Leo Mittler.

B 16. Sept. *Kammerspiele im Schauspielhaus, München*
»Soeben erschienen« von E. Bourdet. Franz. Schwank. R. in der Hauptrolle als Mac. Regie: Julius Gellner.

B 9. Okt. *Kammerspiele im Schauspielhaus, München*
»Terzett« von Ludwig Lenz. Lustspiel. R. als Ralph (Hauptrolle), Paul Hörbiger, Maria Bard. Regie: Richard Ulrich.

B 28. Nov. *Kammerspiele im Schauspielhaus, München*
»Verbrecher« von Ferdinand Bruckner. Schauspiel um Justizirrtum. Therese Giehse, Will Dohm, R. als sadistischer, homosexueller Ottfried. Regie: Otto Falckenberg. Die Aufführung wurde von der Zensur verboten.

B 2. Nov. *Kammerspiele im Schauspielhaus, München*
»Boubouroche/Der Stammgast«, zwei Einakter von George Courteline. R.s Rolle nicht bekannt. Regie: Otto Falckenberg.

B 23. Dez. *Kammerspiele im Schauspielhaus, München*
»Grandhotel« von P. Frank. Schauspiel. R. als Fritz Ebner. Regie: Richard Révy.

1930

B 2. Mai   *Deutsches Theater/Komödie, Berlin*
»Soll man heiraten?« vergessenes Lustspiel von G. B. Shaw. R. als Cecil Sykes. Regie: Karl Heinz Martin.

B o. D.   *An einem der Revue-Theater in Berlin*
»Wie werde ich reich und glücklich«. Regie: ub. Musik: Mischa Spoliansky. R. spielte einen jungen Mann.

F 15. Sept.   *Gloria-Palast, Berlin*
»Die Drei von der Tankstelle«. Lilian Harvey, Willy Fritsch, Oskar Karlweis, Fritz Kampers, Olga Tschechowa, Kurt Gerron, Felix Bressart und die Comedian Harmonists. Regie: Wilhelm Thiele.

B 4. Dez.   *Theater am Schiffbauerdamm, Berlin*
»Die Quadratur des Kreises« (Ein Strich geht durchs Zimmer) von Valentin Katajew. Peter Lorre, Lotte Lenya, Theo Lingen und R. als Iwan. Regie: I. Mendelsohn.

F 16. Dez.   *Gloria-Palast, Berlin*
»Einbrecher«. Darsteller: Lilian Harvey, Willy Fritsch, Ralph Arthur Roberts, Oskar Sima, Kurt Gerron, Paul Henkels. R. als Servigny. Regie: Hanns Schwarz.
R. als eleganter Lebemann, der sich als Held produzieren möchte.

1931

B 17. Jan.   *Kammerspiele im Schauspielhaus München*
»Wie werde ich reich und glücklich« von F. Joachimson. R. spielte einen schüchternen jungen Mann. Regie: Rudolf Hoch.

B 5. Febr   *Kammerspiele im Schauspielhaus München*
»Ein Strich geht durchs Zimmer« (»Die Quadratur des Kreises«) von Valentin Katajew. R. als Iwan. Regie: Julius Gellner.

F 5. Febr.   *Gloria-Palast, Berlin*
»Der Mann, der seinen Mörder sucht« (2. Titel: »Der Mann mit der Narbe«). Drehbuch: Ludwig Hirschfeld, Kurt Siodmak u. Billie Wilder, frei nach einem Stück von Ernst Neubach. Darsteller: Lien Deyers, Hans Leibelt, Hermann Speelmanns, Friedrich Hollaender. R. als Selbstmordaspirant. Spielt im überzeichneten Ganovenmilieu. Regie: Robert Siodmak.

B 28. Febr.   *Volkstheater, München*
»Ein freudiges Ereignis« von F. Dell/Th. Mitchell. Lustspiel. R. als Norman Overbeck. Regie: Hans-Fritz Gerhard.

B 24. März   *Volkstheater, München*
»Charleys Tante« von Brandon Thomas. R. als Lord Babberley. Besetzung wie a. d. Kammerspielen. Regie: Rudolf Hoch.

F 31. Aug.   *Ufa-Palast am Zoo, Berlin*
»Bomben auf Monte Carlo«. Mit Hans Albers, Anna Sten, R. als Erster Offizier, Ida Wüst, Karl Etlinger, Kurt Gerron, Peter Lorre, Otto Wallburg. Regie: Hanns Schwarz.
Ein Kriegsschiffskommandant versucht, die Spielbank von Monte Carlo zu erobern.

F 18. Sept.   *Gloria-Palast, Berlin*
»Meine Frau, die Hochstaplerin«. Mit R. als Bankbeamter, Käthe von Nagy, Fritz Grünbaum, Theo Lingen, Else Heims, Hubert v. Meyerinck. Regie: Kurt Gerron.
R. als kleiner Bankbeamter, der durch allerlei Zufälle Mitdirektor eines Werkes wird.

F 16. Okt.   *Lichtspieltheater, München*
»Der brave Sünder«. Mit Max Pallenberg, R. als Wittek, Dolly Haas, Fritz Grünbaum. Drehbuch: Alfred Polgar n. e. Novelle von Valentin Katajew. Regie: Fritz Kortner.
Zwei Lohnbuchhalter werden unfreiwillig zu Defraudanten.

1932

F 4. Jan.   *Tauentzien- und Titania-Palast, Berlin*
»Der Stolz der 3. Kompanie«. Mit R. als Musketier Diestelbeck, Adolf Wohlbrück, Ferdinand von Alten, Viktor de Kowa, Fritz Kampers, Rudolf Platte, Paul Henckels. Regie: Fred Sauer.
R. als Rekrut, der in Leutnantsuniform das Kasernenleben durcheinanderbringt.

B 7. Jan.   *Volkstheater, München*
»Der Mustergatte«. Besetzung wie a. d. Kammerspielen. Regie: Richard Révy.

F 5. Febr.   *Capitol, Berlin*
»Man braucht kein Geld«. Mit R. als Bankangestellten, Hans Moser, Hans Junkermann, Ida Wüst, Hedy Kiesler, Paul Henckels, Hans Her-

mann Schaufuß, Albert Florath. Regie: Carl Boese.
R. als Bankangestellter, der einer ganzen Kleinstadt zu Wohlstand verhilft.

F 6. Febr.   *Gloria-Palast, Berlin*
»Es wird schon wieder besser«. Mit R. als Fred Holmer, Dolly Haas, Fritz Grünbaum, Oskar Sima, Ferdinand von Alten. Gerhard Bienert, Paul Henckels. Regie: Kurt Gerron.
R. als arbeitsloser Ingenieur, der zum Schluß als gefeierter Erfinder dasteht.

B o. D.   *Theater i. d. Stresemannstraße, Berlin*
»Der Mann mit den grauen Schläfen« von Ludwig Lenz. Lustspiel. R. in der Hauptrolle. Regie: ub.

B o. D.   *Theater i. d. Stresemannstraße, Berlin*
»Der Mustergatte« von Avery Hopwood. R. als Billy Bartlett. Weitere Angaben fehlen.

F 25. Okt.   *Ufa-Palast am Zoo, Berlin*
»Strich durch die Rechnung«. R. als Willy Streblow, ein junger Rennfahrer, Margarete Kupfer (seine Mutter), Hermann Speelmanns, Jakob Tiedtke, Tony van Eyck, Gustl Stark-Gstettenbauer, Flockina von Platen, Fritz Odemar, Harry Hardt, Fritz Kampers, Otto Wallburg. Regie: Alfred Zeisler.
R. als Radrennfahrer, der sich gegen Schiebungen zur Wehr setzt und schließlich siegt.

1933

B 15. Jan.   *Theater in der Stresemannstraße, Berlin*
»Terzett« von Ludwig Lenz, Lustspiel. R. in der Hauptrolle als Ralph. Außerdem Maria Bard, Paul Hörbiger. Regie: ub.

F 22. Febr.   *Gloria-Palast, Berlin*
»Ich und die Kaiserin«. Drehbuch: Walter Reisch, Robert Liebmann. Nach einer Idee von Felix Salten. Mit Mady Christians, Conradt Veidt, Lilian Harvey, R. als Didier, Friedel Schuster, Hubert von Meyerinck, Kate Kühl, Paul Morgan. Regie: Friedrich Hollaender.
R. als Kapellmeister, den die lebenslustige Kaiserin Eugenie verführen möchte.

F 6. März   *Berlin, Kurfürstendamm*
»Lachende Erben«. Mit R. als Peter Frank, Max Adalbert, Ida Wüst,

Walter Janssen, Lien Deyers, Lizzi Waldmüller. Regie: Max Ophüls.
R. als flotter Reklametexter, der mit der Erbin der Konkurrenz anbandelt.

B 4. Mai   *Kammerspiele im Schauspielhaus, München*
»Der Mustergatte«. Wiederaufnahme der Richard-Révy-Inszenierung.

F 18. Aug.   *U. T. Kurfürstendamm und Titania-Palast, Berlin*
»Heimkehr ins Glück«. Mit Paul Hörbiger, Erika Falgar, Luise Ullrich, R. als Amadori, Paul Heidemann, Hans Albin, Wolfgang Staudte. Regie: Carl Boese.
R. als herumziehender Schausteller mit Affennummer.

F 16. Sept.   *Lichtspieltheater, Stuttgart*
»Es gibt nur eine Liebe«. Mit Louis Graveure, R. als Eddy Blattner, Ralph Arthur Roberts, Jenny Jugo, Otto Stoeckel. Regie: Johannes Meyer.
R. als sanfter Ballettmeister, der mit einem wilden Banditen verwechselt wird.

F 2. Okt.   *Atrium und Titania-Palast, Berlin*
»Drei blaue Jungs, ein blondes Mädel«. Mit Charlotte Ander, R. als Heini Jäger, Fritz Kampers, Hans Richter. Regie: Carl Boese.
Marine-Klamotte. R. als Matrose und Landratte.

1934

F 10. Jan.   *Capitol, Berlin*
»Die Finanzen des Großherzogs«. Nach dem gleichnamigen Roman von Frank Heller. Drehbuch: Hans Rameau. Mit Viktor de Kowa, Hilde Weissner, Paul Henckels, R. als Pelotard, Hans Stiebner, Fritz Alberti, Theo Lingen. Regie: Gustaf Gründgens.
R. als Privatdetektiv, der durch seine Schusseligkeit für Verwirrungen sorgt.

F 13. Febr.   *U. T. Kurfürstendamm, Berlin*
»So ein Flegel«. Drehbuch: Hans Reimann. Nach dem Roman »Die Feuerzangenbowle« von Heinrich Spoerl. Mit R. in der Doppelrolle als Dr. Hans Pfeiffer (Schriftsteller) und Erich Pfeiffer (Oberprimaner), Ellen Frank, Inge Konradi, Maria Seidler, Oskar Sima, Rudolf Platte. Regie: Robert Adolf Stemmle.
Erste stark veränderte Verfilmung der »Feuerzangenbowle«.

F 31. März *Mozartsaal, Berlin*
»Pippin der Kurze«. Mit R. als Pippin, Charlott Serda, Paul Heidemann, Hans Junkermann, Hilde Hildebrand. Regie: Carl Heinz Wolff.
R. als überkorrekter Buchhalter, dem 300 Mark in der Kasse fehlen.

F 12. Aug. *Lichtspieltheater in Mainz*
»Ein Walzer für dich«. Mit Louis Graveure, Camilla Horn, R. als Komponist Benjamin Cortes, Adele Sandrock, Theo Lingen, Fritz Odemar, Wilhelm Bendow. Regie: Georg Zoch.
R. als Komponist, der Karriere macht. Aber nicht im Musikleben, sondern in der »Politik«.

F 5. Sept. *U. T. Kurfürstendamm, Berlin*
»Heinz im Mond«. Drehbuch: Robert A. Stemmle. Nach dem Roman »Ein Herz und zwei Strohmatten« von Marcel Arnac. Mit R. als Aristides Nessel, Rudolf Platte, Annemarie Sörensen, Oskar Sima, Ellen Frank, Hans Leibelt, Inge Konradi, Alexa v. Porembsky, Fita Benkhoff. Regie: R. A. Stemmle.
R. als abergläubischer Erbe einer Firma, der alles durcheinanderbringt. (Der Film hieß erst »Hans im Mond«, aber man wollte von R.s Popularität profitieren und benutzte trotz Einspruchs seinen Vornamen.)

F 18. Sept. *Atrium, Berlin*
»Frasquita«. Drehbuch: Georg C. Klaren. Nach der gleichnamigen Operette von Franz Lehár. Mit Jarmila Novotna als Frasquita, Hans Heinz Bollmann, R. als Hippolyt, Max Gülstorff, Charlott Daudert, Hans Moser, Rudolf Carl, Franz Schafheitlin. Regie: Carl Lamač.
R. als junger Privatgelehrter, der die Verwicklungen auflöst.

B Spielzeit 1934/1935 *Deutsches Theater, Berlin*
»Lumpazivagabundus«. Posse von Johann Nestroy. (In Berliner Dialekt mit Liedern von der Spree.) Mit Albin Skoda, Otto Wernicke und R. als »Zwirn«. Regie: Heinz Hilpert.

B Spielzeit 1934/1935 *Deutsches Theater, Berlin*
»George Dandin«. Komödie von Molière. R. als (viel zu jungen) Dandin. Außerdem Bruno Hübner. Regie: Heinz Hilpert.

1935

B 12. Jan. *Kammerspiele im Schauspielhaus, München*
»Ihr erster Mann«. Lustspiel von Gustav von Moser. R.s Rolle unbekannt. Regie: Friedrich Domin.

F 21. März *Lichtspieltheater in Wien*
»Der Himmel auf Erden«. Mit Hermann Thimig, Lizzi Holzschuh, Hans Moser, R. als Peter Hilpert, Adele Sandrock, Theo Lingen, Rudolf Carl. Drehbuch: Georg Zoch nach dem gleichnamigen Bühnenstück von Julius Horst. Regie: E. W. Emo.
R. gerät in tausend Schwierigkeiten, weil er einem Freund helfen will.

F 9. Juli *Titania-Palast, Berlin*
»Wer wagt – gewinnt« (früher: »Bezauberndes Fräulein«). Drehbuch: Ralph Benatzky. Nach seinem gleichnamigen Bühnenstück. Musik ebenfalls von ihm. Mit R. als dem kleinen Angestellten, Lizzi Holzschuh, Carl Günther, Annemarie Sörensen, Walter Steinbeck, Oscar Sabo, Ursula Herking, Wilhelm Bendow, Carsta Löck, Kurt Vespermann. Regie: Walter Janssen.
R. als kleiner Angestellter, der ein Preisausschreiben gewinnt – und die Tochter des Chefs.

F 25. Juli *Ufa-Palast am Zoo, Berlin*
»Eva«. Drehbuch: Ernst Marischka nach der gleichnamigen Operette von Franz Lehár. Mit Adele Sandrock, Hans Söhnker, R. als Willibald Riegele, Magda Schneider, Ferdinand Maierhofer, Hans Moser, Franz Schafheitlin. Regie: Johannes Riemann.
R. gerät als harmloser Bürger in den Verdacht, ein Raubmörder zu sein.

B 14. u. 16. Sept. *Schauspielhaus, Bremen*
»Ihr erster Mann«. Lustspiel von Gustav von Moser. R.s Rolle und Regie: ub. Gastspiel mit der Münchner Kammerspiele-Inszenierung.

B 15. Sept. *Schauspielhaus, Bremen*
»Der Mustergatte« von Avery Hopwood. R.s Rolle u. Regie: ub. Wahrscheinlich die Münchner Kammerspiele-Inszenierung.

F 14. Nov. *Lichtspieltheater in München*
»Der Außenseiter«. Mit R. als Handwerksburschen, Gina Falckenberg, Gustav Waldau, Ellen Frank, Hans Junkermann, Else Reval, Alexa von Porembsky. Regie: Hans Deppe.
R. als Handwerksbursche, der ein Pferd erbt und sich als Rennreiter versucht.

B Spielzeit 1935/1936 *Kammerspiele im Schauspielhaus, München*
»Himmel auf Erden«. Lustspiel von Julius Horst. R. als Jack Warren. Regie: ub. (Möglicherweise war Julius Horst ein Pseudonym für Jochen Huth.)

1936

F 5. Febr. *Lichtspieltheater in Wien*
»Wenn wir alle Engel wären«. Drehbuch: Heinrich Spoerl nach seinem gleichnamigen Roman. R. als Kanzleivorsteher Kempenich, mit Leny Marenbach, Lotte Rausch, Harald Paulsen, Will Dohm, Ernst Waldow. Regie: Carl Froelich.
R. als Kanzleivorsteher in einer Kleinstadt a. d. Mosel gerät durch einen heimlichen Ausflug in das Kölner Nachtleben in die Mühlen der Justiz.

F 23. Dez. *Lichtspieltheater in Wien*
»Lumpazivagabundus«. Mit Paul Hörbiger (Knieriem), R. (Zwirn), Hans Holt (Leim), Hilde Krahl, Fritz Imhoff, Anton Pointner, Maria Holst. Regie: Geza von Bolvary.
Kostümfilm mit Gesang nach der gleichnamigen Posse von Johann Nestroy.

B Spielzeit 1936/1937 *Deutsches Theater Berlin*
»Androklus und der Löwe« von G. B. Shaw. R. als Androklus, Otto Wernicke als Ferrovius, Angela Salloker als Lavinia, Axel v. Ambesser. Regie: Heinz Hilpert.
Märtyrerlegende um Christenverfolgung.

1937

F 5. Febr. *Lichtspieltheater Wien*
»Der Mann, von dem man spricht«. Mit R. als Zoologiestudent, Theo Lingen, Hans Moser, Gusti Huber, Gerhard Bienert, Reinhold Haeussermann. Regie: E. W. Emo.
R. als Zoologiestudent, der, um seinem künftigen Schwiegervater zu imponieren, sogar in den Löwenkäfig geht.

F 15. Juli *Ufa-Palast am Zoo, Berlin*
»Der Mann, der Sherlock Holmes war«. Mit Hans Albers, R. als Dr. Watson, Marieluise Claudius, Hansi Knoteck, Hilde Weissner, Siegfried Schürenberg, Paul Bildt, Hans Junkermann, Eduard von Winterstein, Ernst Legal. Regie: Karl Hartl.
Albers und R. als Privatdetektive ohne Aufträge versuchen in den Masken von Sherlock Holmes und Dr. Watson ihr Glück.

F 13. Okt. *Gloria-Palast, Berlin*
»Der Mustergatte« nach dem gleichnamigen Bühnenstück von Avery Hopwood. Mit R. als William Bartlett, Leny Marenbach als seine

Frau, Hans Söhnker, Heli Finkenzeller, Werner Fuetterer, Alexa v. Porembsky. Regie: Wolfgang Liebeneiner.
Der Film hielt sich eng an das Theaterstück.

1938

F 31. Jan.   *Capitol am Zoo, Berlin*
»Die Umwege des schönen Karl«. Mit R. als Kellner, Paul Westermeier, Ernst Legal, Leo Peukert, Margarete Kupfer, Albert Florath, Karin Hardt, Paul Bildt, Sybille Schmitz, Werner Finck, Kurt Seifert, Carl Günther, Ewald Wenck. Regie: Carl Froelich.
R. als Oberkellner, der wegen seines Fracks für einen reichen Industriellen gehalten wird.

F 1. April   *Capitol am Zoo, Berlin*
»Fünf Millionen suchen einen Erben«. R. in einer Doppelrolle als Peter und Patrick Pitt, Leny Marenbach, Oskar Sima, Albert Florath, Anton Pointner, Otto Stoeckel, Olga Limburg. Regie: Carl Boese.
R. in einer Doppelrolle als Staubsaugervertreter und dessen stepptanz-besessener Vetter.

F 16. Juni   *Lichtspieltheater, Dresden*
»Dreizehn Stühle«. R. als Friseur, Hans Moser, Annie Rosar, Inge List, Hedwig Bleibtreu, Alfred Neugebauer, Rudolf Carl, Carl Günther, die Wiener Sängerknaben. Regie: E. W. Emo.
R. als Provinzfriseur jagt dem in einem Stuhl versteckten Vermögen seiner Tante nach.

F 21. Dez.   *Tauentzien-Palast, Berlin*
»Nanu, Sie kennen Korff noch nicht?« Mit R. als Niels Korff, Viktor Janson, Franz Schafheitlin, Fritz Rasp, Karl Meixner, Agnes Straub, Will Dohm, Rudolf Platte, Günther Lüders, Hubert v. Meyerinck. Regie: Fritz Holl.
R. als Kriminalschriftsteller, der von Verbrechern gejagt wird, da sie sich von ihm entlarvt fühlen.

F 23. Dez.   *Lichtspieltheater, Hamburg*
»Lauter Lügen«. Mit Albert Matterstock, Hertha Feiler, Fita Benkhoff, Hilde Weissner, Johannes Riemann, Just Scheu, Rolf v. Nauckhoff, Wolfgang Staudte, Paul Bildt. Regie: Heinz Rühmann.
Ehekomödie um einen angeblichen Seitensprung.

B 31. Dez. *Staatstheater/Kleines Haus, Berlin*
»Der Bridgekönig«, franz. Lustspiel von Armont/Marchand. R. i. d. Hauptrolle, Maria Bard, Hans Leibelt, Paul Henckels. Regie: Wolfgang Liebeneiner.

1939

F 4. April *Lichtspieltheater, Magdeburg*
»Der Florentiner Hut« nach der gleichnamigen Komödie von Eugène Labiche u. Marc Michel. Mit R. als Fadinard, Herti Kirchner, Christl Mardayn, Paul Henckels, Viktor Janson, Karel Stepanek, Helmut Weiß, Hans Hermann Schaufuß, Hubert v. Meyerinck, Elsa Wagner, Alexa v. Porembsky, Paul Bildt, Bruno Fritz, Ernst Legal. Regie: Wolfgang Liebeneiner.
Der Film arbeitete mit subjektiver Kamera, die streckenweise die Ereignisse aus der Sicht R.s schilderte.

F 1. Aug. *Lichtspieltheater, Hamburg*
»Paradies der Junggesellen«. R. als zweimal geschiedener Beamter, Josef Sieber, Hans Brausewetter, Gerda Maria Terno, Hilde Schneider, Trude Marlen, Lotte Rausch, Maly Delschaft, Albert Florath, Paul Bildt, Rudolf Schündler. Erste Regie von Kurt Hoffmann
Drei Junggesellen ziehen gemeinsam in eine sturmfreie Bude – um dann doch, einer nach dem anderen, wieder zu heiraten. Mit dem Lied »Das kann doch einen Seemann nicht erschüttern«.

F 16. Sept. *In mehreren Städten*
»Hurra, ich bin Papa!« Drehbuch: Thea von Harbou. R. als Junggeselle, Albert Florath, Carola Höhn, Ursula Grabley, Bruno Fritz, Ludwig Schmitz, Ilse Stobrawa. Regie: Kurt Hoffmann.
R. als Junggeselle muß plötzlich mit einem vierzehnjährigen Jungen leben, für den er eine passende Mutter sucht.

1940

F 1. Aug. *Gloria-Palast, Berlin*
»Der Gasmann«. Drehbuch: Heinrich Spoerl. Mit R. als Gasautomatenableser, Anny Ondra, Will Dohm, Kurt Vespermann, Hans Leibelt, Charlotte Susa, Ewald Wenck, Helmut Weiß, Gisela Schlüter, Oscar Sabo, Kurt Seifert, Paul Bildt. Regie: Carl Froelich.
R. verkauft für 10000 Mark seinen Anzug in einem Schlafwagen und steht im Schlafanzug auf dem Bahnsteig.

F 16. Sept.   *Lichtspieltheater, Konstanz*
»Kleider machen Leute«. Drehbuch: Helmut Käutner, nach der gleichnamigen Novelle von Gottfried Keller. R. als Schneidergeselle Wenzel, Hertha Feiler, Hans Sternberg, Fritz Odemar, Hilde Sessak, Rudolf Schündler, Erich Ponto, Hans Stiebner, Leopold v. Ledebur, Helmut Weiß, Aribert Wäscher, Marlise Ludwig, Olga Limburg. Regie: Helmut Käutner.
R. als Schneidergeselle, der für einen Grafen gehalten wird und eine ganze Kleinstadt durcheinanderwirbelt.

F 30. Dez.   *Ufa-Palast am Zoo, Berlin*
»Wunschkonzert«. Mit Ilse Werner, Carl Raddatz, Heinz Goedecke, Joachim Brennecke, Ida Wüst, Hedwig Bleibtreu, Hans Hermann Schaufuß, Hans Adalbert Schlettow, Malte Jaeger, Albert Florath, Walter Ladengast, Elise Aulinger, Wilhelm Althaus, Günther Lüders, Erwin Biegel. Als Gäste im Wunschkonzert: Marika Rökk, Heinz Rühmann, Paul Hörbiger, Hans Brausewetter, Josef Sieber, Weiß-Ferdl, Wilhelm Strienz, Albert Bräu und das Philharmonische Orchester Berlin. Regie: Eduard v. Borsody.
Film um die Sendung »Wunschkonzert« des Großdeutschen Rundfunks. R., Brausewetter und Sieber sangen »Das kann doch einen Seemann nicht erschüttern«.

1941

F 3. April   *Gloria-Palast, Berlin*
»Hauptsache glücklich«. Mit R. als kleinem Angestellten, Hertha Feiler, Ida Wüst, Hans Leibelt, Annemarie Holtz, Jane Tilden, Fritz Odemar, Max Gülstorff. Regie: Theo Lingen.
R. als bequemer kleiner Angestellter gerät durch einen Schwindel seiner Frau, mit dem sie ihm helfen wollte, in tausend Schwierigkeiten.

B 22. Nov.   *Staatstheater/Lustspielhaus, Berlin*
»Pygmalion«. Lustspiel von George Bernard Shaw. R. als Higgins, Lola Müthel alternierend mit Maria Bard, bis zu deren Selbstmord, als Eliza. Will Dohm als Mr. Doolittle. Regie: Wolfgang Liebeneiner.

F 16. Dez.   *Lichtspieltheater, Hamburg*
»Quax, der Bruchpilot«. R. als Flugschüler, Lothar Firmans, Karin Himboldt, Hilde Sessak, Harry Liedtke, Beppo Brehm, Helmut Weiß, Karl Etlinger, Wilhelm Bendow. Regie: Kurt Hoffmann.
Erste Flugversuche eines Flugschülers, der möchte, daß auch in der Luft alles so läuft, wie er es will.

1942

Keine Film- oder Theaterpremiere von oder mit Heinz Rühmann.

1943

F 26. Febr.   *Gloria-Palast, Berlin*
»Sophienlund«. Mit Harry Liedtke, Käthe Haack, Hannelore Schroth, Fritz Wagner, Hans Quest. Regie: Heinz Rühmann.
Eltern beichten ihren mündig werdenden Kindern ihre »Jugendsünden«, so daß keiner mehr ganz sicher ist, wer wen zum Vater und zur Mutter hat.

F 2. April   *Lichtspieltheater, München*
»Ich vertraue dir meine Frau an«. Mit R., Lil Adina, Werner Fuetterer, Else v. Möllendorf, Arthur Schröder, Paul Dahlke, Alexa v. Porembsky, Wilhelm Bendow. Regie: Kurt Hoffmann.
R. paßt auf die Frau eines verreisten Freundes auf. Unvergessen: R.s riskante Fahrt in einem Omnibus durch Berlin.

1944

F 28. Jan.   *U. T. Königstadt und Tauentzien-Palast, Berlin*
»Die Feuerzangenbowle«. Drehbuch: Heinrich Spoerl nach seinem gleichnamigen Roman. R. als Schriftsteller Dr. Johannes Pfeiffer, Karin Himboldt, Hilde Sessak, Erich Ponto, Paul Henckels, Hans Leibelt, Max Gülstorff, Margarethe Schön, Hans Richter, Clemens Hasse, Ewald Wenk, Karl Etlinger, Hedwig Wangel. Regie: Helmut Weiß.
R. als Schriftsteller besucht nach einer Wette noch einmal die Schule als Pennäler.

F 19. Dez.   *Marmorhaus und U. T. Sternlichtspiele, Berlin*
»Der Engel mit dem Saitenspiel«. Mit Hertha Feiler, Hans Söhnker, Hans Nielsen, Susanne v. Almassy. Otto Graf, Lina Carstens, Erich Ponto. Regie: Heinz Rühmann.
Nach einem Volksstück des süddeutschen Schriftstellers Alois Johannes Lippl.

1945

F

In diesem Jahr spielte H. R. in zwei Filmen, die jedoch nicht mehr zur Aufführung gelangten:

»Quax in Fahrt«. R. als Fluglehrer, Hertha Feiler, Karin Himboldt, Bruni Löbel, Lothar Firmans, Beppo Brehm. Regie: Helmut Weiß.
Quax, jetzt als Fluglehrer, wehrt sich gegen Flugschülerinnen, wird aber bei einem Wettflug von deren Qualitäten – als Flieger wie als Frau – überzeugt. (Der Film war von den Alliierten Militärregierungen verboten und lief am 22. Mai 1953 in mehreren Städten der Bundesrepublik unter dem Titel »Quax in Afrika« an.)

»Sag die Wahrheit«. R. als Wirrkopf, Hertha Feiler, Susanne v. Almassy, Aribert Wäscher, Eva Maria Meineke, Hubert v. Meyerinck, Elsa Wagner, Kurt Vespermann, Else Reval, Ingrid Lutz, Karl Etlinger, Albert Florath, Erika v. Thellmann, Paul Bildt, Erich Fiedler. Regie: Helmut Weiß.
Dieser Film konnte nicht fertiggestellt werden. Nach Kriegsende wurde nach dem gleichen Drehbuch einer der ersten deutschen Filme mit Gustav Fröhlich in der Rühmann-Rolle in Berlin gedreht. Spielt in einem Nervensanatorium.

B Tournee durch die Sowjetische Besatzungszone
»Der Mustergatte« von Avery Hopwood. Neben R. spielten: Hertha Feiler, Bruni Löbel, Ingrid Lutz, Werner Fuetterer, Harald Sawade. Regie: Heinz Rühmann.

1946

Keine Theater- oder Filmpremieren von oder mit Heinz Rühmann.

1947

B o.D.   *Filmbühne Wien, Berlin – Kleine Komödie, München*
»Der Mustergatte«. Regie und Besetzung wie bei der Tournee.
In der Filmbühne Wien fanden die Vorstellungen nach der letzten Filmvorführung statt.

1948

F 13. Aug.   *Filmbühne Wien, Berlin*
»Der Herr vom andern Stern«. Mit R. als dem Herrn vom anderen Stern, Anneliese Römer, Hilde Hildebrand, Peter Pasetti, Otto Wernicke, Bruno Hübner, Rudolf Vogel, Rudolf Schündler, Bum Krüger. Regie: Heinz Hilpert.
R. als Besucher aus dem All landet ungewollt auf unserem Planeten. Der Film glossierte aus der Perspektive dieses Erdenfremdlings Nach-

kriegszustände. Die Musik schrieb Werner Egk. Der Film entstand in R.s eigener Produktionsfirma Comedia.

F 15. Dez.   *Gloria-Palast, Berlin*
»Die kupferne Hochzeit«. Mit Hertha Feiler, Peter Pasetti, Hans Nielsen, Bum Krüger, Erich Ponto. Regie: Heinz Rühmann.
Drei Ehepaare treffen sich an ihrem siebenten Hochzeitstag wieder und tauschen ihre Erfahrungen aus. Der Film entstand in R.s eigener Produktionsfirma Comedia.

1949

F 14. April   *Rathaus-Lichtspiele, München*
»Das Geheimnis der roten Katze«. R. als Barbesitzer, Gustav Knuth, Angelika Hauff, Trude Hesterberg, Jakob Tiedtke, Erwin Eckersberg. Regie: Helmut Weiß.
R. gibt sich als Gangsterboß aus, um seinem harmlosen Nachtlokal »Zur roten Katze« zu besserem Umsatz zu verhelfen. Prompt wird er in einen Diamantendiebstahl verwickelt. Der Film entstand in R.s Produktionsfirma Comedia.

F 2. Dez.   *Europa-Palast, Düsseldorf*
»Ich mach dich glücklich«. R. als Reporter, Hertha Feiler, Karl Schönböck, Dorit Kreysler, Hans Leibelt, Fritz Kampers, Rudolf Schündler, Jochen Hauer, Gunnar Möller. Regie: Alexander v. Szlatinay.
R. als Zeitungsreporter, der Schwierigkeiten mit seinem Verleger hat, aber zum Happy-End eine feste Anstellung und des Verlegers Töchterlein bekommt.

1950

B 25. Dez. 49 bis 15. Jan. 50   *Kleine Komödie/Kleines Haus,*
1. März bis 2. April   *München*
»Der Mustergatte« von Avery Hopwood. Mit R. als Billy, Eva l'Arronge, Werner Fuetterer, Bruni Löbel, Leo Siedler, Ruth Killer. Regie: Heinz Rühmann.

B 7. Okt. bis 3. Dez.   *Kleine Komödie/Kleines Haus, München*
»Mein Freund Harvey« von Mary Chase. Mit R. als Elwood, Käthe Haack, Ernst Stahl-Nachbaur, Doris Kiesow, Ulrich Beiger, Walter Sedlmayr. Regie: Gerhard Metzner.

Harvey, der 1,85 m große weiße Hase, den nur Elwood und sein Psychiater sehen können, wird zur Schlüsselfigur, durch die alle nur auf Äußerlichkeiten bedachten Konformisten entlarvt werden.

Heinz Rühmann drehte in diesem Jahr keinen Film.

1951

B Jan./Febr. *Thalia-Theater, Hamburg*
»Mein Freund Harvey« von Mary Chase. R. als Elwood, Inge Meysel, Carl Voscherau, Harry Meyen, Gisela Peltzer, Liselotte Willführ. Regie: Willi Maertens.

B Febr. bis 15. März *Kleines Theater im Zoo, Frankfurt*
»Mein Freund Harvey« von Mary Chase. R. als Elwood. Regie: Fritz Rémond.
Mit dieser Inszenierung ging R. auf Tournee, folgende Städte wurden u. a. bespielt: Bad Hersfeld, Kassel, Siegen, Bad Neuenahr, Ludwigshafen, Bad Kreuznach, Kaiserslautern, Idar-Oberstein, Heidelberg.

In diesem Jahr drehte Heinz Rühmann keinen Film.

1952

B o. D. *Theater am Besenbinderhof, Hamburg*
»Es bleibt in der Familie«. Lustspiel von Louis Verneuil. R. in drei verschiedenen Rollen: als Jüngling, Ehemann und Großvater. Regie: Lukas Ammann.

F 30. Mai *Apollo, Düsseldorf, und Residenz, Duisburg*
»Das kann jedem passieren«. R. als Steuerberater, Gustav Knuth, Alice Treff, Werner Fuetterer, Bum Krüger, Ingrid Lutz, Hubert v. Meyerinck, Michl Lang, Liesl Karlstadt, Hans Leibelt, Hilde Classen. Regie: Paul Verhoeven.
R. als pflichtbewußter Steuerberater, der für zwei uneheliche Kinder die richtige Mutter sucht.

F 5. Sept. *Walhalla, Wiesbaden*
»Schäm dich, Brigitte« (später »Wir werden das Kind schon schaukeln«). Mit R. als Dr. Felix Schneider, Theo Lingen, Hilde Berndt, Annie Rosar, Lotte Lang, Hans Moser, Margarete Slezak, Nadja Tiller, Gusti Wolf, Chariklia Baxevanos. Regie: E. W. Emo.
R. wegen eines angeblich an ihn adressierten Liebesbriefes in tausend Nöten.

1953

F 31. Juli   *Apollo, Düsseldorf*
»Keine Angst vor großen Tieren«. Mit R., Ingeborg Körner, Gustav Knuth, Maria Paudler, Werner Fuetterer, Erich Ponto, Willi Maertens, Margarete Slezak, Bruno Fritz, Jakob Tiedtke, Albert Florath, Beppo Brehm, Hubert v. Meyerinck, Wolfgang Neuss, Ruth Stephan, Ursula Herking, Max Schmeling. Regie: Ulrich Erfurth.
R. erbt eine Gruppe Zirkuslöwen, da er für diese keinen Abnehmer findet, tritt er selbst als Dompteur mit den Löwen auf.

F 1. Okt.   *Universum, Stuttgart*
»Briefträger Müller«. Mit R., Heli Finkenzeller, Wolfgang Condrus, Susanne v. Almassy, Harald Paulsen, Oskar Sima, Else Reval, Eckart Dux, Trude Hesterberg. Regie: John Reinhardt. (Er starb während der Produktion, und R. übernahm die Regie.)
R. als Briefträger Titus Müller kommt durch eine seltsame Erbschaftsklausel zu viel Geld und hat seine liebe Not, es richtig anzulegen.

B Okt./Nov.   *Bühnengastspiel in der Schweiz*
»Es bleibt in der Familie«, Lustspiel von Louis Verneuil. R. in drei verschiedenen Rollen unterschiedlichen Alters. Regie: ub.

1954

B 27. März   *Kammerspiele, München*
»Warten auf Godot« von Samuel Beckett. Mit R. als Estragon (Goggo), Ernst Schröder, Rudolf Vogel, Friedrich Domin. Regie: Fritz Kortner.

F 16. Dez.   *Barke, Hamburg*
»Auf der Reeperbahn nachts um halb eins«. Mit Hans Albers, R., Fita Benkhoff, Helga Franck, Gustav Knuth, Jürgen Graf, Erwin Strahl, Wolfgang Neuss, Else Reval, Carl Hinrichs. Regie: Wolfgang Liebeneiner.
R. als Besitzer einer Galopp-Diele auf der Reeperbahn, die durch seinen Freund Hannes, einen Seemann, in Schwung gebracht wird.

1955

F 17. März   *Capitol, Köln*
»Zwischenlandung in Paris« (Escale à Orly). Mit Dany Robin, Dieter Borsche, H. R., Hans Nielsen, Simone Renant, Doris Kirchner, Gisela

v. Collande, Anneliese Kaplan, Hans Richter, Claus Biederstaedt, François Perier. Regie: Jean Dréville.
R. als schwerhöriger Frachtgutabfertiger wird in einen Rauschgiftschmuggel verwickelt.

B 25. März   *Renaissancetheater, Berlin*
»Meine Frau erfährt kein Wort«. Lustspiel von George Axelrod. Mit R. als Strohwitwer Richard Sherman, Hertha Feiler, Eva Kerbler. (Als »Das verflixte siebte Jahr« von Billy Wilder verfilmt.)

F 12. Aug.   *Ufa-Palast, Köln*
»Wenn der Vater mit dem Sohne«. Mit H. R., Oliver Grimm, Waltraud Haas, Robert Freitag, Carl-Heinz Schroth, Fita Benkhoff. Regie: Hans Quest.
R. als Zirkusclown, der einen ihm anvertrauten Jungen nicht wieder hergeben will, sich schließlich in einer großen »Bajazzo«-Szene doch überwindet.

1956

F 19. Jan.   *Ufa-Palast, Köln*
»Charleys Tante«. Mit R. als Handelsattaché Dr. Otto Dernburg, Hertha Feiler, Claus Biederstaedt, Walter Giller, Hans Leibelt, Paul Hörbiger. Regie: Hans Quest.
Drehbuchautor Gustav Kampendonk verlagerte die Schwankhandlung i. d. Gegenwart u. paßte die »Tante« Rühmanns Alter an.

F 16. Aug.   *Ufa-Palast, Köln*
»Der Hauptmann von Köpenick«. Mit H. R., Hannelore Schroth, Martin Held, Erich Schellow, Ilse Fürstenberg, Walter Giller, Maria Sebaldt, Friedrich Domin, Ethel Reschke, Joseph Offenbach, Wolfgang Neuss, Bum Krüger, Willi Rose, Reinhard Koldehoff, Otto Wernicke, Siegfried Lowitz, Willi Maertens. Regie: Helmut Käutner.
R. als Schuster Voigt, der – eben aus dem Gefängnis entlassen – am eigenen Leib erfährt, daß in Preußen die Uniform mehr gilt als der Mensch. Carl Zuckmayer schrieb das Drehbuch nach seinem Theaterstück.

F 12. Sept   *Apollo, Düsseldorf*
»Das Sonntagskind« (später »Schneider Wibbel«). Mit H. R., Hannelore Bollmann, Werner Peters, Günther Lüders, Walter Giller, Carla Hagen, Otto Wernicke, Siegfried Lowitz, Alexa v. Porembsky. Regie: Kurt Meisel.

R. als Schneider Wibbel, der seinen Gesellen statt seiner ins Gefängnis schickt. Die Handlung des Volksstücks von Hans Müller-Schlösser wurde aus der napoleonischen Zeit in die Zeit nach 1945 verlegt.

1957

F 12. Sept. *Ufa-Palast, Köln*
»Vater sein dagegen sehr«. Mit H. R., Marianne Koch, Hans Leibelt, Paul Esser, Edith Schollwer, Agnes Windeck, Luigi Malipiero, Kurt Meisel. Regie: Kurt Meisel.
R. als unverheirateter Schriftsteller, der die verwaisten Kinder seiner Schwester zu sich nimmt und damit Konflikte mit seiner Verlobten heraufbeschwört.

Heinz Rühmann stand in diesem Jahr nicht auf der Bühne.

1958

F 7. Aug. *Filmfestspiele Berlin (Gloria-Palast)*
»Es geschah am hellichten Tag«. R. als Kommissar Matthäi, Michel Simon, Ewald Balser, Gert Fröbe, Berta Drews, Siegfried Lowitz, Heinrich Gretler. Regie: Ladislao Vajda.
R. als Kriminalkommissar, nach einem Stoff von Friedrich Dürrenmatt, der mit der Aufklärung eines Sexualverbrechens befaßt ist.

F 4. Sept. *Ufa-Palast, Köln*
»Der Mann, der nicht nein sagen konnte« (Manden, der ikke ku' sige nej). R. als Thomas Träumer, Hannelore Schroth, Siegfried Lowitz, Renate Ewert, Wolfgang Kieling, Willi Rose. Regie: Kurt Früh.
Der Film wurde in Kopenhagen gedreht. R. versteckt als gutmütiger Beamter drei Ausreißerinnen und kommt in tausend Schwierigkeiten.

F 2. Okt. *In mehreren Städten der Bundesrepublik*
»Der Pauker«. R. als Studienrat Dr. Hermann Seidel, Wera Frydtberg, Gert Fröbe, Peter Kraus, Michael Verhoeven, Peter Vogel, Klaus Löwitsch, Bruni Löbel, Ernst Fritz Fürbringer, Hans Leibelt. Regie: Axel von Ambesser.
R. als Lehrer, der mit eigenwilligen Methoden aus einer Klasse ungebärdiger Halbstarker ordentliche Schüler macht. Als sein Freund, der »Catcher« Gert Fröbe.

F 5. Dez. *Marmorhaus, Berlin*
»Der Eiserne Gustav«. R. als Gustav Hartmann, Lucie Mannheim,

Ernst Schröder, Karin Baal, Ingrid van Bergen, Ruth Nimbach, Ludwig Linkmann, Hilde Sessak, Willi Rose, Bruno Fritz, Harry Meyen, Friedrich Schoenfelder. Regie: Georg Hurdalek, der auch das Drehbuch schrieb.
R. als der Berliner Pferdedroschkenkutscher, der aus Protest gegen die Benzintaxis mit seinen Rössern von der Spree an die Seine und zurück fuhr.

In diesem Jahr stand Heinz Rühmann auf keiner Bühne.

1959

F 23. Aug.   *Gloria-Palast, München*
»Menschen im Hotel«. Mit Michèle Morgan, H. R., O. W. Fischer, Gert Fröbe, Sonja Ziemann, Wolfgang Wahl, Dorothea Wieck, Friedrich Schönfelder. Regie: Gottfried Reinhardt.
R. als todkranker, korrekter Buchhalter Kringelein in dem Remake von Vicki Baums berühmtem Roman.

F 14. Okt.   *Theater am Rudolfplatz, Köln*
»Ein Mann geht durch die Wand«. R. als Herr Buchsbaum, Nicole Courcel, Rudolf Rhomberg, Rudolf Vogel, Peter Vogel, Michael Burk, Günter Gräwert, Hans Leibelt, Hubert v. Meyerinck, Elfie Pertramer, Henry Vahl, Karl-Michael Vogler, Lina Carstens, Werner Hessenland, Georg Lehn, Fritz Eckart, Ernst Fritz Fürbringer, Friedrich Domin. Regie: Ladislao Vajda.
Der Film basiert auf einer Novelle von Marcel Aymé. R. als Finanzbeamter, der die ungewöhnliche Gabe, durch Mauern gehen zu können, nutzt, um andere glücklich zu machen.

Heinz Rühmann stand in diesem Jahr nicht auf der Bühne.

1960

F 11. Febr.   *Weltspiele, Hannover*
»Der Jugendrichter«. Mit H. R., Lola Müthel, Karin Baal, Hans Nielsen, Michael Verhoeven, Erich Fiedler, Willi Rose, Jan Hendriks. Regie: Paul Verhoeven.
R. als Jugendrichter, der sich auch außerhalb der Amtszeit um gefährdete Jugendliche kümmert und ein Mädchen wieder auf den rechten Weg bringt.

F 22. Juni   *In mehreren Städten der Bundesrepublik*
»Der Schulfreund« (später: »Mein Schulfreund«). Mit H. R., Loni von Friedl, Fritz Wepper, Alexander Golling, Carsta Löck, Alexander Kerst, Ernst Schröder, Hertha Feiler, Hans Leibelt, Reinhard Glemnitz, Wolfgang Reichmann, Mario Adorf. Regie: Robert Siodmak.
Nach J. M. Simmels gleichnamigem Schauspiel schrieb R. A. Stemmle das Drehbuch, in dem die Geschichte eines Schulfreundes von Hermann Göring erzählt wird, der nach dem Krieg den Paragraphen 51 wieder loswerden möchte.

F 22. Sept.   *Ufa-Palast, Köln*
»Der brave Soldat Schwejk«. Mit H. R., Ernst Stankovski, Ursula v. Borsody, Senta Berger, Erika v. Thellmann, Franz Muxeneder, Fritz Imhoff, Hans Thimig, Erik Frey, Fritz Muliar, Rudolf Rhomberg, Jane Tilden. Regie: Axel vom Ambesser.
R. als Hundefänger und dummschlauer Schwejk, dieser genialen Figur des tschechischen Schriftstellers Jaroslav Hašek.

F 19. Dez.   *In mehreren Städten der Bundesrepublik*
»Das schwarze Schaf«. Mit H. R., Karl Schönböck, Maria Sebaldt, Siefried Lowitz, Lina Carstens, Fritz Rasp, Friedrich Domin, Hans Leibelt. Regie: Helmut Ashley.
R. als kriminalistisch begabter Pater Brown, jener liebenswürdig-klugen Figur des engl. Schriftstellers Chesterton.

B 29. Dez.   *Akademietheater (Burgtheater), Wien*
»Mein Freund Harvey« von Mary Chase (Übersetzung: Alfred Polgar). R. als Elwood, Adrienne Gessner, Erika Pluhar, Manfred Inger, Christine Buchegger, Paul Hoffmann, Sonja Sutter, Lilly Stepanek. Regie: Rudolf Steinboeck.

1961

B 1. Febr.   *Akademietheater (Burgtheater), Wien*
»Der Tod des Handlungsreisenden« von Arthur Miller. R. als Willy Loman, Käthe Gold, Peter Weck, Boy Gobert, Erich Auer, Heinz Moog, Angelika Hauff. Regie: Paul Hoffmann.

F 21. Dez.   *Ufa-Palast, Köln*
»Der Lügner«. R. als kleiner Angestellter, Julia Follina, Annemarie Düringer, Blandine Ebinger, Gustav Knuth, Werner Hinz, Joseph Offenbach, Siegfried Wischnewski, Ralf Wolter. Regie: Ladislao Vajda.
Nach dem Theaterstück »The Eleven Lives of Leo« von Herman Shiffrin. R. gaukelt seiner Tochter eine Scheinwelt vor, in die er sich fast zu verlieren droht.

1962

F 1. März *Universum, Karlsruhe*
»Max, der Taschendieb«. Mit H. R., Elfie Pertramer, Arno Assmann, Hans Clarin, Hans Hessling, Ruth Stephan, Lotte Ledl, Helga Anders, Benno Sterzenbach. Regie: Imo Moszkowicz.
R. als kleiner Gauner, der einen Verbrecher überführt, den die Polizei nicht fassen kann, und dabei selbst ehrlich wird.

F 19. Okt. *In mehreren Städten der Bundesrepublik*
»Er kann's nicht lassen«. Mit H. R., Grit Boettcher, Rudolf Forster, Ruth-Maria Kubitschek, Siegfried Wischnewski, Lina Carstens, Horst Tappert. Regie: Axel von Ambesser.
Fortsetzung der Detektiv-Abenteuer des Pater Brown nach Chesterton, die mit »Das schwarze Schaf« begonnen hatten.

B 29. Dez. *Kammerspiele, München*
»Der Hauptmann von Köpenick«. Ein deutsches Märchen von Carl Zuckmayer. Mit R. als Schuster Voigt, Peter Lühr, Karl Michael Vogler, Claudia Sorbas. Regie: August Everding. (41 Aufführungen)

1963

F 16. Aug. *In mehreren Städten der Bundesrepublik*
»Meine Tochter und ich«. R. als Zahnarzt, Gertraud Jesserer, Eckart Dux, Gustav Knuth, Agnes Windeck, Christiane Nielsen, Herta Staal, Heinz Schubert. Regie: Thomas Engel.
R. als Vater, der alles versucht, um die Heirat seiner Tochter zu verhindern. Curt Flatow schrieb das Drehbuch und machte später daraus das Lustspiel »Vater einer Tochter«.

F 17. Okt. *Theater am Kröpcke, Hannover*
»Das Haus in Montevideo«. Mit H. R., Ruth Leuwerik, Paul Dahlke, Ilse Pagé, Michael Verhoeven, Hanne Wieder, Viktor de Kowa, Fritz Tillmann. Regie: Helmut Käutner.
Zweite Verfilmung der gleichnamigen »moralischen Komödie« von Curt Goetz. R. als Prof. Traugott Nägler, der ein Freudenhaus erbt.

In diesem Jahr stand Heinz Rühmann nicht auf der Bühne.

1964

F 14. Febr.   *In mehreren Städten der Bundesrepublik*
»Vorsicht, Mr. Dodd!« (angekündigt als »Ihn kann nichts erschüttern«). Mit H. R., Maria Sebaldt, Robert Graf, Ernst Fritz Fürbringer, Erika v. Thellmann, Horst Keitel, Rudolf Rhomberg, Harry Wüstenhagen, Mario Adorf. Regie: Günter Gräwert.
Nach dem Theaterstück »Out of Bounds« von A. Watkyn. R. in einer Doppelrolle als Superspion und als harmloser Lehrer.

In diesem Jahr stand Heinz Rühmann nicht auf der Bühne.

1965

F 14. Jan.   *In mehreren Städten der Bundesrepublik*
»Dr. med. Hiob Prätorius«. Mit H. R., Lieselotte Pulver, Fritz Tillmann, Fritz Rasp, Werner Hinz, Klaus Schwarzkopf. Regie: Kurt Hoffmann.
Die zweite Verfilmung des gleichnamigen Bühnenstücks von Curt Goetz. R. als Dr. med. Prätorius, der sich gegen neidische Kollegen intelligent wehrt und immer auf der Suche nach der Mikrobe der menschlichen Dummheit ist.

F 30. Sept.   *Gloria-Palast, München*
»Das Liebeskarussell« (Episodenfilm). *Episode Sybill:* Curd Jürgens, Nadja Tiller, Ivan Desny. *Episode Angela:* Gert Fröbe, Cathérine Deneuve, Walter Buschhoff. *Episode Dorothea:* R. als Professor Hellberg, Johanna v. Koczian, Richard Münch, Hans Leibelt, Hans W. Hamacher, Bum Krüger, Balduin Baas. *Episode Lolita:* Anita Ekberg, Peter Alexander, Axel v. Ambesser.
Regie: Axel von Ambesser, Rolf Thiele, Alfred Weidenmann, der die R.-Episode inszenierte.
R. als braver Professor, der von seinen alten Mitschülern in eine mißverständliche zweideutige Situation gebracht wird.

F 1. Okt.   *Lichtspiele am Sendlinger Tor, München*
»Das Narrenschiff« (»Ship of Fools«). Mit Vivian Leigh, Simone Signoret, José Ferrer, Lee Marvin, Oskar Werner, Elisabeth Ashley, George Segal, José Greco, Michael Dunn, Charles Korvin, H. R. Regie: Stanley Kramer.
R. in einer Episodenrolle als deutscher Jude, den das Heimweh zurück nach Deutschland treibt. Der Film entstand nach dem gleichnamigen Roman von Katherine Anne Porter und hatte am 4. 5. Premiere in den USA.
Heinz Rühmann stand in diesem Jahr nicht auf der Bühne.

1966

F 3. März *Barke, Hamburg*
»Hokuspokus oder Wie lasse ich meinen Mann verschwinden«. Mit H. R. als Peer Bille, Liselotte Pulver, Richard Münch, Fritz Tillmann, Klaus Miedel, Stefan Wigger, Joachim Teege, Käthe Braun. Regie: Kurt Hoffmann.
Neuverfilmung des gleichnamigen Bühnenstücks von Curt Goetz. R. als Kunstmaler, der mit seinem angeblichen Tod die Preise für seine Bilder hochtreibt.

F 2. Sept. *In mehreren Städten der Bundesrepublik*
»Geld oder Leben« (»La Bourse et la Vie«). Mit Fernandel, H. R., Jean Poiret, Michael Galabru, Darry Cowl, Jacques Legras, Gabriello. Regie: Jean-Pierre Mocky.
R. spielt in dieser deutsch-französischen Co-Produktion einen Buchhalter, der die Unterschlagung von 1 Mio. Francs verhindert.

F 24. Nov. *In mehreren Städten der Bundesrepublik*
»Maigret und sein größter Fall«. R. als Maigret, Francoise Prévost, Günther Stoll, Günther Strack, Gerd Vespermann, Alexander Kerst. Regie: Alfred Weidenmann.
Drehbuch Herbert Reinecker nach dem Roman von Georges Simenon »Maigret und der Spion«.

F 19. Sept. *Lichtspiele am Sendlinger Tor, München*
»Grieche sucht Griechin«. R. als Archilochos, Irina Demick, Hannes Messemer, Hanne Wieder, Charles Regnier, Walter Rilla, Franz Kutschera, Rudolf Rhomberg, Leonard Steckel, Balduin Baas, Walter Buschhoff, Rudolf Forster. Regie: Rolf Thiele.
Drehbuch Georg Laforet nach Dürrenmatts gleichnamiger Prosa-Komödie. R. als Unterbuchhalter, der sein erstes Abenteuer mit einer schönen Frau hat.

Heinz Rühmann stand in diesem Jahr nicht auf der Bühne.

1967

In diesem Jahr hatte Heinz Rühmann weder eine Film- noch eine Theaterpremiere.

1968

F 13. Febr.   *Filmbühne, Berlin*
»Die Abenteuer des Kardinal Braun«. Mit H. R., Uta Levka, Jean-Claude Brialy, Wolfgang Kieling, Herbert Fux, Edward G. Robinson. Regie: Lucio Fulci.
In Anlehnung an die Pater-Brown-Filme entstand diese deutsch-ital.-franz. Co-Produktion mit R. als Kurienkardinal, der den Diebstahl der »Pietà« von Michelangelo aufklärt.

F 13. Sept.   *In mehreren Städten der Bundesrepublik*
»Die Ente klingelt um ½8«. Mit H. R., Hertha Feiler, Charles Regnier, Balduin Baas, Rudolf Schündler, Monica Teuber, Herbert Bötticher. Regie: Rolf Thiele.
R. als Computertechniker gerät aus Versehen in eine Irrenanstalt, aus der er erst entlassen wird, als er sich verrückt stellt.

TV 5. Mai (Wdh. 19. Nov. 69)   *ZDF*
»Der Tod des Handlungsreisenden« von Arthur Miller. R. als Willy Loman, Käthe Gold, Christoph Bantzer, Peter Thom, Rolf Henninger, Boy Gobert, Max Mairich. Regie: Gerhard Klingenberg.

TV 31. Dez.   *ZDF*
»Heute zwischen Gestern und Morgen«.
In dieser Tucholsky-Sendung zum Jahresausklang sprach R. den Text »Blick in die ferne Zukunft«.

In diesem Jahr stand Heinz Rühmann auf keiner Bühne.

1969

TV 21. Dez.   *ZDF*
»Sag's dem Weihnachtsmann«, deutsche Bearbeitung des engl. Stücks »Ask Father Christmas« von D. Bond. Mit H. R., Doris Schade, Hans Quest, Anita Kupsch. Regie: Rainer Woffhardt.

1970

TV 22. Febr.   *ZDF*
»Mein Freund Harvey« von Mary Chase. R. als Elwood, Susi Nicoletti, Barbara Schöne, Kurt Horwitz, Charles Regnier, Adelheid Seek, Herbert Bötticher, Gerlinde Locker, Klaus Knuth, Max Mairich. Regie: Kurt Wilhelm.

TV 15. Nov. (Wdh. 19. März 72)   *ZDF*
»Endspurt« von Peter Ustinov. Komödie. Mit R. als Sam Kinsale, der sich rückerinnernd in drei Altersstufen erlebt. Mit Hans Söhnker, Harry Meyen, Rosemarie Fendel. Regie: Harry Meyen.

In diesem Jahr drehte Heinz Rühmann keinen Film und stand auf keiner Bühne.

1971

F 28. Okt.   *In mehreren Städten der Bundesrepublik*
»Der Kapitän«. Mit R., Johanna Matz, Terry Torday, Horst Tappert, Ernst Stankovski, Hans Korte, Horst Janson, Günther Pfitzmann, Monika Lundi, Joseph Offenbach, Carl Lange. Regie: Kurt Hoffmann. Nach dem Roman »The Captain's Table« von Richard Gordon. R. als Handelsschiffkapitän, der einen Musikdampfer übernimmt.

TV 14. Nov.   *ZDF*
»Der Pfandleiher« von A. B. Shiffrin. Mit H. R., Sabine Sinjen, Christoph Bantzer. Regie u. Bearbeitung: Ludwig Cremer.

Heinz Rühmann stand in diesem Jahr nicht auf der Bühne.

1972

TV 7. März   *ZDF*
Heinz Rühmann im Gespräch mit Friedrich Luft (Porträt mit Filmausschnitten zum 70. Geburtstag).

B 29. Okt.   *Kammerspiele, München*
»Der Hausmeister« von Harold Pinter. H. R. als Davies mit Michael Schwarzmeier, Gerd Baltus. Regie: August Everding.

1973

TV 14. Febr. (Wdh. 4. Dez. 74)   *ZDF*
»Der Hausmeister« von Harold Pinter. Aufzeichnung der August-Everding-Inszenierung der Münchner Kammerspiele mit H. R., Gerd Baltus, Michael Schwarzmeier.

F 10. Mai   *In mehreren Städten der Bundesrepublik*
»Oh Jonathan – Oh Jonathan«. Mit H. R., Franziska Oehme, Paul

Dahlke, Peter Fricke, Paul Verhoeven, Beppo Brehm. Regie: Franz Peter Wirth.
Neuverfilung des amerikanischen Charles-Laughton-Films »It started with Eve«. R. als brummiger Millionär, der von seinem Sohn hinters Licht geführt werden soll.

1974

B 20. März   *Kammerspiele, München*
»Sonny Boys« von Neil Simon. Mit R. als Willy Clark, Paul Verhoeven als Al Lewis, Knut Koch, Kerstin de Ahna. Regie: Boleslaw Barlog.

1975

TV 30. März   *ZDF*
»Musik ist meine Welt« (Hermann-Prey-Show). R. als Gefängnisdiener Frosch i. d. Operette »Die Fledermaus«.

B 31. Dez.   *Staatsoper, Wien*
»Die Fledermaus« von Johann Strauß. Regie: Herbert von Karajan. R. als Gefängnisdiener Frosch.

1976

TV 6. Juni   *ZDF*
»Reinecke Fuchs«. R. liest dieses Epos von Wolfgang von Goethe. Regie: Hermann Leitner. Eine Gyula-Trebitsch-Produktion.

TV 24. Dez.   *ZDF*
»Kein Abend wie jeder andere«. H. R. und Peter Ustinov als zwei Antiquitätenhändler, die sich am Weihnachtsabend menschlich näherkommen. Regie: Hermann Leitner.

1977

F 21. Jan.   *In mehreren Städten der Bundesrepublik*
»Das chinesische Wunder«. Mit Senta Berger, H. R., Harald Leipnitz, Christian Kohlund, Peter Pasetti. Regie: Wolfgang Liebeneiner. R. in einer Episodenrolle als russischer Professor der Akupunktur.

F 3. März   *In mehreren Städten der Bundesrepublik*
»Gefundenes Fressen«. Mit H. R., Mario Adorf, René Deltgen, Karin Baal, Elisabeth Volkmann. Regie: Michael Verhoeven.
R. als Stadtstreicher, der einer Gastarbeiterin hilft und mit einem Polizisten Freundschaft schließt.

TV 7. März   *ZDF*
»Summa Summarum«. Porträt zum 75. Geburtstag. R. in Rollen, die er schon immer gerne spielen wollte, aber noch nicht gespielt hat. Regie: Hermann Leitner. Eine Gyula-Trebitsch-Produktion.

TV 17. Juni   *ZDF*
»Herr und Hund«. R. spricht den Essay von Thomas Mann. Regie: Hermann Leitner. Eine Gyula-Trebitsch-Produktion.

1978

TV 8. Jan.   *ZDF*
»Max und Moritz« nach Wilhelm Busch. H. R. liest die berühmte Bilderposse (auch als Schallplatte Polydor 2371657 vorhanden). Regie: Hermann Leitner.

TV 5. Febr.   *ZDF*
»Diener und andere Herren«, vier Episoden mit R. und Bruni Löbel, Kurt Pieritz, Ferdy Mayne, Astrid Nestvogel, Christian Reiner. Regie: Wolfgang Glück.

1979

TV 4. März   *ZDF*
»Balthasar im Stau und andere bewegte Geschichten«, vier Episoden mit R. als Taxifahrer und Ursula Dirichs, Cornelia Froboess, Alexander Hegarth, Louise Martini. Regie: Rudolf Jugert. Eine Gyula-Trebitsch-Produktion.

TV 31. Dez.   *ZDF*
»Rund um die Oper«, Aufzeichnung einer Matinee-Veranstaltung des Nationaltheater München, in der R. zusammen mit August Everding das Publikum hinter die Kulissen schauen läßt. Die nächste Matinee findet am 7. März 1982 zu R.s 80. Geburtstag statt.

1980

TV 30. März   *ZDF*
»Aller guten Dinge sind drei«. Drei Episoden um H. R. mit Ruth Hausmeister, Friedrich Schütter, Renate Bodenschatz, Fritz Tillmann, Günter Strack. Regie: Rolf v. Sydow. Eine Gyula-Trebitsch-Produktion.

1981

TV 8. März   *ZDF*
»Ein Zug nach Manhattan«, nach einer Geschichte von Paddy Chayefsky. R. als jüdischer Kantor in New York. Mit Ulrike Bliefert, Bruni Löbel, Jürgen Kühn, Hans Hessling, Charles Brauer. Regie: Rolf v. Sydow. Eine Gyula-Trebitsch-Produktion.

Orden, Preise, Ehrungen

Auszeichnungen für Heinz Rühmann

- 1940 Staatsschauspieler
- 1955 Ehrenmitglied der Internationalen Artistenloge
- 1957 »Golden Gate«-Preis der Internationalen Filmfestspiele in San Francisco
  Kunstpreis der Stadt Berlin
  Bundesfilmpreis
- 1959 Ernst-Lubitsch-Preis
- 1961 Preis der Deutschen Film-Kritik
  Bundesfilmpreis mit dem Filmband in Gold
  Golden Globe (Preis der Auslandspresse in den USA) für den Film »Der brave Soldat Schwejk«
- 1962 Bambi als beliebtester Schauspieler
- 1963 Bambi als beliebtester Schauspieler
- 1964 Bambi als beliebtester Schauspieler
- 1966 Großes Bundesverdienstkreuz
  Bambi als beliebtester Schauspieler
  Silberner Bildschirm der Zeitschrift TV Hören und Sehen
- 1967 Goldener Bildschirm der Zeitschrift TV Hören und Sehen
  Bambi als beliebtester Schauspieler
- 1968 Bambi als beliebtester Schauspieler
- 1969 Bambi als beliebtester Schauspieler
- 1971 Bambi als beliebtester Schauspieler
- 1972 Großes Bundesverdienstkreuz mit Stern und Schulterband
  Bambi als beliebtester Schauspieler
- 1973 Goldene Leinwand des Hauptverbandes Deutscher Filmtheater
  Bambi als beliebtester Schauspieler
- 1977 Kultureller Ehrenpreis der Stadt München
- 1978 Bambi als beliebtester Schauspieler
  Vorsitzender des Vereins zur Förderung der Münchener Kammerspiele e. V.
- 1979 Goldene Kamera der Zeitschrift HÖRZU
- 1981 Silbermedaille des 24. Internationalen Film- und TV-Festivals of New York für »Ein Zug nach Manhattan«.
  Maximiliansorden für Wissenschaft und Kunst (Landesregierung München. In diesem Jahr zum ersten Mal verliehen.)
- 1982 Goldene Ehrenmünze der Stadt München

Register

Albers, Hans 123, 126, 183, 195 ff.
Ambesser, Axel von 113, 208
Angermund, Oberst im RLM 153
Arnold, Freddy 184
Ast, Philipp Heinrich (Schäfer-Ast) 23

Baarova, Lida 138 f.
Bard, Maria 44, 64 f., 103, 129, 146
Barnay, Ludwig 42
Barnay, Paul 41 f.
Barnowsky, Viktor 89, 94
Barthel, Dr. Manfred 40, 180, 208
Basil, Friedrich 26 ff., 38, 41, 46, 56, 118
Bassermann, Albert 53
Bauer, Georg (Schorschi) 14
Beinhorn, Elly, 76, 96
Belitz, Hermann 164
Benkhoff, Fita, 136, 192
Bergner, Elisabeth 76
Bernheim, Otto 169
Binder, Sybille 64
Bochmann, Werner 144

Bolvary, Geza von 59
Boysen, Rolf 80
Brauner, Artur 208
Brausewetter, Hans 66, 137
Brecht, Bert 35, 69
Brehm, Beppo 155 f.
Bressart, Felix 121
Bürckel, Josef 133

Canaris, Wilhelm 171, 173 f.
Carraciola, Rudolf 47
Corell, Ernst Hugo 119, 127
Chayefsky, Paddy 240
Coesfeld, Josef 189 f.

Dahlke, Paul 203
Daub, Ewald 157
Diehl, Karl Ludwig 192
Dietrich, Marlene 114, 179
Dohm, Will 67
Domin, Friedrich 77
Dorsch, Käthe 53
Drews, Berta 29
Dumont, Louise 52, 55
Dürrenmatt, Friedrich 207
Dunn, Michael 216 ff.
Dyers, Lien 124

Ebinger, Blandine 114
Eckersberg, Else 199 ff.
Egk, Werner 176
Edthofer, Anton 232
Everding, August 78, 83, 233, 256 f.
Everding, Cornelius 256 f.

Falckenberg, Julius 119
Falckenberg, Otto 13, 31 f., 62, 64 f., 67 ff., 72, 115
Feiler, Hertha 136 ff., 145, 164, 194
Fein, Maria 195
Fernandel 244 f.
Ferrer, José 216
Feuchtwanger, Marta 222 f.
Finck, Werner 140
Forst, Willi 125
Forster-Larringa, Robert 64 f.
Franck, Walter 29
Framer, Otto 37, 68
Fritsch, Willy 118 f., 123
Fröbe, Gert 176
Froehlich, Carl 125, 151
Fröhlich, Gustav 139
Fuetterer, Werner 164, 166

Gamsjäger, Rudolf 254
Garat, Henri 119
Gellner, Julius 64
George, Heinrich 168, 194
Gerron, Kurt 123 f.
Giehse, Therese 35, 53, 67, 228
Glück, Oskar 125 f.
Gluth, Felix 64, 69
Gobert, Boy 256
Goebbels, Dr. Joseph 132, 139, 157

Göring, Hermann 98 f., 101 f., 131 ff., 153 f., 171
Goetz, Curt 200, 202 f., 207
Gold, Käthe 29, 64, 232
Gorter, Richard 28, 41
Graunke, Kurt 205
Groll, Günter 176
Großkopf, Friedrich 171, 173
Grothe, Franz 223
Gruen, »Mäxe« 214
Gründgens, Gustaf 55, 67, 111, 129 ff., 195
Günther, Carl (Cacci) 49, 90 ff., 126 f.
Guinness, Alec 214

Haack, Käthe 144
Halas, John 236
Hartl, Karl 125
Hartmann, Gustav 181
Harvey, Lilian 120 f., 123
Hatheyer, Heidemarie 194
Hausmann, Manfred 237
Hebecker, Klaus 178
Heidelmann, Günter 163 ff.
Heims, Else 114
Helminger, Gusti 68
Henckels, Paul 130, 132
Herbot, Maria 53 f., 56, 67 f.
Heß, Rudolf 145
Heymann, Werner Richard 119, 196
Hilpert, Heinz 109, 111 ff., 116, 129 f., 176, 195
Hippler, Dr. Fritz 146
Hirth, Wolf 21
Hitchcock, Alfred 74
Hitler, Adolf 28, 154 f.

Hoch, Rudi 64, 71
Höflich, Lucie 111, 195
Hörbiger, Paul 125, 192
Hofer, Johanna 81
Hoffmann, Karl 137
Hoffmann, Kurt 137, 204
Hoffmann, Paul 232
Hollaender, Friedrich 124
Holt, Hans 125, 192
Homolka, Oskar 64, 69, 195
Hoppe, Marianne 109 f., 111
Horcher, Otto 174
Horwitz, Kurt 31 f., 35, 62, 64

Ihering, Herbert 115 f., 200

Jannings, Emil 53, 60
Jürgens, Curd 183
Jugo, Jenny 125

Kainz, Josef 28
Käutner, Helmut 183, 185 ff., 193, 233
Karlstadt, Liesl 87
Karlweis, Oskar 118 f.
Kaufmann, Adolf 89, 94
Kaulbach, Wilhelm von 235
Kayßler, Friedrich 194
Kemp, Paul 125
Keppler, Wolfgang 86, 118
Kerr, Alfred 115 f.
Klein, Dr. Robert 76, 88 f.
Klingenberg, Gerhard 232
Körner, Hermine 58 f., 62, 72 f.
Kohner, Paul 213
Kohner, Walther 214

Konstantin, Leopoldine 111
Koppel, Walter 242
Koppenhöfer, Maria 64
Korn, Tilly 24
Kortner, Fritz 73, 76 ff., 232
Kowa, Viktor de 129, 203
Krahl, Hilde 125
Kramer, Stanley 213, 216, 218
Krauss, Werner 32, 53, 109 ff., 180, 199
Kupfer, Margarete 60
Kustermann, Otto 52 f.

Leander, Zarah 194
Legal, Ernst 53
Leigh, Vivien 216
Lenya, Lotte 48 f.
Leuwerik, Ruth 202
Liebeneiner, Wolfgang 101 f., 198
Liedtke, Harry 144 f.
Lindemann, Gustav 52, 55
Lingen, Theo 43 f., 48, 54, 192
Litvak, Anatol 74
Lorre, Peter 48
Luft, Friedrich 79, 109
Lutz, Ingrid 164, 167

Maertens, Willi 44, 54 f.
Mann, Abby 214, 218
Marenbach, Leny 192
Martens-Goetz, Valerie von 202 f.
Marvin, Lee 216, 218
Matterstock, Albert 136, 194
Melchinger, Siegfried 79

Metzner, Gerhard 179
Moser, Hans 133, 146
Mosheim, Grete 109
Müller, Renate 125
Müthel, Lola 103
Müthel, Lothar 109

Nagy, Käthe von 123
Neuhoff, Michael von 248
Neumann, Günter 176

Oetinger, Christof Friedrich 149
Ostermayr, Peter 74

Pallenberg, Max 77, 84
Planer, Franz 120
Platte, Rudolf 43 f., 48, 54
Poelzig, Hans 93
Polgar, Alfred 84
Pommer, Erich 27, 117 ff., 127
Ponto, Erich 53, 193
Popov, Oleg 251, 261 ff.
Porembsky, Alexa von 164
Porter, Katherine Ann 217
Pröhl, Hanna (Gertrud) 242
Pulver, Lilo 204 f.

Rebbernigg, österr. Dompteur 125, 127
Reiche, Frau Dr. 250
Reinhardt, Edmund 76, 93
Reinhardt, Max 88 f., 93, 109 f., 141
Reitsch, Hanna 174
Reuschl, Erni 148
Révy, Richard 62
Richthofen, Manfred von 98

Riemann, Johannes 136
Ringelnatz, Joachim 97, 102
Riess, Curt 122
Rudolph, Helmut 50
Rumpler, Edmund 24
Rust, Bernhard 152

Sandrock, Adele 113 f.
Sawade, Harald 164
Servaes, Dagny 114
Sely, Kay 160 ff., 169 f.
Sieber, Josef 66, 137
Signoret, Simone 216
Simenon, Georges 207
Siodmak, Kurt 124
Siodmak, Robert 124
Skoda, Albin 112
Söhnker, Hans 138, 193 f.
Sonnemann, Emmy 130 f.
Speelmanns, Hermann 124
Spoerl, Alexander 152
Spoerl, Heinrich 33, 125, 145, 150 ff.
Spoliansky, Mischa 117
Squarra, Kurt 164

Schade, Doris 82, 84
Schindler, Ewald 44
Schleich, Eduard Ritter von 12
Schmeling, Max 96
Schneider, Magda 192
Schneider, Romy 181
Schreiber, Walter 189 f.
Schröder, Ernst 77 ff.
Schroth, Hannelore 144
Schuh, Oscar Fritz 55
Schulz, Charlotte 54
Schulz, Kurt 179, 181, 198

Schultz, Klaus 257
Schwarz, Hanns 196 f.
Schweikart, Hans 64, 71, 80 f., 109, 135

Steckel, Leonard 77, 111
Steinrück, Albert 53, 56
Stelzer, Hannes 103
Stemmle, R. A. 125, 176

Teichs Alf 134, 175 f.
Tessen, Robert 144
Thiele, Wilhelm 119, 121
Thomas, Peter 236
Trebitsch, Professor Gyula 179, 235, 242 f.
Trebitsch, Dr. Katharina 242
Trenker, Luis 192
Tschechowa, Olga 121

Udet, Ernst 95 ff., 132, 134, 146, 171 ff.
Ulrich, Kurt 179 ff., 184 f.
Ustinov, Peter 16

Vajda, Ladislao 223 f.
Valentin, Karl 69, 87 ff.
Veidt, Conrad 60

Viertel, Berthold 76, 109
Verhoeven, Michael 227 ff.
Verhoeven, Paul 35, 228 f., 256
Vogel, Rudolf 77, 81

Wagner, Elsa 201
Wagner, Fritz 144
Waggerl, Heinrich 254
Wallburg, Otto 49, 109, 114 f., 124
Wartenburg, Yorck Graf von 199 f.
Wedekind, Frank 28
Wegner, Paul 53, 60, 162
Weigel, Hans 227
Weissner, Hilde 129, 136
Werner, Oskar 216
Wernicke, Otto 112
Wieman, Mathias 111, 195
Winterstein, Eduard von 111
Winterstein, Willy 144
Wohlbrück, Adolf 54, 57, 64, 125
Wüst, Ida 110 ff.

Zuckmayer, Carl 73, 113, 184 f.

BILDNACHWEIS

Karl Bayer, Garmisch, 15 · Hans Peter Bartling, Hamburg, 11 · Foto Croner, Berlin, 14 · Deutsches Theatermuseum, München, 45 · Jochen Körner, Hamburg, 12 · Horst Prange, Wörthsee, 13, 27, 30, 38 · Presse-Foto Norbert Unfried, Hamburg, 29 · Winfried Rabanus, München, 35 · Otfried Schmidt, München, 41 · Hildegard Steinmetz, Gräfelfing, 36, 37 · TelePress, Hamburg, 16 · Ullstein Bilderdienst, Berlin, 5, 9, 10, 17, 18, 19, 21, 23, 24, 26, 31, 32, 33, 34, 39, 40, 42, 44, 46, 48, 49, 50, 51, 53, 53.

Alle übrigen Fotos stammen aus dem Privatbesitz von Herrn Rühmann.

Die Anschriften einiger der hier aufgeführten Bildrechte-Inhaber konnten nicht ermittelt werden. Berechtigte Honoraransprüche werden selbstverständlich abgegolten.

Für die freundliche Genehmigung, einige Passagen aus dem Stück »Dr. med. Hiob Prätorius« abdrucken zu dürfen, sprechen wir der Deutschen Verlags-Anstalt, Stuttgart, und auch Frau Valerie von Martens-Goetz, die gleichfalls gestattete, einige Sätze aus ihrem Brief an den Produzenten des gleichnamigen Films zitieren zu dürfen, unseren Dank aus.

CIP-Kurztitelaufnahme der Deutschen Bibliothek

Rühmann, Heinz:
Das war's: Erinnerungen/Heinz Rühmann. – Berlin;
Frankfurt/M.; Wien: Ullstein, 1985.
ISBN 3–550–08500–1

Bitte beachten Sie
die folgenden Seiten

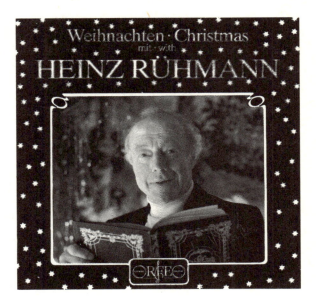

WEIHNACHTEN IN MUSIK UND DICHTUNG
mit HEINZ RÜHMANN, Sprecher und RUDI KNABL, Zither

Texte von St. Lukas · Astrid Lindgren · Hermann Hesse · O. Henry
Karl Heinrich Waggerl · Rainer Maria Rilke · Hans Christian Andersen
Manfred Hausmann
sowie bekannte weihnachtliche Weisen

⊙ ORFEO S 37821 B Digital
⊡ ORFEO M 37821 B Chromdioxyd Dolby

© ORFEO Classic Schallplatten und Musikfilm GmbH, München

Christine Brückner

Mein schwarzes Sofa

Aufzeichnungen

Auf ihrem »schwarzen Sofa« denkt Christine Brückner nach, erinnert sich, macht Notizen, entwirft Theaterstücke, Gedichte, Romane; ausruhen kann sie sich darauf nicht, es ist ein unbequemes Sofa. Ihre fünfziger Jahre gehen zu Ende. Sie gibt sich und ihren Lesern Rechenschaft. Aufzeichnungen einer lebenserfahrenen und lebensbejahenden Frau.

Ullstein